TopBook
饕书客

INDIAN
MYTHOLOGY

印度神话

在这本书里，你能了解
印度民族所厌弃的，
所钟爱的，所尊重
和所铭记的。

杨怡爽 著

陕西新华出版传媒集团
陕西人民出版社

图书在版编目（CIP）数据

  印度神话 / 杨怡爽著. —— 西安：陕西人民出版社，2014

  ISBN978-7-224-11405-8

  Ⅰ.①印… Ⅱ.①杨… Ⅲ.①神话-研究-印度 Ⅳ.①B932.351

  中国版本图书馆CIP数据核字（2014）第293151号

出 品 人：	惠西平
总 策 划：	宋亚萍
策划编辑：	关　宁　韩　琳
责任编辑：	王　倩　王　凌
设计制作：	毛小丽　唐懿龙　李　静　杨　博　王　芳　张英利　任晓强
	张玉民　符媛媛　张　静　任敏玲　张　斌　任海博

印度神话

作　　者	杨怡爽
出版发行	陕西新华出版传媒集团　陕西人民出版社
	（西安北大街147号 邮编：710003）
印　　刷	陕西隆昌印刷有限公司
开　　本	787 mm ×1092 mm　16开　17.75印张　2插页
字　　数	220千字
版　　次	2015年8月第1版　2024年1月第12次印刷
书　　号	ISBN 978-7-224-11405-8
定　　价	45.00元

神话中的天竺奇境

从古至今,印度次大陆都是一块孕育神话、产生神话,并且生活在神话之中的土地。神话在印度瑰丽的文化中占据了如此重要的地位,从印度神话中,你能了解印度民族的所思所想,他们所厌弃和所钟爱的,所尊重和所铭记的。

然而,要将印度神话系统介绍给人们,并不是一件容易的事情。就像印度文化本身一样,印度神话繁多宏丽,复杂程度足以令初次涉足者眼花缭乱,甚至头昏脑涨。这是因为,数千年来,大部分印度神话的传承不是依靠文字记载,而是依靠口耳相传。这使得印度神话的主体千百年来不断发生着变化,就像一株一直成长的大树,甚至到了今天,它还在不断地生长着。因此,作为介绍者和记录者,能做的只是将这棵大树的轮廓描绘下来,至于它丰饶奇丽的细节,只能由个人的体验慢慢去发掘和体会。

今天我们所说的印度神话,实际上是印度教的神话,它尊崇梵天、湿婆、毗湿奴三大神,认为在无数的世界里存在着各式各样的生灵。对于系统的印度神话的形成,学界也颇有争论,为了方便介绍,我将它分为以下几个时期:

印度河文明时期—吠陀时期—后吠陀时期—大史诗时期—往世书时期。

在雅利安人入侵印度之前的前印度神话，目前因为遗迹的湮灭以及文字的破译困难，只能揣测其形态和内容。但是可以肯定的是，前印度神话有浓厚的自然崇拜色彩，对于后来的印度神话体系有着深刻的影响，最明显的例子就是作为生殖之神、动物之神和公牛象征的湿婆，在前印度神话里已有前身，即那块著名的印章上的"兽主"。

雅利安文明侵入印度并和当地文化融合的结果，乃是同时具有古代欧亚雅利安人色彩和印度本地色彩的吠陀神话。吠陀是印度文明中最为重要的经典，是记录了各式诗歌、传说、哲学的宗教典籍，"吠陀"本集包括《梨俱吠陀》（颂歌之书）《阿闼婆吠陀》（咒语之书）《夜柔吠陀》（祭仪之书）和《娑摩吠陀》（歌书），同在吠陀体系中的还有四部吠陀的诠释性著作《梵书》《奥义书》和《森林书》。最古老的吠陀和最重要的吠陀是《梨俱吠陀》，内容大多是对神明的颂歌，目前我们所知道的吠陀神话体系基本就建立在《梨俱吠陀》的记载上。《梨俱吠陀》的神话体系，和印欧神话体系有着显而易见的对照和关联关系；吠陀中万神殿的主要众神，大多可对照找出他们的希腊或者波斯兄弟，最典型的就是雷神和天神。吠陀的诠释书籍，则建立起了以"梵"为中心的哲学体系，并逐步演化成具有典型印度色彩的神话意象。

吠陀中的主要神明大多为自然神明，比如雷神因陀罗、黎明女神乌莎斯、火神阿耆尼、水神伐楼那等等，也有抽象事物的具体化神格，比如造物者、愤怒等等，但是占据主要地位的还是自然神明。在后来成为世界主宰的三大神，此时要么尚未成形，要么地位不高；湿婆的前身还只是一个风暴和丰饶的象征鲁奈罗，而毗湿奴只是作为因陀罗的伙伴出现。

印度教神话真正的转折始于大史诗时期。大史诗指的是《摩诃婆罗多》和《罗摩衍那》两部史诗。前者记述了两个部族之间的战争，后者记述了英雄罗摩的事迹，实际可能反映了印度雅利安人南进的史实。这两部

史诗篇幅浩大、内容丰富，特别是《摩诃婆罗多》，通过插话的形式记述了大量印度神话，成分复杂，但成为众多神话的来源。在这两部史诗中，出现了所谓"护世天神"的意象，而湿婆和毗湿奴的地位则急剧上升，远远超越了往昔的吠陀众神，成为至高无上的存在。梵天从《奥义书》开始从抽象的哲学象征和生主的意象中具体出自己的神格，至此完全成为创造之神和世界之父。昔日伟大的吠陀众神，此时已经下降到从属地位，尤其是因陀罗，虽仍有天帝之名，但再也不是不可战胜的自然英雄，而且人格也有所转变。此时，人间的英雄以及其事迹开始在记述中占主要地位，但是到了后来却被附庸上众神的化身之说。

到了往世书时期，印度神话已然成形，三大神特别是湿婆和毗湿奴的地位越发崇高，神话中的宗教意味也越发明显。往世书形成较晚，此时出现的论述矛盾，大都反映在了哲学思想和教派的分歧上。主要分为十八部"大往世书"和众多数目有争议的"小往世书"，著名者有《莲花往世书》《毗湿奴往世书》《林迦往世书》等等。内容更加庞杂，但文学的价值则远不如两大史诗。至此，远古的吠陀众神彻底沦为三大神的附庸，有的神如乌莎斯等则干脆彻底从神殿中消失，而湿婆教派和毗湿奴教派的对立已然形成，黑天作为毗湿奴化身的新神地位也已经确立。此时在史诗时期出现的新神则地位上升，如战神和黛维女神的诸多化身等。除了众神事迹外，一个庞大精妙的世界体系也已经成形，特别是关于创世诸阶段的叙述和世界的诸时期及其毁灭的描述。

这些看似复杂的介绍也许已经让读者们觉得有点吃力，就像是某些游戏中庞大的世界观设定和背景一样，乍看上去令人难以理解。但印度神话的魅力并不全在这些"很吓人"的复杂体系，也不在于那些夸张而离奇的描述之中。印度神话神秘华丽的外表下更多体现出来的是浓厚的人情味。它并不像希腊神话那样执着人和神与命运之间的争斗，也不像北欧神话那样有着庄重严肃悲壮的世界观，印度神话中的人物都生活在一个背景异常丰富多彩的世界里，无论神、人、仙人或是动物，都不断受到诱惑被欲望驱策，可同时又被社会的习俗法则所束缚，而时不时地

想摆脱它，由此产生了形形色色的或有趣、或悲伤、或动人的故事。它们渲染出来的是一片独一无二的异域风情，构建起来的是一个令人流连忘返的、奇异而美丽的天竺奇境；那既是恢弘壮丽的天界仙宫、诡异神奇的地下世界，又是热热闹闹、熙熙攘攘的尘世人间；既是天神和恶魔之间绵延万年的壮烈战争，又是诙谐可爱的笑话、情侣们之间的浓情蜜意。

下面，就让本书引领正在阅读的朋友们，开始这趟天竺奇境之旅吧！

青泥

THE
INDIAN
MYTHOLOGY

第一章　梵天的一日　01
第二章　最初的众神　07
　　梵天和儿子们　07
　　阿底提的儿子们　10
　　其他诸神　20
　　护世天王　23
第三章　三千世界　24
第四章　甘露争夺战　30
　　阿修罗　30
　　迦楼罗　37
第五章　毗湿奴　45
　　十大化身　47
　　摩根德耶　55
第六章　湿婆　59
　　萨蒂　65
　　雪山神女　71

第七章　大女神　82
　　杜尔迦　82
　　迦梨　88
　　娑罗室伐蒂　91
　　加耶德丽　93
　　吉祥天女　94
　　恒河女神　96
第八章　半神和精灵们　100
　　乾闼婆　100
　　阿布娑罗　102
　　持明　105
　　夜叉与罗刹　107
第九章　开罪不起的仙人　111
　　婆利古家族　112
　　众友仙人　117
　　极欲仙人　118

THE
INDIAN
MYTHOLOGY

　　　鹿角仙人　122
　　　蔽衣仙人　125
　　　那罗陀仙人　127
第十章　日月星辰　130
　　　太阳的家族　130
　　　月神苏摩　132
　　　金星之主苏羯罗　135
　　　其他星辰　139
第十一章　动物神　142
　　　那迦·龙　142
　　　神猴哈奴曼　146
　　　圣牛　152
　　　象头神　155
第十二章　山川和河流　159
　　　性格各异的山　159
　　　恒河下凡　160

　　　消失的圣河　164
第十三章　人类的故事：太阳王朝　169
第十四章　人类的故事：月亮王朝　177
　　　洪呼王　177
　　　友邻王　180
　　　迅行王与天乘　187
　　　沙恭达罗　189
第十五章　罗摩的奇幻旅程　199
第十六章　持斧罗摩　216
第十七章　黑天　224
第十八章　摩诃婆罗多　241
谱系表　273

第一章
梵天的一日
——创造与毁灭

太初之时，唯有梵。

宇宙是一片冥蒙。它不可见，没有特征，超越感官，没有生，没有死，没有存在，也没有不存在。没有昼，没有夜，一切浑然难分。

但在这个混沌的宇宙中，自存自有的至高精神业已存在。它不可知，因此也没有名字，但是后来人们都把它称为"梵"。它是这个宇宙的本原，永恒存在而不可见。人们这样表达对它的崇敬和疑问：

"既无生，亦无死。既无昼，亦无夜。只有它，按自己的方式呼吸，却并非呼吸空气。"

"谁知道？谁宣示？它生于何处？来自何处？嗣后众神出世，众神创造世界，谁又知道那一切由何开始？"

"它从何处来？它是否源于自身？"

"在那高天之上，俯瞰大地者。"

"它知晓一切，还是一无所知？"

梵决意使得世界诞生，万物形成。于是，从"无"中产生了"有"，至高精神首先创造出了水，然后在水中放入一粒种子。

这颗种子变成一个金色的卵，像光芒万丈的太阳一样耀眼。至高精神梵于是以创造之神"梵天"的面貌出现在金卵里。

梵天孤独地在金卵里居住着，超过人类想象的漫长年代就这样在他的思索中度过了。最后，创造神梵天用他思想的力量，将金卵一分为二，上半部变成苍天，下半部变成大地。为使天地分开，梵天又在它们之间安排了大气，确定了东南西北的方位，创造了时间和时间的划分。宇宙就这么形成了。

接下来，智慧、意识和感觉顺次诞生，构成物质的五大元素也产生了。

第一个诞生的元素是空，它的属性是声。继空之后又生出风，风的属性是触和声。继风之后生出火，火即光，火的属性又比风多一个色。接着是水，水的属性是触、色、声、味。最后诞生的是地，地的属性是触、色、声、味、香。然后这空、风、火、水、地五大元素再构成万物，所有的有形物质都由五大元素构成，毁灭时也会重新分解为五大元素。

星宿、行星、江河、海洋、山岳、平原和起伏的大地都出现了，它们都由五大元素形成。

接着，众神得以诞生，他们都来自梵天从心中生出的六个儿子。他们居住在天国的宫殿里，身穿华丽的衣服，头戴王冠，司掌不同的自然现象和职能，在美丽的天神花园中游乐。在所有神灵中，创造者梵天、维持之神毗湿奴和毁灭之神湿婆是最古老、最强大、最有力的，他们相继诞生，被称为三神一体，因为他们都是至高精神"梵"不同的侧面。他们地位高于一切神灵，被尊为神中之神。

为了完成祭祀，梵天又从火、风和太阳中抽取了"永恒的知识"吠陀。

人类同样也诞生在梵天身上。为了繁衍人口，从梵天的双唇产生了婆罗门——保有知识和掌管祭祀的祭司，从梵天双手产生了刹帝利——持剑保家卫国争夺财富和权力的武士和国王，大腿产生了吠舍——从事生产创造财富的农夫和商人，双脚产生了首陀罗——命中注定要伺候上述三种人的劳动者。

最早的人类，则是梵天把自己分成男女两半，结合生下了毗罗吉，毗罗吉又生下了摩奴。摩奴是所有人类的先祖，世人之王，祖先的主宰。过去和未来，一共有十四位摩奴会出现，象征不同的人类时期，这位摩奴是第一位。

人诞生之后，苦行、语言、欢乐、激情和愤怒也随之诞生。为了确定行为的差异，

梵天

在这个混沌的宇宙中,自存自有的至高精神业已存在。它不可知,因此也没有名字,但是后来人们都把它称为"梵"。它是这个宇宙的本原,永恒存在而不可见。

梵天分出了正邪，也就是正法和非正法；万物都因此具有了对立的属性，好比欢乐和悲伤，安逸和忧患。

人类从婆罗门那里学会祭祀，祭祀的贡品成为天神们的食物。

随后，梵天又创造了植物、动物、禽鸟、昆虫，以及其他形形色色的生物，也包括各式各样的邪恶的阿修罗、罗刹、食尸鬼，也创造了善良的众神。他创造了天女阿布娑罗和天界乐师乾闼婆这样的精灵，也创造了众蛇那迦和金翅鸟迦楼罗这样的神奇动物。

这芸芸众生居住在梵天创造的大地上，度过或短暂或漫长的一生。随着时间流逝，他们在轮回中沉浮，有人超脱，有人沉迷。但所有的事物都不是永恒的，世界按照自己的步调运转，万事万物的诞生灭亡皆有规律。

宇宙的年代以梵天的标准确立。凡人生活中的一千年，只是天神生活中的一个昼夜，由这样的昼夜所组成的一万两千个天神年，才是梵天生活中的一个白天。宇宙就存在于这个白天期间，对于人类来说，这个白天长达四十三亿两千万年。

梵天的白天，也就是一万两千个天神年，我们通常称之为一"劫"。每一个劫的开始，日、月和五曜以及它们轨道和黄道的升交点都位于白羊宫的位置。一劫又包含一千个摩诃瑜伽，即大世纪，每一个摩诃瑜伽持续四百三十二万年，又包括圆满时、三分时、二分时和争斗时四个不同的时代。最先来到的是圆满时代。它延续四千个天神年，也就是人间的一百七十二万八千年，其前后还各有四百个天神年的过渡期。在圆满时代，没有天神、阿修罗、夜叉、罗刹，没有人需要劳动，食物和其他生活必需品只要一想就会得到。这个时代，没有疾病的存在，没有仇恨，没有战争，没有懒惰，没有烦恼，人们寿命长达四百岁，正法化身的圣牛四脚着地，稳健地前行。维持之神毗湿奴以白色的形象出现。

第二个时代叫做三分时，它持续一百二十九万六千年，即三千天神年。其前后也各有三百个天神年的过渡期。在这个时代，正法少了一足，人们热衷祭祀，以仪式追求果报，寿命减少到了三百岁，但这个时代的人们依旧以守信为荣，也不背离正法。毗湿奴以红色的形象展示自己。

第三个时代是二分时，正法又减少了一足，毗湿奴变成了黄色。人们以布施换来果报。唯一的真理——吠陀，在圆满时代只有一部，在三分时变成两部，如今成了三

迦梨瑜伽

每一劫包括一千个摩诃瑜伽,每个摩诃瑜伽包括圆满时、三分时、二分时和争斗时四个不同的时代。争斗时是最坏的时代,又被叫做迦梨瑜伽,意即黑色的时代。这个时代,道德败坏乃是主要特征,人们变得贪婪、脆弱、恐惧。斗争和疾病遍布大地。

部。不同的经典导致多种多样的仪式，人们还坚持苦行和祭祀，但也被激情所迷惑。因为被爱欲困扰，正法遭到背离，人间产生了疾病和天灾。众生慢慢走向毁灭，虽然崇高尚在。这个时代持续两千天神年，也就是人间的八十六万四千年，前后各有两百天神年过渡期。

最后一个时代，也就是最坏的时代，被称为争斗时，又被叫做迦梨瑜伽，意为黑色的时代。这个时代时期最短，只持续一千天神年，即人间的四十三万两千年。这个时代，道德败坏乃是主要特征，人们变得贪婪、脆弱、恐惧。争斗和疾病遍布大地。随着正法衰落，圣牛痛苦地只以一只脚行动，毗湿奴也变成了黑色。据说，现在的世界正处于从公元前3102年2月17日到18日半夜间开始的争斗时之中。

四个时代循环往复，周而复始，一千次之后，梵天的一日结束了。天上出现七个太阳，放射出无比强烈炽热的光线，毁灭众生，也毁灭世上万物，至高精神以破坏之神湿婆的形态，驾着可怕的浓云出现，喷出烈焰，使世界解体。这就是传说中的"劫火"。

一切毁灭之后，梵天的黑夜来临了。梵天的黑夜也如他的白天一样长短。梵天进入睡眠，有时候，他被描绘成藏在在那罗之海的毗湿奴肚脐中长出的莲花里沉睡的形象。当梵天新的白天来临时，他又创造出新的宇宙。

一劫又分为十四个摩奴时代，也就是说，每七十一个摩诃瑜伽为一个摩奴期，每个摩奴期延续三亿六百七十二万人间年，每个摩奴期都有一个人类祖先摩奴出现。到现在为止，宇宙中已经出现过七个摩奴了，因此十四位摩奴也分别被称为七位往昔者和七位未来者。第一个摩奴是梵天之孙，毗罗吉的儿子。现在我们所处的时代，属于第七位摩奴毗婆私婆多的时期，当今的"劫"被称为婆罗诃劫，意思是野猪劫，因为守护神毗湿奴在这一劫里以野猪作为化身，这一劫是梵天第五十一年的第一日。

但是，梵天自己也是有寿限的，当他活过一百梵天年后（相当于人类的三百一十一兆零四百亿年），他自己也会在毁灭的烈焰中消亡。宇宙将保持黑暗和寂静，直到再过一百梵天年，新的梵天出现。创造与毁灭，周而复始，宇宙的轮回永远没有尽头。

第二章
最初的众神

梵天和儿子们

　　宇宙间第一个具有形象而为人们所知的神明当然就是创造之主梵天。梵天是创造、维持、毁灭三大神之首，宇宙的创造者和所有生灵之父，他被称为"永恒古老者"。梵天被描述为红肤、白袍、四面、八臂，手持吠陀、水罐、念珠、权杖、弓箭、莲花等物，坐于莲花或者天鹅之上。有时他被描绘成一个头戴皇冠的须发皆白的老年人，有时又被描绘为俊美强健的青年，面貌姣好如女子。梵天居住在弥卢山之巅，像一千个太阳般光辉夺目。他的妻子则是智慧与文学的女神娑罗室伐底。

　　创世之初，梵天从自己的心意里生出了六个伟大的仙人，他们被称为梵天的心生子，由于他们是一切生物的祖先，因此又被称为生主。老大叫摩里质，出自梵天的心灵；摩里质生了一个儿子，叫做迦叶波，是位有大威力的仙人。这位仙人很喜欢生孩子，繁衍后代的能力很强，是不折不扣的众生之父。他娶了许多妻子，每一位妻子都是天神、妖魔、人类、禽兽以及遍布三界的其他生物的母亲。许多著名的神灵出生在这个家族。

　　老二阿陀利出自梵天的眼睛，他是月神苏摩的父亲，而月神苏摩则是人间月亮王朝的始祖，这是一个诞生了无数伟大英雄的世系，如今的印度民族之祖。

天鹅上的梵天

　　梵天是创造、维持、毁灭三大神之首,宇宙的创造者和所有生灵之父,他被称为"永恒古老者"。梵天被描述为红肤、白袍、四面、八臂,手持吠陀、水罐、念珠、权杖、弓箭、莲花等物,坐于莲花或者天鹅之上。

老三鸯耆罗出自梵天的嘴巴，是鸯耆罗仙人家族的鼻祖，这个家族中涌现出了许多声名显赫、法力高强的仙人。鸯耆罗的儿子祭主成为众神的祭司。

老四补罗私底耶出自梵天的右耳，他是所有罗刹、夜叉、猿猴、乾闼婆这些半神和精灵之父。财神俱毗罗也是补罗私底耶的儿子。

老五补罗诃出自梵天的左耳，他生出了人头马身的半神紧那罗、狮子、老虎和麋鹿。

老六羯罗图出自梵天的鼻孔。他生了数以千计的儿子，这些儿子称为太阳的伙伴，在三界里广有声名。

这六位仙人诞生后，梵天又继续依靠自己的意志生出儿子来。第七个出生的仙人名为达刹，他出自梵天右大拇指。而从梵天左拇指生出了一个女儿，名叫毗里妮，意即夜晚。她与达刹结为夫妻，生了五十个女儿。其中，十三个女儿嫁给了迦叶波；大女儿底提和二女儿檀奴是所有阿修罗的母亲。三女儿阿底提则是众神之母。阿修罗与天神这两支异母兄弟为争夺宇宙控制权的斗争，延续了许多世纪。

达刹的另外二十七个女儿嫁给了月神苏摩，她们就是天上的二十七个星座；另外十个女儿许配给达摩。毗里妮还生了一些女儿，她们都成了天神或者大仙的妻室，比如萨蒂嫁给了毁灭之神湿婆，阿那苏耶嫁给大仙人阿陀利，成为月亮的母亲。如果说迦叶波是众生之父，达刹可称为众生之岳父。

婆利古仙人破开梵天的心脏出生，他也是一位威力强大的仙人，他的后裔婆利古家族是和鸯耆罗家族齐名的伟大仙人世家，婆利古的儿子太白仙人苏羯罗是阿修罗的祭司，祭主的竞争对手。

然而，有一个奇怪的现象就是，尽管梵天这么辛辛苦苦地创造了众生，又让儿子们繁衍了如此多形形色色的后代，却得不到人们的崇敬。据说，在今日的印度，只有两座神庙用于敬拜梵天，其中一座甚至是不久之前才刚刚落成。为什么创造之神失去了崇拜者？据说，原因在于梵天对于苦行者给予慷慨的馈赠，除了永生他几乎什么恩惠都可以给予，但是很多的魔鬼也因此得到其庇护而放纵作恶，著名者有罗刹王罗波那和阿修罗王多罗迦等等。梵天之所以对阿修罗和罗刹等恶魔施予和天神同样的恩惠，是因为考虑到他们都是自己的子嗣，应当一视同仁。可是，为了铲除这些得到恩惠的恶魔，天神们不得不一次又一次走上战场或下凡化身，人类和生灵也不得不一次又一次遭受灾难折磨。在这些战争中，迦叶波和阿底提之子毗湿奴和梵天额头上出生的暴

风神鲁奈罗（湿婆）逐渐崛起，成为地位和梵天相当的宇宙大神，他们共同组成了印度神话中最重要的三神一体——创造神梵天、维持神毗湿奴和破坏神湿婆。

然而，被认为是个糊涂老儿的梵天地位因此大大下降，远不如同为三大神的湿婆和毗湿奴；虽然有众神之父的崇高地位，但是他担任的角色，不是某件祸事的肇因（给了某某魔鬼战无不胜的许诺），就是给众神支招的建议者和发生冲突时候的调解者。梵天创造善，也创造了恶；他是神的祖父，也是魔的祖父。正是因为如此，他在今日的印度失去了人们对他的崇拜。

阿底提的儿子们

阿底提诸子是最主要的天神。阿底提（意思是"没有限制"）是达刹的第三个女儿，大仙人迦叶波的第三位妻子。她的两位姐姐底提（"有限制的"）和次女檀奴是天神之敌阿修罗的母亲。阿底提和迦叶波所生的孩子都是天神。天神的正体往往都会比正常人多出些肢体和器官，比如头、手和眼，这象征着他们不同的职能和威力；天神能够自由变幻身形，当他们变化成人类形体时，往往令人无法分辨，但他们不流汗，不眨眼，没有污垢，没有影子，戴着的花环也不会枯萎，脚也不沾地。

阿底提所生的天神有三组，分别被称为"阿底多"（意思是阿底提之子）、"婆苏"和"楼陀罗"。

阿底多有十二位，声名显赫的水神伐楼那和雷神天帝因陀罗都是阿底多的一员。而最小的阿底多则是力量无以伦比的护持之神毗湿奴。这群威力强大的众神维系着三界的存在，维系运动和不动的一切，他们充满空间，是一切之主宰，但他们对世人充满慈惠，是正义的神祇，在吠陀中备受尊崇。

八位婆苏分别象征各种自然现象，他们之中的老大叫阿诃，意即白昼；老二陀鲁婆是北极星之主；老三是苏摩；老四陀罗，是大地的维持者；老五是阿尼罗，即风神；老六是众所周知的火神阿耆尼；老七波罗底逾舍，意即拂晓；老八波罗跋娑意即光辉。他们的领袖是火神阿耆尼，他古老、深不可测且威力巨大。

楼陀罗是十一位天神的名字，他们有黑有白，善恶不同。

阿底多、婆苏和楼陀罗这三十一位天神，加上朝霞之神双马童这对孪生兄弟，就

是人们经常说起的"三十三天",又被叫做"提婆",因陀罗是他们所有人的领袖。这三十三天分布在天界、地界和人界,据说每界各有十一位天神守护。

雷电神因陀罗是众神之母阿底提的第七子,是阿底多中最强大的一位。他是天神之王,在吠陀众神中是最重要的神,仅《梨俱吠陀》中就有近二百五十首诗是赞扬他的,其中他与旱魔的斗争故事在印度广为流传。

传说,这位英武的天神棕色皮肤,力大无比,手持金刚杵作为武器,乘坐毛色如同朝阳的火红骏马所拉的战车行驶在天际。他是雷雨神,也是武力无穷的战神。他喜欢喝苏摩酒,在酩酊大醉时诛杀为害众生的恶魔。因此,他常被视为战胜敌人、扫除障碍、造福人类的神。传说人类的水和火都是由他取得的,他还帮助雅利安人的首领战胜了恶魔部族达娑人。因陀罗自降生起就嗜饮苏摩酒,并因此获得了巨大无匹的力量,他的身体骤长,连天、地都因为惧怕这种力量而向不同的方向逃离。从而,天与地分开了,人和神由此得到了居住的空间。据说,这位性格暴烈的战神甚至刚刚一诞生就去抓兵器,想要杀死自己的父亲。

因陀罗生下来不久就为众神立下一大功绩。这还要追溯到天神和弗栗多的争斗上。《吠陀》中记载,当时旱魔弗栗多巨龙把印度的七大河流截断,并且把水流都囚禁在自己的山中,不眠不休地看守着。没有水,大地干枯,庄稼枯萎,人们只能祈祷众神击败可怕的魔龙,把世界从干旱里拯救出来。

众神也想打败这个恶魔,但他们群龙无首,没有一个英勇的领袖,所以一直不是弗栗多的对手。直到因陀罗的诞生,双方的力量对比才有所改观。因陀罗虽然是众神中最年轻的一位,却也是最勇敢的一位。众神请求刚刚出生的因陀罗消灭弗栗多,他答应了,也开出了条件:要承认他为众神之王,并把众神一半的力量借给他。众神同意了这些条件,于是因陀罗获得了众神的力量和天帝的称号。神鹰给因陀罗送来了苏摩酒,他连喝了三大碗,每喝一碗,他的身躯就变得更强壮,力气也就更大。之后,因陀罗拿上匠神陀湿多为他造就的金刚杵,高高兴兴地出战了。

弗栗多盘踞在囚禁河流的山顶上。它没有手和脚,但它的嘴却令人恐惧。看到因陀罗朝自己冲来,巨龙张开大嘴,喷出大雾,遮蔽天地,把世界笼罩在一片黑暗之中。但是众神之王因陀罗一点也不害怕,这位年轻凶猛的神明朝着弗栗多举起金刚杵,霹雳之矢环绕着威力无穷的武器。因陀罗把金刚杵向弗栗多投掷过去,把这条不可一世

神象上的因陀罗

　　阿底多、婆苏和楼陀罗这三十一位天神，再加上朝霞之神双马童这对孪生兄弟，就是人们常说的"三十三天"。因陀罗是他们所有人的领袖。雷电神因陀罗是众神之母阿底提的第七子，是阿底多中最强大的一位。他是天神之王，在吠陀众神中是最重要的神。

的巨龙拦腰截成了两段。弗栗多的母亲看到儿子死了，怒吼着朝因陀罗冲过来，英雄神毫不犹豫地杀掉了女魔，母龙挨着自己儿子的尸体死去。巨龙一死，洪水顿时奔涌而出，湍流冲走了巨龙，冲过田野，冲向了海里。河水滋润着干涸的大地，让枯死的植物再度萌发生机，人们的饥渴也得到了缓解。所有人都高声欢呼，赞颂新的众神之王因陀罗。

因陀罗还以自己的勇气和力量制服了许多危险可恶的敌人。他摧毁了恶魔商波罗的城堡，击败了旱魔苏室那，打败了变成野猪、从天神那里偷走祭品的恶魔埃摩沙。

夺回被盗的乳牛也是因陀罗的伟业之一。有一个妖魔部族，名为波尼，住在天神和阿修罗世界之外。他们从天神那里把乳牛偷走后藏在山洞里。天帝派自己长着四只眼睛的神犬萨罗摩去找奶牛。神犬听到牛叫声，发现被盗的乳牛在山岩之中，因陀罗便让波尼交出乳牛。波尼妖魔们拒绝交出，因陀罗和祭主就在鸯耆罗等七大仙人的带领下来到群山之中。祭主发出怒吼，劈开了山洞，找到了被盗的奶牛，驱散了波尼部落。

就这样，因陀罗"万神之王"的地位彻底得到了巩固。

因陀罗的妻子是美丽的舍质。舍质出身于天神之敌——阿修罗的家族中，她的父亲补卢曼，是一位很有权势的大阿修罗。为了逃避残忍的父亲，舍质离家出走，后来就嫁给了曾经解救自己的因陀罗。补卢曼知道女儿被因陀罗带走，大为光火，想要诅咒因陀罗，被及时出现的因陀罗一杵击杀。

因陀罗还打死了阿修罗中最强大的那牟质。那牟质是檀奴之子，被称为不可战胜者，能够隐身在阳光之中。他和因陀罗曾经大战过几百回合，谁都不能打倒对方。在仙人们和天神的劝说下，那牟质与因陀罗放下武器，握手言和，做了朋友。他们发誓，不管是白天还是黑夜，不管是用干武器还是用湿武器，彼此谁也不攻击谁。

因陀罗和那牟质做了很长时间的朋友。有一次，那牟质请因陀罗喝苏摩酒时给酒里掺了麻醉剂"修罗"，因陀罗喝下去之后，丧失了力气，威力大减。苦恼的因陀罗求助于双马童。这是太阳神生下的一对双胞胎，他们俩是朝霞和晚霞之神，也是天神的医生。因陀罗问他们："那牟质使我失去了力气，背叛了我。但我发过誓，对他不能动武，不能用干武器和湿武器，也不能在白天和黑夜攻击他。"双马童对天帝说："那就在黄昏时分打击他。"

于是，因陀罗来到黄昏的海岸边，时间正好既非白天也非黑夜。他站在齐腰深的

水中用金刚杵猛击海水，飞溅起来的泡沫——既非干武器也非湿武器，杀死了那牟质。双马童用那牟质的血浆制成了解药，使因陀罗恢复了原来的力气。

然而，这位英勇的战斗天神，随着时间流逝，变得越来越骄横，做了很多错事。有一次他喝苏摩酒喝得大醉，竟然打碎了女神乌莎斯的车辆，吓得女神慌忙逃走，躲了起来，藏得谁也找不到，后来祭主和莺耆罗家族的仙人费了好大力气才把她给找回来。他垂涎仙人乔达摩的妻子阿诃厘耶的美貌，便让月神帮忙，半夜时分化为公鸡高声啼鸣。乔达摩仙人听到鸡叫，以为天亮，急急忙忙出去做晨祷，因陀罗乘虚而入，摸进仙人的家里强行霸占了阿诃厘耶。乔达摩发现此事之后，勃然大怒，诅咒因陀罗身上被打上一千个女性私处的记号。这一千个记号后来变成了一千只眼睛，因陀罗也从此被称为千眼大神，但他的耻辱是再也洗不掉了。

随着三大神相继出现，因陀罗的地位也每况愈下。他虽然依旧作战勇敢，被视为英勇武士们的象征和保护神，但再也不能所向无敌。得到梵天保佑的阿修罗和罗刹们，往往能够击败因陀罗，而他不得不寻求护神毗湿奴和破坏神湿婆的帮助。他被金翅鸟迦楼罗打败过，也时常遭到仙人诅咒的伤害。而且，他再也不是不可替代的了，天帝因陀罗从一个唯我独尊的神，成了一个可以被代替的职位。大地上的国王和修行者，通过举行各种祭祀和修持苦行，也能获得他的地位，成为天帝。因陀罗不是凡人，他依然有欲望，所以也会感到害怕；当他觉得自己地位遭受威胁时，便一次又一次玩弄手腕，破坏人间国王的祭祀，派出天女勾引苦行者中断苦行。这位昔日豪迈勇武的天帝，从此形象也变得不再那么光彩了。

伐楼那是阿底多中的一员，是宇宙的化身，他是吠陀众神中仅次于因陀罗的大神。他居住在天国中有千柱千门的金殿中，支配天地日月的运行，使得江河畅流，也维护道德秩序，惩治罪犯；他掌握着宇宙间所有的水，置身于所有的海洋和河流中，因此他也被称作海洋之主。伐楼那也是最早的"法官"，他是秩序和正法的守护神。他手持绳索，这些神奇的绳索会自动缠上罪人的身体，而且无法割断、无法挣脱。

伐楼那是一位公正又严厉的神祇。传说中曾经有一位甘蔗族的诃哩湿旃陀罗国王，这个国王有一百个妻子，但没有一个儿子。他求子心切，便祈求伐楼那大神赐他一个儿子，并保证他将拿这儿子去祭祀大神。于是伐楼那赐给他一个儿子，取名卢醯多。伐楼那对国王说："你已经得到儿子了，用他向我献祭吧！"可是这个时候国王却舍

伐楼那

伐楼那是阿底多中的一员,他是宇宙的化身,是吠陀众神中仅次于因陀罗的大神。他居住在天国中有千柱千门的金殿中,支配天地日月的运行,使得江河畅流,也维持道德秩序,惩治罪犯。

不得儿子了。他对伐楼那说："等他满了十日再说吧。"等卢醯多满了十日，国王继续拖延时间，要伐楼那等到卢醯多长出牙齿；等卢醯多换了牙，国王又要伐楼那等到儿子能使用武器。就这么一拖再拖，卢醯多长大成人。诃哩湿旃陀罗国王再也找不到借口了，只好同意立刻用儿子献祭。没想到此时儿子有了自己的主意，他一听父亲要把自己放到祭坛上，大叫一声："不行！"拿起弓就逃走了，在森林里躲了一年。这使伐楼那非常生气，他让国王得了膨胀病。诃哩湿旃陀罗腹大如鼓，非常痛苦。卢醯多听说此事，打算回家探望，半途遇到了化作婆罗门的天帝因陀罗，出于好心，因陀罗一再劝阻他回家，于是卢醯多流浪了整整六年。到了第六年，王子遇到一个贫穷的婆罗门仙人，仙人一家正因为饥饿徘徊在死亡边缘。卢醯多用一百头牛买下了这个婆罗门仙人的二儿子犬阳，然后他带着犬阳回到家里。经父亲同意后，让犬阳替自己做祭神的供品，请了著名的大仙人众友作为主祭。在捆杀犬阳时，犬阳大声念诵了《梨俱吠陀》中的诸神颂诗，从生主和阿耆尼一直念到献给黎明女神乌莎斯的颂诗，他就这样不断念诵着颂诗，身上的绳索逐渐减少，诃哩湿旃陀罗国王的腹部也不断缩小。当犬阳念完最后一段诗句，他身上的绳索自动松开，国王的膨胀症状也消失了。伐楼那对虔诚博学的犬阳感到满意，最终宽恕了他。祭祀完成，犬阳的父亲跪在众友仙人面前说："请把儿子还给我吧！"众友仙人回答："不，伐楼那大神已经把他赐给我了。"于是，犬阳从此成为众友仙人的义子，又名"神赐者"。

陀湿多也是一位阿底多，他是因陀罗的兄长，阿底多诸神中的能工巧匠。他手艺精湛，为因陀罗制造了威力无穷的武器金刚杵和战车，为众神制造了各种兵器，也制造了一个神奇的碗，用来盛苏摩酒。他的儿子是伟大的苦行者万相，后来被因陀罗杀死；他的女儿则嫁给了太阳神苏利耶。

火神阿耆尼是婆苏诸神的领袖。他从两块木片中为人取火，是家庭和家族利益的保护者；他是世人和神之间的中介，因为他负责把祭品通过火焰输送到天神和祖先那里。他有许多不同的异体，比如"天上火"（太阳）、"水中火"（雷电）、"力之子"（摩擦得到的火）等等。而阿耆尼本身则象征着祭祀之火。

阿耆尼是古老而又强大的神祇。远古时代，他和因陀罗、苏利耶分享大地、空间和天空。他对人友善，使人们信守诺言、忠于职守，使夫妻和睦，赐给人们财富，破除黑暗，给敌人严惩。他身着黑衣，四臂，三首七舌，以山羊为坐骑，以烟为旗帜。

阿耆尼

火神阿耆尼是婆苏诸神的领袖。他从两块木片中为人取火,是家庭和家族利益的保护者;他是世人和神之间的中介,因为他负责把祭品通过火焰输送到天神和祖先那里。

他的面孔、胡须、四肢，都像火焰般光辉灿烂。

阿耆尼来到世上时，天神们正打算举行祭典。他们希望神通最大的阿耆尼成为他们的祭司，成为祭品的携带者。可是火神感到恐惧，说："我拿着祭品，当祭祀之火熄灭时，我的性命也就完了。"说完他就逃之夭夭，藏到水里去了。火神隐匿不见时，地上没有驱赶夜间黑暗之火，一到夜晚，妖魔们就横行霸道肆无忌惮。于是，以水神伐楼那为首的天神四处寻找失踪的火神。

阿耆尼躲在水里，水中不断扩散热气，水体变得炽热，鱼类无法忍受，便偷偷把火神阿耆尼藏身的地方告诉了天神。阿耆尼大发雷霆。他诅咒鱼类，鱼类就成了人们餐桌上的合法食物。伐楼那也向火神呼吁："回去吧！幸免于洪水的摩奴，为了在大地上延续人类，也该完成祭祀。除了你之外，谁还能将祭品带给天神呢？"阿耆尼反驳道："大地上的祭火已经熄灭，因为害怕死亡，我才跑出来。我像水牛害怕猎人一样逃走。要是你们能使我永生，我就回去！"天神们说："阿耆尼啊，你将是我们长生不老的祭司，这是梵天的恩赐。在祭礼中，你不会有任何损伤，祭品也将有你的一份。"

听了这些话，火神回来了，他与自己的兄弟苏摩一起成了祭祀的主宰。

苏摩也属于婆苏，他是酒神，又是苏摩圣酒的人格化形象。苏摩酒可以令人长生不老，医治百病。天帝因陀罗正是因为畅饮苏摩酒，获得了神圣的力量。后来，苏摩又成了月神，月亮盈满时，据说其中就充满了苏摩酒。他生于高空之中，被众神发现，神鹰就把他带给了因陀罗。

苏摩的竞争者是太阳神毗婆萨婆，又称苏利耶，他在歌者的赞美中生于东方，司掌光明，驱除黑暗、疾病和仇敌。他是天神们的眼睛，无所不见，洞察善恶。

同样著名的自然神还有伐由，在婆苏中他被称为阿尼罗，他是风之神，也是流动的大气之神。他生有一千只眼睛，动作快捷无比，性格暴躁，力大无穷。他坐在神鹿上，统摄大地的西北方。在天帝因陀罗和敌人作战的时候，伐由经常充当急先锋，为天神们侦察敌情或是打头阵。虽然脾气不太温和，但风神慷慨好施，赐给人们财富和后裔，因而得到了人们的崇拜。

还有一位神灵不能不提，那就是阿底提最小的儿子、因陀罗的弟弟毗湿奴。这位阿底多的幼子生下来就聪明睿智，力量无穷，能够三步跨越天空和大地。他陪伴着哥哥，曾经帮助兄长们找到被偷走的奶牛，人们说他是太阳轨迹的象征。后来，这位年

伐由

　　伐由是风之神，也是流动的大气之神。他生有一千只眼睛，动作快捷无比，性格暴躁，力大无穷。他坐在神鹿上，统摄大地的西北方。在天帝因陀罗和敌人作战时，伐由经常充当急先锋，为天神们侦探敌情或是打头阵。

轻又古老的天神地位上升，甚至远远超越了因陀罗、伐楼那和其他阿底提之子，成为威震寰宇的宇宙大神——印度神话中创造、维持、破坏三大神之一，也是他们之中力量最强大的神祇之首维持之神毗湿奴。

其他诸神

除了阿底提生的那些英武的儿子们外，还有一些出自其他地方的神明，他们同样强大而受人尊崇。

双马童是太阳神苏利耶和妻子娑罗尼尤的儿子，是一对俊美无比的双胞胎，分别叫那娑底耶和达湿罗。这两位少年神永葆青春，但也十分古老。他们有着蜜色的皮肤，戴着莲花做成的花环，精于舞蹈。他们成了朝霞、晚霞和星光之神。当黑夜即将消失，黎明即将来临时，他俩最先出现在清晨的天空上，穿着云锦做成的衣裳，乘着飞马牵引的金车，跟随太阳神苏利耶巡行天空。他们又是医神，能够使得盲人复明，死者复生。他们不喜欢待在天界，而喜欢在人间自由自在地漫游，救助危难中的人们。在吠陀中，有五十四首颂歌献给他们。

晓红之女神乌莎斯是最古老、最美丽的女神，在吠陀歌集中，那些最美的诗歌都是献给她的。她是太阳神的姐妹和妻子，袒露胸部，以光芒作为衣裳，居住在云霄之上的山巅宫殿中，每天早上，她唤醒双马童，自己则乘坐金色的马车，出现在东方的天门。乌莎斯这名字的意思就是朝霞。她开启天门，令光明降临大地，驱散恶魔和黑暗。她唤醒人们劳作，唤醒百鸟，鸟儿们就欢唱起来欢迎乌莎斯的到来。她为人们带来财富和荣誉，使万物生机勃勃。她和黑夜的女神拉德莉是亲爱的姊妹。

可是，如此美丽的女神，后来却在传说中消失了踪影，她光彩的形象，在吠陀传说之后，慢慢湮灭了行迹。

摩录多是风雨神，有四十九位之多。他们一同出生，没有长幼之分，是因陀罗的伴侣和助手。传说，迦叶波的长妻、阿修罗之母底提看到因陀罗如此强而有力，屡屡打击阿修罗，杀死了许多阿修罗王，心中非常哀怨。她来到丈夫面前，请求迦叶波仙人赐给自己一个和因陀罗同样强大，乃至更加强大的儿子。迦叶波说："得到这样的孩子，你必须保持一百年的洁净生活。稍有纰漏，你这个孩子就会失去。"底提遵照

丈夫的嘱咐，怀孕后时刻保持自己的虔诚和洁净。因陀罗听说了这件事情，便躲在底提身周，时刻等待机会除掉未来的对手。底提怀孕整整百年之后，有一天，她白日操劳过于疲累，没有洗脚便上床睡觉了。天帝看到有机可乘，便来到底提身前，宣布："你不再洁净了！"降下霹雳，把底提腹中的孩子劈成了四十九片。

这胎儿生而具有神性，被天帝劈成碎片也没有死，反而四十九块一起哇哇大哭起来。听到婴儿凄惨的哭号声，雪山神女帕尔瓦蒂动了恻隐之心，请求丈夫毁灭之神湿婆说："把这四十九个肉团团变成人形，让它们不要再哭泣了吧！"湿婆于是施展神力，把这四十九个肉块造成了四十九个同样模样的男孩。他们都身穿金色盔甲，模样英俊漂亮，胸口佩戴金色的闪电饰物，像火焰一样光彩熠熠。他们以闪电和霹雳作为武器，乘坐山羊拉的战车，在天宇中呼啸而过。他们发出的雷鸣和狂风能震撼山川大地。他们跟随在天帝左右，降下暴雨，驱除强敌，与恶魔作战。

鲁奈罗是梵天额头上生出的孩子，他凶猛异常，被称作是天国里的赤野猪，他既是摧毁世界的暴戾之神，又是治疗百病的神医，后来成为毁灭之神湿婆。

死神阎摩是太阳神毗婆萨婆（苏利耶）的后代。他其实不是神，而是第一个死去的人类。毗婆萨婆的三个大孩子——阎摩、阎密和摩奴都曾经是凡人。因为他们出生的时候，毗婆萨婆还是凡人，只是在他们出世之后，父亲才成了太阳神。

阎摩与其妹妹阎密一起生活，他们兄妹是第一对人类配偶。阎密怀着情意去找哥哥，想要成为他的妻子，阎摩一开始不同意，后来被妹妹说动，两人就结合了。阎摩死去时，阎密极为悲伤。天神安慰她，她却对天神们哭着说："就在今天，他刚刚死去……"那时候尚无白天和黑夜之分。天神们说："这样下去阎密是不会忘记阎摩的！让我们来创造出夜晚吧！"天神们真的创造出了夜晚。夜晚一过，清晨到来。阎密忘却了阎摩。后来，她成为人间阎牟那河的女神。

阎摩是第一个死去的凡人，他开辟了通往地府的道路。从那时直至今天，他都是死人王国的主宰，以及正义之道的维护者。他并不属于天神家族，因此人们对他呼告时，不称他为神，而称他为祖先之王，或死者之王。他司掌南方，因此南方也被视为人类祖先居住和死者灵魂去往的方向。

阎摩居住在地下的止息城中。他的外形令人恐惧，他骑着水牛，红衣、绿脸，一手拿着权杖，一手拿着拘人魂魄的绳索。大地上死者的灵魂沿着他开辟的道路来到阎

死者之王阎摩

死神阎摩是太阳神毗婆萨婆（苏利耶）的后代。他是第一个死去的凡人，开辟了通往地府的道路，从那时起，他都是死人王国的主宰，以及正义之道的维护者。阎摩的外形令人恐惧，他骑着水牛，红衣、绿脸，一手拿着权杖，一手拿着拘人魂魄的绳索。

摩地府，阎摩的臣僚——长着乌鸦脸的死亡精灵紧迦罗们就根据此人生平向阎摩报告他的功过。根据这些报告，阎摩对死者做出裁断，判决他应当升入天国还是堕入地狱。作为审判者，阎摩十分公正、严厉，被看作是正法化身，所以，他又被称为"法王"。

护世天王

三十三天中有几位大神威力强大，他们被视作各个方位的守护神。有一次，因陀罗犯了错误，不得不离开自己的宝座，躲藏到莲藕之中，由一个凡人国王友邻王代行天帝职权。友邻王因为倒行逆施下台之后，天神们苦苦寻觅，把因陀罗给找了回来，为了表达感激，天帝分封八方，这才有了护世天王们。

因陀罗自己是东方的守护神。财神俱毗罗则守护北方。死神阎摩和水神伐楼那分别守护南方和西方。西南方的守护神是火神阿耆尼，东北方则是酒神苏摩。守护东南方的天王是太阳神苏利耶，西北方的守护者是风神伐由。每位天王各有一头神象，称为"底耆"，它们帮助主人稳守各方。护世天王的音译为"罗迦婆罗"，后来这个概念到了佛教神话中，就成了更为人熟知的四大天王。

第三章
三千世界

"世界"在梵语里称为"罗迦（Loka）"，意思是"地域、疆界"，在梵天创造天地和众生之后，诸多的"世界"就被划分出来，作为不同族群的居所。

整个宇宙大略可以分为三界，即天界、人间界和地下世界。天界是天神、星辰、仙人和有德灵魂的居所，诸多的人类、动物和精灵居住在人界，地下世界则属于天神的敌人——阿修罗和龙族那迦。大地是平坦的，八方守护者的大象支持着它，而这些大象又站立在巨龟身上。每当大象甩动尾巴，或者打个喷嚏什么的时候，地上就会产生震动。

大地的中央是弥卢山，它的根基呈圆形，高达八万四千由旬（古印度长度单位，指公牛挂轭行走一日之旅程），底部则有一万六千由旬，由黄金、水晶和白银构成，是众神的居所。日月众星在风的驱动下围绕弥卢山转动，运行的高度是弥卢山高的一半，就是四万二千由旬。弥卢山顶上有许多布满宝石的山峰。永远吉祥洁净的圣河恒河，就从山顶倾泻而下，发出惊人的轰鸣。

弥卢山是宇宙的轴心。围绕着弥卢山，上下左右有着无数的世界，地面以上的世界又分为七个不同的层次。层次越高，境界也就越美好。

第一个层次就是我们居住的大地，名为菩利罗迦。在大地上，弥卢山的周围是四

大部洲，也就是四块大陆。这四个部洲被大海隔开，分别称为跋德罗湿婆洲、计都魔罗洲、北俱卢洲和我们所居住的赡部洲。

计都魔罗洲位于弥卢山的西边，在那里，人的肤色金黄，生来就无病无忧，能活到一万岁。弥卢山的北部是北俱卢洲，在那片土地上，树木常年开花结果；它们不仅仅出产美味的水果，也流淌乳汁，树上甚至能结出衣服来。北俱卢洲的居民全都是天神转生，所有的妇女都生下孪生儿。他们全都容貌美丽，能活到一万一千岁。跋德罗湿婆洲位于弥卢山的东边，东方是吉祥的方向。天神的根基都在这里，太阳每天从东方升起，天帝也在此灌顶为王。这里居民大都肤色白净，男人威武有力，妇女美丽可爱，犹如白莲。他们以加波罗树的汁液为食，能活到一万岁。

弥卢山的北部，是世界上最古老的海洋——乳海。这片海洋离弥卢山三万两千由旬，海边耸立着一座有三个山峰的角山，海边还有个叫做白岛的岛屿，岛上住的都是大神毗湿奴的信徒，他们肤色如月光，容貌俊美，不吃食物，一心一意朝东北方向祈祷着。据说，毗湿奴本人也居住在那里。

除了乳海之外，还有酥油海、凝乳海、酒海和法海，它们环绕着大地。据说，在这些大海中还有其他一些大陆，上面有神奇的生物、山脉、河流和人类居所。再往外，就是支持大地的神象了。

在大地之上，第二个层次的世界是仙人们和半神居住的空间，称为菩婆利罗迦，也就是大气的世界。凡人的眼睛看不到的得道的仙人和形体透明的半神，他们居住在空气里，自由地御风而行。

因陀罗和所有的天神居住在第三天上，这个层次的世界叫做室婆哩迦，也就是人们通常所说的天国。它位于太阳和北极星之间，这里有世上最美的花园难陀那圣林，天神们和他们的乐师、天女常在这里游戏；花园里长着一棵如意树，能够开出散发奇异迷人馨香的花朵。天帝的都城则在天国中央，名为"阿摩罗婆提"，意思是永寿城。这座都城是由天神工匠陀湿多所造，神奇壮丽，超出一切凡人的想象，它大门朝北，由神象守护。城中有许多精美的宫殿，它们构造奇巧，由宝石装饰。这里到处都是奇花异草，没有忧伤，也没有烦恼。天帝的大殿位于城市中央，长一百五十由旬，宽一百由旬，高五由旬。它是因陀罗亲自建造的，能够在天空中自由移动。所有的天神、半神和仙人，时常聚集在这所殿堂里朝见天帝。有德的凡人和战死的勇士，死后就能

世界观

大地是平坦的，作为八方守护者的大象支持着它，而这些大象又站立在巨龟身上。每当大象甩动尾巴，或者打个喷嚏的时候，地上就会产生震动。

因陀罗的天堂

因陀罗和所有的天神居住在第三天上，这个层次的世界叫做室婆哩迦，也就是人们通常所说的天国。它位于太阳和北极星之间，这里有世上最美的花园难陀那圣林，天神们和他们的乐师、天女常在这里游戏。

来到这里，和天帝坐在一起，享受富足安乐的生活，观赏天女的歌舞。

接下来的三个层次，都是梵天的儿子们——最具有威力的古老仙人居住的地方。他们乘坐云车，能够在各个世界里自由往来。

而梵天本人则居于弥卢山之巅的梵界，"商底耶"。梵天本人端坐在他的梵天会堂里。这座神奇无比的殿堂无法以语言来形容其外观，因为它的大小、形状和装饰随时随地都在改变，并没有任何的屋基和梁柱支撑这座大殿，它究竟有多大，谁也说不清楚。然而，这座殿堂时刻都灿烂夺目，光辉超过日月星辰。大仙和星辰们在这座大殿中侍奉梵天，他们能够一刹那间来往于自己的世界和梵天大殿之间。

据说，每当梵天的一日结束，也就是一劫终结的时候，前三个世界都会被劫火吞没。第四层世界虽然不会遭到劫火席卷，但也会因为下面三个世界传来的热度变得不可居住。而当梵天活过了一百梵天年之后，后三个世界，包括梵界也会毁灭。

地上的世界分为七层，地下的世界也分为七层。地下的世界统称为"波陀罗"。它高七万由旬，每一层世界高一万由旬。在地下世界也有自己的日月，而且冬暖夏凉，生活条件并不比天神的国度差。

人们如果想要进入地下世界，首先需要经过水神伐楼那的领地。他的国土富饶吉祥，水神本人则居住在一座全部用黄金建造的宫殿里。在这所宫殿里，保存着天神和天神的敌人——战败的阿修罗们的武器。这些武器永远不会损坏。宫殿中央是水神用白玉做成、被各种美丽植物包围的大会堂，所有的河流和水体，在这里都以人类的形体现身，向水神致敬。

大部分的地下世界都被群蛇和被天神击败逃亡的恶魔阿修罗占据了。但是，这些世界里布满了各色宫殿，它们用金银筑造，装饰着青色的琉璃、红色的珊瑚、白色的水晶和闪亮的钻石，极其富丽堂皇，像燃烧的星辰般夺目灿烂，奇异的楼阁巍峨高耸，鳞次栉比，令人目不暇接。里面摆放着各种奢华的镶嵌宝石的床榻，精心打造的餐具，线条优美的座椅。天神的势力无法延伸到这里，阿修罗们便把这些漂亮的城堡当作根据地，当他们不和天神作战时，就安居在地下世界里过着富足生活。

群蛇居住的一层世界也叫做波陀罗。水从上面的世界流下来，源源不断地流入这个世界，"波陀罗"由此也有"落下"的意思。被水流卷走的动物和其他物体最后都会掉落在此，被燃烧着以水为食的"阿修罗火"吞没。神象爱罗婆多就从这里的水中

天国地狱

阎摩的世界

整个宇宙大略可以分为三界，即天界、人间界和地下世界。天界是天神、星辰、仙人和有德灵魂的居所，诸多的人类、动物和精灵居住在人界，地下世界则属于天神的敌人——阿修罗和龙族那迦。

死者王国位于南方地下——第一层地下世界"阿陀罗罗迦"之上。严厉而公正的死神阎摩统治着这里。地狱一共分为二十八个"那罗迦"，罪人死后就会堕入按其罪行所安排的那罗迦。

用长长的鼻子吸足水分，喷向天空，从而造成降雨。居住在这个世界的所有生物，在白天被暴晒而死，而到了夜晚，又会在清爽的月光下复活过来。

地底最下一层叫做罗娑陀罗。一切母牛的母亲——神奇的如意奶牛须罗毗就居住在这里，她和她的儿女们支持着这个世界。

在罗娑陀罗之下三万由旬，居住着所有蛇中最年长的巨蛇龙王舍沙。舍沙是守护神毗湿奴的床榻，也是大地的支持者。

人们通常说的地狱，或说死者王国，位于南方地下，第一层地下世界"阿陀罗罗迦"之上，严厉而公正的死神阎摩统治着这里。地狱一共分为二十八个不同的"那罗迦"，罪人死后就会堕入按照其罪行所安排的那罗迦偿还，生前所犯罪孽，死后遭受折磨。有的地狱其热无比，专门为生前不尊敬父母者所设，有的地狱里充满了毒蛇猛兽，生前虐待穷人的人就会掉落进去。把阎摩的国度和人世间分割开的是一条可怕的河流毗多罗尼，这条河流里流淌的不是水，而是血和污垢，死人的骨头和头发漂浮在河面上。它能吞没所有东西，只有生前施舍过母牛的人，才能拉着牛的尾巴平安渡过。

但是，阎摩的国度里也不都是可怕的酷刑和刀山火海。他也有自己的大会堂，这座会堂由工匠之神陀湿多建造，长和宽都超过一百由旬，像太阳一样光辉灿烂。进入会堂的人，永远不会感到饥渴，也不会感到忧伤。阎摩在这座会堂里款待那些高尚的灵魂和已经逝世的国王。所有的人类祖先都居住在这个会堂中。

第四章
甘露争夺战

阿修罗

东西方的神话中都有神和恶魔的对立，就像是光明和黑暗的对立一样。在圣经故事里，天使和恶魔对立；北欧神话里，阿瑟诸神和巨人对立；埃及神话里，奥西里斯和赛特对立。而在印度神话里，对立的双方是天神和阿修罗。阿修罗是三界众生中力量仅次于天神的重要族群，是天神最大的敌人、恶魔和秩序的破坏者。他们是爱好战斗生性多疑性格暴躁的魔神，掌握法术之力"摩耶（幻象）"的桀骜不驯的黑夜神明。

然而，就如同有光才有影一样，所有的恶魔其实总是和天神有着撕扯不清的关系。魔王撒旦堕落之前原本是位威力巨大的天使，北欧神话里的众神身上其实都有巨人血统，奥西里斯和赛特原本是兄弟。印度神话同样如此，爱好战火、整日争斗不休的魔神阿修罗，原本和天神也是亲族。天神和阿修罗都是梵天之子、仙人迦叶波的后裔。主要的天神都是迦叶波的妻子阿底提所生，而另外两个妻子檀奴和底提所生的儿子们则分别被称为"檀那婆"和"达伊提耶"，合称阿修罗。阿底提是迦叶波的第一个妻

子，她生下的第一个孩子是阿修罗之王希罗尼亚克夏，他比阿底提所有的孩子都早出生，因此阿修罗实际上应当算是天神们的兄长。

檀那婆和达伊提耶们曾是和天神一样荣耀的三界统治者，与天神分享威力和财富；然而阿修罗和天神最终还是反目成仇了，天界的战争就此开始。

阿修罗和天神的分裂始于搅乳海。共同统治世界很久之后，天神和阿修罗都开始变得骄奢傲慢，对自己的异母兄弟也开始越来越看不顺眼。

有一次，以脾气暴躁和法力强大著称的敝衣仙人在大地上漫游，一只鹰为了表示对他的崇敬，衔了一个花环献给他。敝衣仙人拿着花环很高兴，恰好看到天帝因陀罗骑着象王爱罗婆多走过，便走上前去把花环转赠给天帝。因陀罗表示了谢意，却漫不经心地把花环挂到了大象的鼻子上。象王爱罗婆多不明所以，心想："这是什么东西？"把花环从鼻子上甩了下来，甩在泥地里。

这下可闯了大祸，敝衣仙人一看天帝竟然这样对待自己送给他的礼物，勃然大怒。他诅咒天帝说："你这个傲慢的家伙，由于你这样无礼地对待我给你的花环，你和所有天神都会慢慢失去力量和对三界的统摄权。"

与此同时，檀那婆和达伊提耶们由于骄傲和奢侈，也开始遭到同样的不幸。迫于无奈，已经产生隔阂的兄弟们不得不暂时放下分歧，聚集在弥卢山上开会，商讨应当如何解决目前的困境。护持神毗湿奴站出来建议说："让我们一起去搅动乳海吧！乳海的海水是神奇母牛须罗毗的乳汁，搅动乳海一定会让我们找到能增添力量、长生不老的甘露。"

于是，双方决定合作搅动乳海寻找能长生不死的甘露。他们把曼陀罗山当作搅棒，龙王婆苏吉作为搅绳，毗湿奴自己化身为巨龟作为曼陀罗山的基础。做好了搅乳海的一切准备后，众神和阿修罗又来到海边请求海洋之王伐楼那的准许，伐楼那当即表示："为了得到甘露，我愿意忍受沉重的碾压。"

天神和阿修罗把曼陀罗山连根拔起，放在了大海中央。为了稳固搅棒，毗湿奴除了分出一个巨龟化身作为底盘之外，自己也坐在了曼陀罗山的山顶上，压牢这座山。吵吵嚷嚷的天神和阿修罗站在乳海两边，开始准备拉起龙王婆苏吉身躯，搅动乳海。

就在这当口，毗湿奴耍了一个心眼。他故意向阿修罗们建议，由他们拉住婆苏吉的尾部，而天神去拉婆苏吉的头部。多疑的檀那婆和达伊提耶认为毗湿奴肯定没

众神和阿修罗搅乳海

为了在乳海中找到能增添力量、长生不老的甘露，众神和阿修罗决定合作搅乳海。他们把曼陀罗山当作搅棒，龙王婆苏吉作为搅绳。毗湿奴化身为巨龟作为曼陀罗山的基础，做好了一切准备，开始奋力搅拌乳海。

安好心，想要坑害他们，坚持要去拉头部，而天神就拉住了婆苏吉的尾巴。他们一起用力，开始奋力用曼陀罗山搅拌乳海，天地间充斥着隆隆巨响。海底的鱼类，无论大小，都在巨大的曼陀罗山的碾磨下化为齑粉，融入海水。而曼陀罗山飞快地旋转着，山上的大树彼此碰撞，燃起了熊熊大火，之后被连根拔落。大火犹如电光照亮了曼陀罗山，也照亮了暗蓝色的天空。曼陀罗山上的动物葬身火海的不计其数，因陀罗赶忙降下暴雨，才扑灭火焰。山上大树神木的灰烬，以及许多仙草的汁液，都顺着雨水流淌进入大海。

这时，龙王婆苏吉不堪拉扯，抬起巨大的头颅，不断张开大嘴，喷出毒焰和火气，差点把檀那婆和达伊提耶们都熏死过去。而拉着尾巴的天神则免受其害，还能享受风神送来的阵阵凉爽轻风。阿修罗生性多疑，结果恰好中了毗湿奴的招。

搅乳海持续了整整一百年。大海中产生了水乳，又从水乳中产生了清奶油。天神和阿修罗都已经劳动得精疲力竭，看不到甘露出现都有些绝望，全靠毗湿奴赐给的力量在坚持。就在此时，努力终于收到了成效。从已经被搅成奶油的大海中，升起了一轮明亮的、皎洁的天体，闪烁着凉爽的银色柔和光线，缓和了天神们的疲累。

随后，从清奶油中走出了美丽圣洁，身着乳白衣，象征财富和幸运的吉祥天女。她拿着花环，含羞打量了一众天神和阿修罗，最后把花环挂在了毗湿奴身上，选择他做自己的丈夫。

然后，和奶油一样洁白的神马高耳从大海中奔驰而出；再然后，一块神奇的、光耀三界的宝石浮现在大海上，它自动成为毗湿奴胸口的装饰；还有一对美丽的耳环，天神把它们送给了自己的母亲阿底提。之后出现的还有如意神牛须罗毗和天界的如意树等等十四种宝物。第一个天女兰葩也出现在大海中，她是如此光艳照人，天神和阿修罗都看得目瞪口呆，争执半天无法决定让她做谁的妻子，最后决定让天女成为所有天界居民共同的妻子，也就是天界的舞女。

宝物一件件浮出了海面，此时却突然出现了一团剧毒药迦罗拘吒，它是婆苏吉口中的毒物在大海中所化。迦罗拘吒足以使世界化为灰烬。众神看到这团毒药，吓得胆破，阿修罗也惊恐万状地四散奔逃。此时破坏之神湿婆挺身而出，他一步上前，将毒药放入自己口中。他的妻子惊恐地一把掐住他的喉咙，企图阻止毒液下落。与此同时，毗湿奴也伸手堵住了湿婆的嘴，以避免毒药外泄。结果，迦罗拘吒留在喉间，将湿婆

乳海的宝物

搅乳海持续了整整一百年。大海中产生了水乳，又从水乳中产生了清奶油。终于，努力收到了成效。各种宝物逐渐从清奶油中浮现：先是一轮皎洁的天体，接着是吉祥天女、神马高耳、宝石、耳环、如意神牛和如意树等。

湿婆饮毒

搅乳海时，充当搅绳的龙王婆苏吉口中滴出毒物，化为剧毒的迦罗拘吒，足以使世界毁灭。众神与阿修罗吓得胆破。湿婆挺身而出，一步上前，将毒药放入自己口中。他的妻子掐住他的脖子，以阻止毒药下行，而毗湿奴用手捂住了湿婆的嘴，以避免毒药外泄。结果，毒药留在喉间，将湿婆的脖子烧成了青色。

摩醯尼

经历了毒药惊魂，甘露终于浮出水面。看到甘露后，毗湿奴施展幻力，变成绝世美女摩醯尼，为阿修罗们跳起舞来，使其失魂落魄，骗走了甘露。发现上当的阿修罗们向天神冲去，阿修罗与天神的第一场大战就此爆发。

的脖子烧成了青色，从此这位神祇就被称为"青颈"。为了减轻灼烧之苦，湿婆得到了月亮作为清凉之物，此后，新月便装饰在他的头上。

经历了毒药惊魂，甘露终于浮出了水面。相貌英俊的医神檀文陀梨从大海上冉冉升起，手中捧着一个白色的钵子，甘露就盛在里面。看见这个奇迹，檀那婆和达伊提耶们都跳起来，大喊："那是我的！"见此情形，毗湿奴立即施展幻力，变化成了一个绝世美女摩醯尼，娉娉婷婷走到阿修罗面前，开口说："诸位大能的英雄，你们已经很疲累了，且暂时放松放松吧！"之后便开始为他们跳起舞来。看到摩醯尼的美色和舞姿，阿修罗们心醉神驰，失魂落魄，一个个糊涂油蒙心，把自己那份甘露交给了摩醯尼保管。

毗湿奴见阿修罗放松了警惕，便拿着甘露溜回了天神一边。天神急不可耐地在毗湿奴面前分食了甘露，场面一片混乱。有一个名叫罗睺的阿修罗，变化成天神的样子，趁着混乱，混在天神之中，也分得了一份甘露。他正忙着啜饮，旁边目光敏锐的日神和月神把他看穿了，大喊起来："这里有一个阿修罗！"毗湿奴一听，立即召唤来了自己威力无穷的神轮妙见，把罗睺的脑袋给割了下来。但是，当时罗睺已经咽了一口甘露，因此不但没有死，反而成了两个只有半身的怪物，一个叫罗睺，一个叫计都。它们对日神和月神对自己的揭露恨之入骨，从此飞翔在天空上，变成了两颗凶星，找到机会就要吞吃日月。不过，因为只有上半身，所以他们吞下的日月总是很快从嘴里进去，喉咙里出来，这就是日食和月食的起因。

阿修罗看到罗睺被砍成两截，这才醒过神来，他们立即披上甲胄，抓起不同的兵器，怒吼着朝欺骗自己的天神冲过去。在乳白海浪拍打的海岸上，阿修罗和天神的第一场大战就此爆发了。这场大战比一切恐怖的事物都令人胆寒。巨大又锋利的标枪成千上万地被投掷出去；各种各样的法宝在天空中飞来飞去，彼此碰撞。厮杀声和惊呼声响彻宇宙。有的阿修罗被毗湿奴的飞轮砍死，口吐鲜血倒在地上；有的阿修罗被湿婆的三叉戟斩下头颅，滚落在地；有的阿修罗被天帝的雷杵击倒，躺在战场上冒着青焰。遍地都是身着黄金铠甲、全身沾满淋漓鲜血、像一座大山般倒在地上的阿修罗尸体。天神和阿修罗的战斗从夜晚持续到清晨，旭日冒红之际，依旧有千千万万的天神和阿修罗挥舞着刀剑互相砍杀，战斗的呐喊声直冲云霄。毗湿奴祭起了神轮，这亮光闪闪的神轮升到半空，发出太阳般的耀眼光芒，迅速有力地一次又一次向下横扫敌人，

飞旋着在战场上痛饮鲜血。成千上万的檀那婆和达伊提耶就这样断送了性命。

阿修罗无法敌过这等威力，且战且退，却依旧没有放弃，他们搬起一座又一座大山，然后飞上天空，把这些大山朝天神头上扔去。大山不断落下，众生死难惨重，整个大地都成了阿修罗和天神争雄的沙场。

最后，阿修罗终于被逼得走投无路了，毗湿奴拿起自己的神弓，摧毁了阿修罗手中的武器，阻断了阿修罗回到天上的道路，也劈碎了阿修罗手中的大山。神轮依旧在战场上怒气冲冲地回旋，幸存的阿修罗心怀恐惧，狼狈逃窜，有的钻入大地，有的躲进大海。天神获得了胜利，欢呼声响彻三界。

在向曼陀罗山致意后，众神把它送回了原地，拿了甘露，回到了天界。

阿修罗就这样被逐出了天界，失去了高贵的地位，永远地被打上了魔鬼和邪恶的烙印。他们不但失去了居住在天界的权利，甚至连外貌都发生了改变。被击败和放逐使他们始终对天神怀恨在心，无时无刻不在谋划着打败天神夺回昔日的地位，一找到机会便发动攻打天神的战争。

在史诗和往世书中记载，天神和阿修罗之间一共发生过十二次主要的大战，比如那罗辛哈（人狮）战争，毗湿奴以人狮的化身诛灭了骄横的阿修罗王希罗尼耶格西布；"战车驾驭者之战"，希罗尼耶格西布世系的伟大阿修罗王伯利战胜了所有天神，但却败在了化身侏儒的毗湿奴手下；乳海之战；"夺回陀罗之战"，月神苏摩诱拐了众神的导师祭主的妻子陀罗，并且投奔到阿修罗一边，最后通过战斗众神夺回了陀罗；三连城之战，湿婆诛杀了三连城里的阿修罗；水持之战，大海之子、希罗尼亚克夏的养子水持企图诱拐湿婆的妻子雪山神女帕尔瓦蒂，从而被愤怒的湿婆杀死；弗栗多战争，发生在弗栗多当阿修罗王的时代。这些战争动辄持续千年，牵扯到三界众生的战争几乎构成了天界编年史的全部内容，历时久远、场面绚丽的战争催生了各色各样的滑稽剧、悲惨的爱情故事、道德寓言和壮烈的传奇。阿修罗里的霸主和英雄曾一度层出不穷，有的阿修罗凭借自己的苦行和努力获得凌驾天神之上的强大实力，几度把骄傲的天神逼到走投无路，以至于三大神不得不出面干涉；他们不止一次地几乎成功夺回霸权，然而命运注定他们最后总是失败。

阿修罗通常居住在海底和地下，修建巨大、辉煌、以宝石代替日月光辉的城堡，作为与天神争夺天地霸权的据点。他们和天神一样，住在富丽堂皇的宫殿里，享受歌

舞陪伴，拥有魔力和财富，生活水准不亚于天神。他们的工匠摩耶，是迦叶波和檀奴之子，手艺令天神的大匠陀湿多也自叹弗如。他们的宫殿、城堡和飞车与天神相比，有过之而无不及。阿修罗们并不是不知晓正法，也不是没有智慧，但他们无法克制自己的愤怒，也无法征服自己的骄傲，最后终于成为世界之敌。因为他们太好战，太贪婪，得到的东西总是会失去，无论是财富、地位还是荣耀。

除了和天神作战，阿修罗也时常侵扰人间。他们看不起人类，并不把人类看作和自己相当的敌人，但因为天神的食物来自人间的祭祀，阿修罗则要靠自己取得，由于忌妒，阿修罗总是一而再，再而三地企图破坏人间的祭祀，扰乱人民生活，杀死通晓祭祀的婆罗门。因此，天神们为了保障自己的生活，也理所当然地和阿修罗们作战，保卫人间祭祀和正常的社会秩序。每当他们做得太过分，大神毗湿奴便会以化身的方式，自天国降下，来到凡间，诛灭阿修罗，拯救众生。

迦楼罗

天神打败了阿修罗夺得甘露之后，过了很长一段时间的安生日子，但这种平静生活最终被一位横空出世的大人物给打破了，这个人物就是金翅鸟王迦楼罗，一切禽类之王，和因陀罗一样伟大的天空的主宰。

迦楼罗的父亲是迦叶波。生主达刹仙人有两个女儿，美貌的迦陀楼和娇媚的毗那陀姐妹，嫁给了迦叶波。这两位夫人膝下无子。某一天，迦叶波让毗那陀和迦陀楼许下心愿。迦陀楼说："我要有一千个儿子，而且每个儿子有着同等神光。"毗那陀则说："我只要两个孩子，但是每一个都要比迦陀楼的儿子强大，而且勇敢非凡。"

迦叶波完全接受了迦陀楼的要求，却对毗那陀说："我只能给你一个半。"不久之后，迦陀楼就生了一千个蛋，毗那陀随即也生了两个蛋，这些蛋都被放置于盛水的器皿中。过了整整五百年，迦陀楼所生的群蛇"那迦"出生了。为首的是托负大地的千首龙王舍沙，他也是大神毗湿奴的卧榻和伴侣，接着是统治所有那迦的婆苏吉和多刹迦等等。可是，毗那陀的两个卵却没有任何动静。毗那陀着急了，她偷偷敲开自己的一个蛋，看见蛋里自己的儿子上半部已经发育成熟，下半身还没有成型。怒不可遏的头生子诅咒母亲："因为你的心急，我变成这个样子，你会为此成

为奴隶五百年，只有等我的兄弟出生以后你才能摆脱奴隶的命运。但如果你依然再度提前敲破蛋壳的话，他就会变得和我一样残废，那这诅咒将永远不可能解开。"说完以后，他便飞上天宇，化作了曙光。也有人说，他变成了太阳神的御者，挡在他面前，缓和苏利耶过于强烈的光芒。

不久之后，毗那陀和迦陀楼无意中看见了搅乳海制造甘露苏摩酒时的附生物——神马高耳疾驰而过。这时迦陀楼突然问毗那陀："你说神马高耳是什么颜色的呢？"

毗那陀说高耳一身全白，但迦陀楼却说它的尾巴有着黑色的杂毛。姐妹俩争执不下，最后提出了代价惊人的赌约——她们相约明日再去确认高耳的毛色，看错的人要当对方的奴隶。迦陀楼为了打赌胜利，耍了一个花招，她命令其子那迦们变成黑色的杂毛附在高耳的尾巴上。有些儿子拒绝了母亲的要求，狠心的迦陀楼竟诅咒了这些不听话的孩子，诅咒他们将来会被火活活烧死。

第二天，迦陀楼和毗那陀急急忙忙来到海边观察神马，她们看到神马尾巴上果然有许多黑毛。满面愁容的毗那陀只有认输，做了姐姐的奴隶，整整五百年。

五百年后，迦楼罗出生了。他没有母亲的看护，独自破卵而出，如同一团熊熊燃烧的大火，瞬间迎风长大起来，惊动了世间万物，所有生灵都把他误认为是火神阿耆尼。他们来到阿耆尼面前，请求他不要燃起巨大的火焰四处蔓延。阿耆尼回答说："你们弄错了，那不是我，是金翅鸟迦楼罗，他的神光和我一样辉煌。"

金翅鸟飞过大海去找母亲，在那个地方，毗那陀还在痛苦不堪地做着迦陀楼的奴隶。有一天，迦陀楼当着迦楼罗的面，大声地对他的母亲毗那陀下达命令说："把我送到海洋中的快乐岛上去！"毗那陀不敢违抗，她背起众蛇之母向蛇岛飞去，同时吩咐她的儿子背着迦陀楼的儿子们跟随在后。迦楼罗背着一千条蛇，却并没有老老实实地向蛇岛飞去，那迦一族和迦陀楼的颐指气使令这个年轻鸟王心中产生愤怒。他一言不发，飞近太阳，众蛇被酷热烤得失去知觉。迦陀楼看到这个情景，连忙唱起给因陀罗的颂歌，因陀罗听到，便降下大雨，挽救了众蛇。

那迦们在快乐岛上过了一阵快活日子，然后又觉得待腻了。他们把上次差点被烧烤的教训忘得精光，再次命令异母弟弟带他们去别的景色漂亮的海岛游玩。这回迦楼罗不干了，他问母亲："我们能在天上飞行，为什么必须听从在地上爬动的那迦们的吩咐？"

手捧甘露的金翅鸟迦楼罗

　　金翅鸟迦楼罗的母亲沦为迦陀楼与那迦们的奴隶，为解救母亲，迦楼罗答应了那迦们的要求，前往天帝因陀罗的天宫中取得甘露。他凭借自己的勇力打败了众神，成功夺取了甘露。

毗那陀不得不向儿子坦白了自己输了赌约，屈身为奴的事实。听说前因后果后，迦楼罗非常难过。他跟那迦们谈判，问用什么东西可以换得母子二人的自由。那迦们说："你要真有本事，就把甘露从天帝因陀罗的天宫里取出来给我们，然后你们就自由了。"

迦楼罗听了，毫不犹豫地说："我这就取甘露去。不过，在这之前，我得要先吃点东西。"毗那陀说："海湾那边住着许多土著，你就吃那些尼沙陀人好了，不过，无论如何不要吃婆罗门，因为他会在你的喉咙中发热。"说完，她祝福了儿子。尔后，迦楼罗展开双翼，冲天而起。他就像思想一样迅捷，很快来到了海湾深处，他依照母亲的盼咐，吃了许多尼沙陀人，却还是没有觉得饱足。这时他正好遇到父亲迦叶波，就询问父亲自己还可以吃些什么增加力量备战。迦叶波说："有一头大象和一只巨龟，在湖泊里整日打架。这二者原本是两位婆罗门仙人兄弟，但因为分配财产而手足阋墙，相互诅咒沦为禽兽，依旧争斗不休。你可以吃掉他们。"

迦楼罗立即飞往湖泊，一爪抓起大象，一爪抓起巨龟，飞过整个圣地，在云天上寻找可以憩脚进食的树枝。最后他终于找到一棵足够粗大的卢醯那树枝，可是刚一落脚，树枝就被压弯，随即折断。迦楼罗发现树枝上还倒挂着许多矮仙。这些矮仙是梵天的儿子，有六万之多，他们虽然法力高深，但个头却只有拇指大小。迦楼罗害怕伤害他们，就用嘴接住树枝，把矮仙们放到了吉罗娑山的山坡上，然后飞到一个布满冰雪的山谷里吃掉了大象和乌龟。尔后，吃饱喝足的金翅鸟王，就像一团巨大的燃烧着的火焰冲天而起，从雪山之巅扶摇直上，直奔因陀罗的天庭。此刻，众神之中出现了种种异样的征兆，因陀罗的金刚杵冒出火焰，天人们的武器自动跑到一起互相撞击；飓风怒吼，流星不断陨落，狰狞的雨云倾下滂沱血雨，所有天神的花环都枯萎了，神光都消失了。这种景象连与阿修罗大战的时候都没有发生过。

被恐惧侵扰的因陀罗急忙询问祭主："这究竟是怎么回事？"

祭主告诉他："那是迦叶波之子迦楼罗前来夺取甘露了。"

因陀罗立即命令守护甘露的诸神严阵以待，因为祭主告诉他，迦楼罗的力量举世无双。

众神身披黄金铠甲，手持种种兵器聚集在一起，因陀罗也手持金刚杵，率领着戒备森严的众神。但当他们看到金翅鸟像飞翔着的光焰向自己呼啸冲来时，全都惊呆了，

不知所措：他们不敢相信，这个世界上怎么可能有生物如此巨大、如此壮美。

迦楼罗和匠神陀湿多首先相遇，战斗短暂地持续了一会儿，陀湿多就被迦楼罗打倒了，金翅鸟王扇起狂风，制造了一场大型沙尘暴，搅得三界一片混沌，众神都被埋在尘土下面，狼狈不堪，看不见迦楼罗的踪影，迦楼罗趁机撕碎了许多天神，天上倾洒下血水无数。

因陀罗又大声命令风神伐由去战迦楼罗，风神吹走沙尘，众神又开始向金翅鸟进攻，但他对如雨般袭来的矛和箭视若无物，毫不慌张，但听一声长鸣在天空中回荡，金翅鸟用双翼和胸脯击溃了众神。众神溃不成军，在他的追击下四处奔逃。

因陀罗惶然不已，不明白自己怎么会招致如此可悲的失败。这个时候他突然想到一段往事：很久之前，有一次，在迦叶波举行祭祀时，因陀罗被指派去背负祭火的柴薪，他背了与自己力量相称的山一样高的柴火大步往祭坛走，半路遇上了那群法力高深、体格迷你的矮仙。这些矮仙只扛得动一支细小的叶柄，累得上气不接下气，瘫软在牛蹄印的积水里。因陀罗哈哈一笑，轻蔑地一步跨过他们，扬长而去。矮仙们又伤感又气愤，于是他们开始大祭祀，祈求诞生另外一位众神之首，他将会有如意之勇，能如意而行，迅捷如思想，有因陀罗百倍之能，给天帝带来恐惧。因陀罗听说后，前往父亲处求助，迦叶波说："一切鸟禽之长、世界景仰的英雄将会因此诞生，但天帝啊，你不要担忧，将会有一个行天者做你的伙伴和兄弟。他不会和你为敌。"因陀罗一听放了心，回头就把这事情忘得精光。可是预言最后实现了，有因陀罗百倍之能的英雄还是诞生了——那就是今天的苍穹之王迦楼罗。

打败众神后，金翅鸟去取甘露。甘露周围环绕着熊熊大火，迦楼罗立即变化出许多张嘴，飞到大地上喝干了许多的江河，又飞回来用嘴里的水扑灭了大火。随后，他又把自己变得十分细小，像一粒黄金，从一个缝隙里飞过了守在甘露上旋转的火焰剃刀轮盘。轮下还有两条龙，他们双目会喷射火焰，而且永远不眨眼睛，迦楼罗扬起尘土，趁两条龙眼睛被迷找不着北时一下子跃上他们，把他们撕得粉碎。通过重重艰难险阻后，迦楼罗终于成功地夺到了甘露。他没有喝它，而是带着它一路飞行，赶着回去救母亲。

在归途中迦楼罗遇见了毗湿奴。由于他并未自己饮用甘露，毗湿奴对他很满意，于是要施他恩典。迦楼罗大声回答："我要高踞于你之上！即便没有甘露，我也要不

衰老不死亡。"毗湿奴很喜欢金翅鸟没有掩饰的高傲，微笑着同意了。迦楼罗又骄傲地说："我也要向阁下施一恩典，请世尊挑选个心愿吧！"

毗湿奴大笑着说："金翅鸟啊！你双翼如火，迅疾如思想，你做我的坐骑吧！我也将把你作为我的旗徽，高悬在我之上。这样，你我的心愿都得到满足了。"

就在这时，重新拾起勇气的因陀罗出现了，他追上迦楼罗，怒吼着用金刚杵往金翅鸟身上猛击。可是虽然声势浩大，打下来的却只有迦楼罗的一根羽毛。迦楼罗微笑着对天帝说："我向你的金刚杵和献出他的头骨做成这根金刚杵的仙人致敬。但是，你的金刚杵伤害不了我。"在场的众生都惊诧不已，又见那根羽毛无比绚丽，他们异口同声地说道："他就叫做美翼吧。"因陀罗看到此情此景，也不得不承认对方是个无比伟大的生灵，对金翅鸟产生了无比的敬意。他对迦楼罗说："我愿意和你结下永恒的友谊，鸟中之王！"

迦楼罗慨然允诺，接受了天帝的友情。因陀罗问："我希望知道你的力量。"金翅鸟则笑着回答："你既然是我朋友，我就告诉你。这辽阔的大地，一切生物，以及海洋、山峦、草地、森林，我可以全部托起来携走而不感到疲惫。"

因陀罗说："你要甘露已经没有什么用处了，请把它还给我们吧。"迦楼罗想了一想，说："出于某种原因，我不得不带走它，但是我不会自己饮用，也不会使之落入他人之手。只是要将其放在一个地方，我一放下，你就可以取走它。"因陀罗很满意，于是要施给迦楼罗一个恩典。迦楼罗想起那迦对自己母子二人的羞辱，要求的恩典是使所有的那迦成为他的食物。因陀罗答应了。

迦楼罗回到母亲身边，将甘露放在俱舍草上，告诉那迦们说："我已经把甘露带回来了，你们沐浴祈祷之后方可享用。"那迦们很高兴，立刻释放了迦楼罗母子，然后兴高采烈地跑去沐浴祈祷。因陀罗趁机从天而降，取走了甘露，返回天庭。

那迦们沐浴归来，发现甘露不见了，只好舔那些放过甘露的青草，锋利的草叶边缘把那迦的舌头都割成了两条。从此，那迦都有了分岔的舌头，它们舔食到的甘露残余让它们有了蜕皮的能力，但并没有获得永生。而俱舍草因为曾放置过甘露，变得洁净，此后常被用于各种宗教活动。

迦楼罗就这样为母亲和自己赢取了自由。此后，他成为毗湿奴的朋友和坐骑，闲暇时则陪伴母亲在密林里悠游度日。他的后裔，也就是金翅鸟一族，被统称为苏波哩

吉祥天女和毗湿奴在金翅鸟上

毗湿奴喜欢金翅鸟不加掩饰的高傲，他要求金翅鸟做自己的坐骑，并答应将金翅鸟作为自己的旗徽，高悬起来。从此，金翅鸟迦楼罗成为毗湿奴的朋友和坐骑。

那。他们全部都和迦楼罗一样以蛇为食。尽管金翅鸟是性情高贵的一族，但是，由于他们屠戮亲族（说到底，那迦原来和金翅鸟还是同父异母的兄弟），始终遭到谴责，无法获得至高的梵性。

第五章
毗湿奴

　　毗湿奴是三大神之一，他是保护之神，又叫护持神，在三大神中，他实际的力量和地位都是最高的。毗湿奴是光明、仁慈和善良的化身。佛教中把他称为"遍入天"，因为毗湿奴这个名字包含有"无所不在遍及一切"的意思。他被视作存在的绝对、本源和本体，甚至整个世界，不过以毗湿奴的形态显现而已。

　　和梵天、湿婆一样，毗湿奴是自我存在的，但他降生为众神之母阿底提最小的儿子。最早，毗湿奴只是因陀罗的一位小伙伴，一个年轻的太阳神，《吠陀》中也记载了他三步跨过天地的伟绩，这象征着太阳每天在天空中运行的轨迹。他曾经帮助自己的哥哥因陀罗打败魔龙弗栗多，因而被称为"优宾陀罗"，意思就是"小因陀罗"。但是后来，毗湿奴不断立下丰功伟绩，最终超越了因陀罗的地位，成为了宇宙之神。

　　毗湿奴的外表像个美丽的青年王子，他皮肤呈蓝黑色，面如满月，目如莲花，通常都身着黄色绸衣，头戴高高的皇冠，脖子上挂着永不凋谢的花环，胸前饰有宝石。他额头上有一个类似字母"V"的神圣标记，身有四臂，分别持神盘、神螺、莲花和槌。他的主要武器是神盘，或者说神轮，外形像一只盘子，和湿婆的三叉戟一样都是用太阳的碎片所造，是威力无穷的法宝，在打击到敌人之前永远也不会停下来，名为"妙

毗湿奴和妻子吉祥天女在一起

毗湿奴是三大神之一,他是保护之神,又叫护持神,在三大神中,他实际的力量和地位都是最高的。毗湿奴的妻子是吉祥天女拉克什米。这位美丽的女神从乳海中诞生的时候,毗湿奴就爱上了她,拉克什米也只看中他。

毗湿奴和仙人们在一起

毗湿奴的外表像个美丽的青年王子,他皮肤呈蓝黑色,面如满月,目如莲花,通常都身着黄色绸衣,头戴高高的皇冠,脖子上挂着永不凋谢的花环,胸前饰有宝石。毗湿奴性格温和,是众神忠实的伙伴和保护者,永远站在众神一边。

见"。伟大的圣河恒河也出自他的足下。他的坐骑和好友是天空的王者金翅鸟迦楼罗，同时千头龙王舍沙是其忠实伴侣。他居住的天界叫做"湿陀那"，是一个只有有德者居住的、用黄金和宝石装饰的天界，高于梵天的天界，位于弥卢山的巅峰。

毗湿奴的妻子是吉祥天女拉克什米。这位美丽的女神从乳海中诞生的时候，毗湿奴立即就爱上了她，拉克什米也只看中他。他们结婚之后，成为和谐、温柔的模范夫妻。

毗湿奴的性格非常温和。梵天很高傲，湿婆很孤僻，但毗湿奴却是因为谦逊和智慧而被称为伟大的神。有一次，仙人婆利古被众神委托判定谁是三大神中最伟大者。这位裁判跑到梵天那里，发现梵天在仙人的包围中趾高气扬不可一世，甚至根本不屑于见婆利古一面。而当他找到湿婆时，放浪不羁的毁灭之神正忙着和妻子游山玩水，花前月下，完全无暇理会婆利古的到来。婆利古最后来到毗湿奴那里，却发现他正在呼呼大睡，在前两位大神那里受够了气的仙人再也忍无可忍，怒气冲冲地一脚踢在毗湿奴胸口上。毗湿奴被惊醒了，可是他不但没有生气，反而还带着困惑的笑意，摸着婆利古的脚问他有没有踢痛脚趾。这样的温柔大大感动了婆利古，于是他就此宣称，有着宽容心地、懂得礼贤下士的毗湿奴是三大神中最伟大的神祇。

毗湿奴是众神忠实的伙伴和保护者。在梵天对魔鬼的恶行视而不见、湿婆和妖魔的关系不清不楚的时候，只有毗湿奴永远站在众神一边。每每众神遇到危难，毗湿奴总是他们最强有力的支援者；他曾经潜入因陀罗的武器中，帮助他们消灭龙魔弗栗多；在众神搅拌乳海得到永生的甘露后，毗湿奴曾经变成一个美女摩醯尼从阿修罗那里骗走了甘露，并且用神轮妙见将企图偷食甘露的罗睺劈成两半。

十大化身

毗湿奴的丰功伟绩大都是通过他的化身来完成的，他比较著名的化身有十个（称为Dashavatara），包括人狮（那罗辛哈）、侏儒、鱼等，佛陀也是他的化身之一（第九化身）。但毗湿奴最著名的化身是罗摩、黑天和持斧罗摩，他们的事迹通过印度两大史诗得到广泛的传播，尤其是罗摩和黑天，经常被当成单独的至高人格神崇拜。

毗湿奴的第一个化身是头上长着角的鱼。当世界即将被洪水湮没的时候，毗湿奴

决定考验太阳神的儿子、人类的始祖摩奴。他变成一条小鱼，游到摩奴洗手的河边，恳求他把自己从河中凶狠的大鱼嘴边拯救出来。善良的摩奴答应了小鱼的要求，把它养在罐子里，像对待自己儿女那样善待它。渐渐的，小鱼长大了，罐子不再能容纳下它，摩奴又把它放到水塘里；曾经的小鱼如今以惊人的速度长大，连池塘都无法盛下，于是摩奴又费了很大的力气，把它放到恒河中。当圣河也无法容下仍然不停长大、业已体格惊人的带角鱼时，摩奴又把它带到了大海中。这个时候，毗湿奴认为考验已经足够，于是微笑着对摩奴说："你是一位善人。这个世界不久之后要被洪水淹没，为了报答你的养育之恩，我要把你从大水中拯救出来。你去造一艘大船，携带所有生命的种子。洪水到来之时，你把缆绳挂在我的角上，我会引领你去安全的地方。"摩奴依言而行，不久，洪水果然降临，摩奴在波涛中跟随大鱼，最后毗湿奴把船拖到了喜马拉雅山的雪峰上，在那里，摩奴等待着洪水慢慢退却，并准备好了再一次把生灵带到世界上。

毗湿奴的第二个化身是龟（鸠哩摩），在众神和阿修罗搅乳海的时候，他化身巨龟潜入海底，在曼陀罗山下充当了搅拌的基座。

毗湿奴的第三个化身是野猪（婆罗诃）。在天神和阿修罗分裂之后，阿修罗视毗湿奴为仇敌。迦叶波和底提的儿子，有着伟大力量的阿修罗王希罗尼亚克夏（意思是有金色眼睛的人）怀着对众神的深深仇恨，把大地拖进了不见天日的大海深处。他受过梵天的保佑，不会受世间任何生灵的伤害，但他在向梵天祈祷之时忘记了提野猪。毗湿奴于是便化身为一头巨大的野猪，它高大如山，浑身漆黑，吼声如雷，长着闪电般的红色眼睛和白色獠牙。它潜入海底，和希罗尼亚克夏搏斗了整整一千年，最后终于把他打败，杀死在海底。然后，野猪把以女人形象出现的大地挂在自己的獠牙上，举着她浮出了海面。

第四个化身是人狮（那罗辛哈）。当时统治阿修罗的是希罗尼耶格西布（意思是穿金色衣服的人），他也是迦叶波和底提的儿子，希罗尼亚克夏的孪生兄弟。这位阿修罗王以极度的苦行换来了梵天的恩惠：无论神或人或野兽，白天或黑夜，何种武器，门内门外，都没有人可以伤害到他。希罗尼耶格西布凭借这个恩惠，变得不可战胜，他打败天神，统摄三界，霸占天帝的宫殿。但是，希罗尼耶格西布的四个儿子中最小的一个王子，钵罗诃罗陀，却是一个毗湿奴的虔诚的信奉者。

这其中有一段渊源：在希罗尼耶格西布为了获得力量到山中苦修后，因陀罗带着

毗湿奴的鱼化身

毗湿奴有诸多化身。他的第一个化身是头上长着角的鱼。当世界即将被洪水淹没的时候，毗湿奴变成一条小鱼，考验太阳神的儿子、人类的始祖摩奴。

毗湿奴的侏儒化身来到伯利身边

毗湿奴的第五个化身是侏儒。为了帮助天神战胜有史以来最伟大的阿修罗王伯利，毗湿奴化身为侏儒，用计策取得了胜利。

天神洗劫了阿修罗的王宫，并打算杀死王后和王后怀着的钵罗诃罗陀；那罗陀仙人阻止了因陀罗，并把王后带到森林中教授她正道；王后没有学会，但是她肚子里的钵罗诃罗陀却把讲道听进了心里，一出生就变成了虔诚的毗湿奴信徒。

希罗尼耶格西布为此而十分恼火，他想尽了各种办法，都不能叫自己的儿子放弃对毗湿奴的信仰。无论是好言好语，还是严刑拷打，钵罗诃罗陀都依旧坚持崇拜毗湿奴。希罗尼耶格西布甚至起了杀心，让他的妹妹、不怕火烧的霍利嘉抱着钵罗诃罗陀跳进火堆之中，妄图除掉小王子。然而事与愿违，霍利嘉被烧为灰烬，钵罗诃罗陀却因为毗湿奴的保护安然无恙。百姓们为了庆祝，便向小王子身上泼洒红颜色的水——这就是今天洒红节的起源。

这样的把戏反反复复，希罗尼耶格西布始终不能说服也不能伤害自己的儿子。终于在一天的黄昏时分，希罗尼耶格西布彻底失去了耐性，狂怒的阿修罗王用剑击打着屋子里的柱子，对儿子叫道："你的无所不在的毗湿奴在哪里？在这柱子里面吗？"这个时候，毗湿奴化成的人狮破柱而出，它非神、非人、非兽，有人类的形体，却有着狮子的脑袋和利爪，它用利爪（非武器）把桀骜的希罗尼耶格西布撕成了碎片。天神因而重新得到了天界。钵罗诃罗陀继承了父亲的王位，成为一位有德的阿修罗王。

毗湿奴的第五个化身是侏儒（"伐摩那"），他为了讨伐阿修罗王伯利而出生。

钵罗诃罗陀在父亲死后继承了阿修罗的王位，建都地下的波陀罗。钵罗诃罗陀品德高尚，并没有和天神为敌的企图。但是天神却一天比一天害怕，唯恐将来有一天钵罗诃罗陀的德行会自动为他带来天地的统摄权。于是，因陀罗化装成为一个修道人，到钵罗诃罗陀那里去讨要他的德果。钵罗诃罗陀虽然知道因陀罗的计谋，但是却不能拒绝，因为施舍修道人是国王应尽的义务。钵罗诃罗陀失去了德果，因陀罗得以轻易地杀死他，但是有一个结果却是因陀罗想不到的：为了嘉奖钵罗诃罗陀的高尚，毗湿奴让他和自己合一，而这正是钵罗诃罗陀长久以来企求的。钵罗诃罗陀的儿子是毗卢遮那，而毗卢遮那的儿子，则是有史以来最伟大的阿修罗王伯利。

伯利同时继承了祖父的高尚品德和曾祖父的霸气。他是一个杰出的统治者，尽管他是一个阿修罗，却和祖父一样是毗湿奴的虔诚崇拜者，钵罗诃罗陀曾为了嘉奖他，送给他一个永远不会凋零的花环。

伯利长大成人之后，继承了阿修罗的王位，他建立了一支强大的军队，凭借自己

的实力，一步步地征服了地界和人界，威名震动三界。而且对于天神来说最糟糕的事情就是，和从前那些残暴贪婪的阿修罗王不同，头脑聪明、举止高贵的伯利深受治下的人民爱戴。征服了人间后，伯利决定向天界进发，取得三界的最终统治权。因陀罗得知这个消息后十分惊恐，向天神的导师祭主询问对策，但是一向睿智的祭主这次也没了主意，因为伯利乃是凭着祭祀和自己的力量这样的正当方式强大起来的，他没有任何道德和武力上的弱点，天神注定不是他的对手。他劝告因陀罗暂时撤出天界，无奈的天帝只好听从建议，离开自己的宫廷在宇宙间流亡。

伯利成功地将天神驱出了天界，随后他开始举行马祭。一旦马祭结束，伯利就能正式拥有合法的皇帝地位了，以天帝为首的失魂落魄的众神开始向毗湿奴苦苦祈祷，请求他的帮助；甚至连众神之母阿底提都开始为天神们说情，她以毗湿奴的肉身母亲的身份，向毗湿奴哭诉他哥哥们的不幸遭遇。毗湿奴为她所打动，终于同意亲自出马拯救天神。他化身为一个侏儒，自阿底提身上降生。出生后不久，他就以婆罗门打扮、打着小伞到正在举行马祭的伯利那里去。伯利一向对待婆罗门慷慨仁慈，而且他为这个矮小但散发着光辉的孩子眉目间的奇异神采所吸引，于是他就很亲切地问这个孩子想要什么。

毗湿奴化身的侏儒说："我请求您，三界的主人，赐给我三步之地用于容身。"

伯利听了，觉得有些好笑，但仍然温和地对侏儒说："这真是孩子话。三步之地能用于做什么？要求些别的吧，金银珠宝，牲畜土地，我都能给你。"

但侏儒依旧固执地要求伯利赐给他三步之地就行。这个时候，阿修罗族的导师太白仙人苏羯罗开始觉得不妙起来，他劝说伯利不要答应这个诡异小孩的要求，随便用点施舍打发他就好，但慷慨的伯利完全没有在意。他说："迄今为止，我从来没有对向我求助的人说过'不'，如今对着这么一个手无寸铁的孩子，我又怎么能拒绝他？他如果执意要三步之地，那好吧，我就给他。"

结果，话一出口，毗湿奴马上显出了真身。他不再是一个矮小的侏儒小孩，而是一个头顶日月、脚踏大地的宇宙之神。他一步迈过了天界，另外一步迈过了人界和地界，宇宙已经被他跨完，接着，他微笑着问伯利第三步应该在哪里。

事已至此，伯利已经看出了毗湿奴想要夺走他力量的真实目的，但最初为这不可思议的变形和奇迹瞠目结舌的他此时业已恢复了理智和气度。他心平气和地想，至少

自己是败在了一个最伟大的敌人手下。他恭敬地对毗湿奴行礼,然后说道:"我不会出尔反尔,如果我答应给您三步之地,我一定会做到。现在我已经一无所有,没有一寸土地能给您了,但这没什么。我还有我自己,请您把第三步踩在我的头上吧。"

毗湿奴大笑起来,他果然这样做了,把最后一步踏在了伯利的头顶上。这时捆绑着伯利的罪人绳索立即松开,伯利的罪孽得到了赦免。毗湿奴对伯利说:"阿修罗王,你是一个非常高贵的人,即使是我也对你的慷慨和气度表示敬意。我改变主意了,我将会把地界留给你。从此之后,阿修罗将会住在那里,你的子孙都将永远拥有它。我知道地上的人民爱戴你,作为对你的嘉奖,你可以每年到昔日人间的王国去探访。你将得到我的祝福,永生不死。"

于是,天神们再次取回了天界。伯利带着阿修罗回到了地下世界,他把王位传给子孙和迦叶波和底提的其他后裔,自己又活了很长很长时间,甚至后来还参加了许多代后的阿修罗王水持和湿婆的战争。他每年都会回到人间,看看自己曾经统治过的国土。直到今天,怀念着伯利贤明统治的马拉巴尔(在印度南方的喀拉拉邦海岸)每年都举行仪式,欢迎这位阿修罗王的来访。

毗湿奴的第六位化身是持斧罗摩,性格严酷的婆罗门复仇者;第七位化身是罗摩旃德拉,《罗摩衍那》中打败魔王罗波那的英雄王子;第八位化身是黑天,人所生的神。这几位化身的故事我们会在稍后详述。

毗湿奴的第九位化身是释迦牟尼。这可能会让许多人觉得惊讶,因为佛教和印度教是竞争对手,但这正好说明了毗湿奴的包容力。传说,毗湿奴化身为佛陀,是为了传播非暴力的信念,根除世人对物质欲望的执着,让人们停止杀生。

而毗湿奴的最后一位化身,也就是唯一一位尚未出现的化身是白马(迦尔吉)。传说,在迦梨瑜伽末期,世界邪恶横行,黑暗笼罩大地的时候,会有一位光明的武士出现,骑白马,手臂高扬,仗明剑,如同末世之夜的闪耀光芒的彗星,冲破黑暗,剪除一切邪恶,推动世代。末世降临之前,白马迦尔吉,这位毗湿奴的最后化身,要为了黎明而奋战。

以上就是毗湿奴的十大化身,后来也有传说说他其实曾经二十二次下凡化身拯救世界。较少为人知道的是,毗湿奴还有一位女性的化身,就是在搅乳海的时候出现过的美女摩醯尼。

十大化身

毗湿奴的丰功伟绩大都是通过他的化身来完成的。他比较著名的化身有十个，包括人狮、侏儒、鱼等。佛陀是他的第九化身。但毗湿奴最著名的化身是罗摩、黑天和持斧罗摩。他们的事迹通过印度两大史诗得到广泛的传播。

毗湿奴化身的这位美丽女子具有一种奇异的魔力，能让见过她的人都立即神魂颠倒，被她迷住，心甘情愿为她做一切事情。她名字的意思就是"魅惑之女"，其美貌不是任何一个女人所能比拟的，因为无论是天女、阿修罗的女子、药叉女，还是人类，她们都是真实的女性，而摩醯尼却是毗湿奴的一道幻影。除了曾经诱惑阿修罗之外，摩醯尼还曾经救过冒失的毁灭神湿婆一命。

有一次，一个名叫跋湿摩（意思是细灰）的心地邪恶的阿修罗向湿婆奉献，以他的苦行博取了湿婆的欢心，湿婆高兴地出现在这个阿修罗面前，问他想要什么。这个狡猾的阿修罗说："请给我一个恩赐，只要我把手放到别人额头上，无论这人是谁，都会立即神形俱灭。"兴头上的湿婆想也没想就答应了。他允诺的话刚出口，就看见这个阿修罗得意地笑着，把手向自己额头上伸过来。

醒过神来的湿婆意识到不妙，立刻拔腿就跑，因为即使是他也无法抵御自己恩赐的威力。那个名叫跋湿摩的阿修罗跟在湿婆后面紧追不舍，伸着手，一心一意要毁灭粗心大意的毁灭神。就在奔逃过程中，湿婆看到了路过的毗湿奴，于是朝他大喊起来："不管怎样，你得要帮我一把！"

毗湿奴立即就凭借他的智识明白了发生了什么。他随即变成了摩醯尼，挡在阿修罗追赶湿婆的路上。好色的阿修罗看见这样一位绝色美女，目瞪口呆地停了下来。摩醯尼笑眯眯地问他急匆匆要去做什么，跋湿摩说："我要去杀掉毁灭神湿婆，然后取而代之，美人，你是谁？杀掉湿婆后，我要娶你做我的妃子。"

摩醯尼表现得兴高采烈，但是她似乎也不相信像跋湿摩这样一位伟大英雄看得上自己，她认为，跋湿摩杀死湿婆之后，一定会把自己忘掉，去寻找其他美女。跋湿摩急忙向她保证自己绝对不会变心，一定会娶她为妻，于是乐不可支的摩醯尼要他把手放在自己额头上起誓。已经完全被摩醯尼的美貌冲昏头脑的跋湿摩忘乎所以，把手举到了自己额头上。然而还没等誓言出口，他就已经变成了一堆灰烬。

湿婆欣喜若狂，跑过来拥抱毗湿奴作为感激，他忘了毗湿奴还保持着女人摩醯尼的形态。这样紧紧的拥抱令毗湿奴感到尴尬不已，同时却在两位神之间产生了奇异的效应，一位新的神明由此从拥抱中诞生了——他一边身体长得像湿婆，另外一边则像戴着王冠的毗湿奴。这就是诃里诃罗，一位同时具有湿婆和毗湿奴特征的神。毗湿奴就是如此充满了智慧和奇异魔力。

毗湿奴的性格深思熟虑，具有远见。湿婆和梵天经常不分青红皂白给予他人恩惠，而给予恶魔的恩惠，往往导致受惠人得意忘形、自我毁灭。而毗湿奴则不同，他很少随意施与恩典，看似吝啬、不易讨好，但实际上，他总是仔细考虑自己给予的恩典可能导致的一切后果，并且最终只会从他的奉献者所能获得最大福利的角度出发，做出抉择。

摩根德耶

人们说，这个宇宙由毗湿奴创造，也由他毁灭。无论梵天还是湿婆，都只不过是最高神格"梵"的一个侧面，毗湿奴最能体现这一点。如《毗湿奴往世书》中说："神是一个，而采取梵天、毗湿奴和湿婆三种形式，各自为了世界的创造、保护和毁灭。"每当末世被洪水淹没，毗湿奴就是覆盖它的无限之海"那罗"，但他也会以躺在千头蛇王舍沙的身上沉睡（或者说是沉思），在宇宙之海上漂浮着的形象出现，因此又被称为那罗衍那，意思是"漂浮在那罗之上"，这个时候，他的妻子吉祥天女拉克什米陪伴在他身边，按摩着他的脚。他会一直沉睡，直到新的创世开始，包含梵天的莲花从他肚脐中生长出来。因此，他司掌创造，也司掌"反创造"。

也许在所有的故事中，摩根德耶的故事才最能体现毗湿奴的伟大和神奇。摩根德耶是出身鸯吉罗族（这是一个非常著名的仙人世家）的一位大仙。他和伯利一样，得到过特殊的恩赐，得以永远不死，即使众生都在末世的洪水和大火中灭亡，他也依旧能够存活下去。因此，他得以见证多次世界的轮回、毁灭和再生。

在经过烈焰焚烧，又经过了绵延十二年的大雨之后，充满邪恶的世界遭到了没顶之灾。所有生灵都已经死亡，天神和阿修罗也已经灭亡，唯独摩根德耶幸存。他挣扎在无边无际的汪洋大海之中，感到万分绝望。自己已堕入茫茫黑暗，四周都是水，没有太阳，没有月亮，也没有陆地。在这可怕的、寂静的海洋之中，摩根德耶独自一人活了很多年，他在水中泡着，漫无边际地游荡，没有见到任何一个生物。他感到又忧伤又孤独，最后精疲力竭，却依旧找不到栖息的地方。他向毗湿奴祈祷，要么拯救自己，要么干脆杀掉自己算了。

就这么想着，摩根德耶突然看到水面上出现了一棵巨大的榕树。在这棵榕树上有

在宇宙之海上漂浮的毗湿奴接受湿婆的敬拜

有着宽容心地、懂得礼贤下士的毗湿奴是三大神中最伟大的神祇。毁灭之神湿婆对毗湿奴也非常尊重。

每当末世被洪水淹没，毗湿奴会躺在千头蛇舍沙身上沉睡，在宇宙之海上漂浮。他的妻子吉祥天女陪伴在他身边，按摩着他的脚。他会一直沉睡，直到新的创世开始，包含梵天的莲花从他的肚脐中生长出来。

一片树叶，树叶上躺着一个很小的小孩，脸庞犹如满月，大眼睛好似莲花般美丽，这孩子身躯发出耀眼的光辉，仙人不得不用手遮住眼，根本不能细看这个神奇的小孩。他暗自吃惊，为什么众生都遭到毁灭，这个孩子却还活了下来？凭借苦行，摩根德耶了解所有的过去、未来和现在，却不能想明白这个孩子为何在此。

这时，他突然听到那个孩子微笑着对他说："摩根德耶，我的孩子，别害怕，我将为你提供栖身之所。"

摩根德耶愤怒地问道："你这是什么话？我可是一位活了许多万年的长者，你竟然敢把我叫做你的孩子？"

然而，话还没完，孩子突然张开口，受到神力所迫，摩根德耶一下子就被他吸了进去，进入了孩子的嘴中。

仙人不能相信自己的眼睛。这是在这孩子的身体里吗？他看到了整个充满阳光和生灵的、运转不息的已知世界，看到了布满城市和王国的整个大地。他看到了圣河、大海、树林、天空、婆罗门、刹帝利和吠舍各安其职。他看到了包含矿藏的群山，看到了野生动物在山岳和平原上游来荡去。

摩根德耶完全茫然了。他在这个宇宙中行走漫游，心中充满疑惑。他在孩子的肚子里看到了所有的生物和非生物。他用野果果腹，周游这里的整个世界，然而他不停地走，不停地走，旅行了一百多年，依旧没有看到这个体内宇宙的尽头。

摩根德耶开始感到恐惧，他跪下来向毗湿奴本人祈祷。就在这时，一阵狂风刮过，他发现自己在眨眼之间，已经被吹出了孩子的嘴。孩子依旧坐在榕树的树干上，笑嘻嘻地看着他，问："尊敬的仙人摩根德耶，你在我身体内休息得好吗？"

摩根德耶此时才发现，在那个世界里行走的时候，他仿佛获得了新生，他的精神智慧得到了进一步的提升。他心中对面前这个孩子无比地敬畏，于是向他行礼，恭敬地问："威力无边者啊！请问您究竟是谁？为什么你要化作儿童模样，吞下了整个世界？"

孩子微微一笑，回答道："我是远古的原人，我是毗湿奴——那罗延，整个宇宙都属于我。我是永恒不变的源泉。世界由我建造，也由我毁灭。把世界从阿修罗王伯利的统治之下解放出来的阿底提的儿子，只不过是我的化身之一。我曾多次以不同的面目降生人间，大洪水中救摩奴的鱼、帮助天神从乳海中取得甘露的龟、从水中挑起

大地的野猪、人狮、侏儒、持斧罗摩、战胜罗波那的罗摩、从恶魔压迫下拯救大地的黑天、佛陀——所有这些，都是我的化身。我的第十次化身将是白马，他将在正法毁灭之时来到人间。我是湿婆，我是阎魔，我是梵天，我是因陀罗。我是祭祀，火是我的嘴巴，大地是我的脚，日月是我的眼睛。我是毁灭之光，夜晚天空中的星宿也是我的形态。整个宇宙都是我的表现。我是三神一体，如梵天我创造世界，如毗湿奴我守护世界，如湿婆我毁灭世界。

"时代转动多少千年，作为宇宙灵魂的我，就会睡上多少千年。我一直在这里，永远在这里。我不是儿童，但采取儿童的形态，直到梵天醒来。

"你在泽国中游荡，感到恐惧和孤独，我便向你展示整个世界，好让你心安。你感到惊讶，但不能理解。但这没有关系。等到梵天醒来，我就从我的身体中，创造出天地日月，所有的生物和非生物。

"仙人啊！过去、现在和将来的一切，都由我来安排，你要服从我永恒的规律。所有天神、所有圣风、所有生灵，都在我之中。我是世界的体现者。你从我这里得到的痛苦，是所有人都不知道的，因为我是不能被表达出来的，仙人啊！你沿着我身体组成的宇宙漫游吧！"

这样说完，神奇的孩子就消失了。

许多个世代过去了，摩根德耶依旧活着。在充满芸芸众生的、生生不息的已知世界中，摩根德耶留着他独一无二的记忆。他再也辨不清，这到底是他所待过的现实世界，还是毗湿奴在黑暗的海洋上沉睡时做的一场梦。

或者，只是摩根德耶他自己的幻梦而已。

第六章
湿婆

湿婆是三大神中的毁灭者。他住在吉罗娑山雪峰之上。他是最能体现印度教诸神复杂性和双面性的神祇。他既善良又可怕,既冷漠又热情,既是智慧的象征也是愚昧者的偶像,既是破坏者也是创造者,既是愤怒的复仇者也是慈悲的庇护者,既是理想的精力旺盛的家庭男子又是清心寡欲的苦行者。面对恶魔时,他大开杀戒,但他亦是恶魔及幽魂之主。湿婆同时也是时间(迦罗)本身,因为时间就是世界万物的征服者。

湿婆出自梵天的额头。创造神梵天在创造了世界之后,并没有觉得快乐。他孤身一人在世界之巅——须弥山的顶峰坐着,思考着关于宇宙的各种问题。永恒和瞬间、创造和毁灭、衰亡和兴盛,这些问题令梵天感到如此苦恼,如此焦躁和愤怒,以至于他情不自禁锁紧了眉头。

于是,就在梵天布满思绪阴翳的额头上,诞生了一位新的神祇。这是一位肢体强健、动作轻捷的年轻人,一出生背着黑色的弓箭,梳着披肩的发辫,肤色白皙。他甫一降生,便大哭大叫,请求梵天为他取个名字。梵天被他吵得没有办法,连给他取了七个名字,这个年轻人都不满意。最后梵天说:"你这么能嚷嚷,干脆就叫你'鲁奈罗'(意思是咆哮者)吧。"

这个新生的神祇和其他峨冠博带的神灵都不同。他不喜欢宫殿,经常带着他的弓

箭独自一人在荒野和山岳之间游逛。由于他出自梵天的愤怒，他的黑色弓箭天生具有毁灭性的、致人死命的力量，每当他射出一箭，就会传播瘟疫和恐怖。有一次生主波罗加波提正与黎明女神乌莎斯欢好，正巧被鲁奈罗撞见。生主非常畏惧鲁奈罗的黑箭，于是恳求鲁奈罗不要伤害他们，并且把统摄一切动物的权威交给了鲁奈罗。因为这个原因，鲁奈罗从此也被视作是生主和乌莎斯的儿子，也被叫做"兽主"。

鲁奈罗并不是个温柔可亲的神，他发怒的时候十分暴戾，动不动就降下暴雨狂风摧残世间生灵。大家都畏惧他的威力，唯恐招惹到他。不过，在鲁奈罗开心的时候，也会为大地带来丰饶之雨，令万物昌盛多产。他在山野间游逛的时候熟悉了各种草木的药性，因此也会为人和动物治疗疾病。渐渐地，人们开始称呼他为"湿婆"，意即"仁慈"或"吉祥"，也是为了安抚他，祈求他不要随意发怒，能够宽容地对待他人。

自从鲁奈罗成为湿婆后，他的威力更加巨大了。当他展现自己的真身的时候，他是一位四臂的神祇，披散长发，以新月装饰发髻，以毒蛇作为项链，额头上长着能喷出摧毁世界的烈焰的第三只眼，这是他最著名的特征。工匠神毗首羯摩用太阳的碎片为他铸造了三叉戟用作武器，大白牛难迪是他的坐骑。难迪是丰产的象征，是乳牛之母须罗毗送给湿婆的礼物。它隆起的峰肉既厚又宽，几乎占据了整个肩背，看上去像积雪覆盖的山峰，又如天空白云的尖顶，它经常以守候者的姿态跪坐在湿婆庙前，凝视着自己的主人。

梵天负责创造，毗湿奴负责维持，而湿婆就掌管了世界的毁灭。不过，湿婆的毁灭行为不是使固有的一切简单消失。他毁灭的目的，在于使已经紊乱的宇宙秩序得以恢复和重建。他要破坏的，是已经变得充满无知、贪欲和邪恶的世界，所以，湿婆带来的毁灭，实际上意味着重振和新生。当一劫之末来到的时候，湿婆放出犹如一千个太阳同时升起的无边劫火，将存在的一切吞噬。

因此，湿婆将蛇当作圣线来装饰身体，也正是因为就像蛇从冬眠醒来蜕去皮一样，毁灭同时象征着新生事物的到来。相应着破坏和新生的双重性，湿婆也有两面性格，一面就和从前的鲁奈罗一样，威严、暴烈、孤僻，他一旦狂怒起来，整个宇宙都会颤抖，正如佛经中所说"此天嗔时，魔众皆现，国土荒乱"，是件相当恐怖的事情。不过，在有可怕一面的同时，湿婆也是心地单纯的，他容易生气同时也容易心软，传说

他永远被自己的崇拜者所支配，对信奉自己的人总是给予慷慨的馈赠。而且与对求恩惠者要求很严格的梵天不同，对于自己中意的人，哪怕对方不过才苦行了一天，湿婆也会立即出现给予恩宠。他总是很快感到满足，然而也很快感到不满；他脾气高傲，痛恨受到违逆，对于背叛自己的人，他会愤怒地践踏他们的头颅。

虽然是破坏之神，但湿婆的象征却是寓意丰饶生殖力的林迦。有一次梵天和毗湿奴正在无边的宇宙间为谁应享有统治权而争吵，忽然出现一个火柱。梵天立刻化作神鹅，以思想的速度向上飞去，寻找它的顶端；毗湿奴变作身躯巨大如弥卢山的公猪潜向下方，寻找它的尾端。一千年后，二者精疲力竭，无功而返。此时湿婆从火林伽中显现，梵天和毗湿奴不得不承认，湿婆是和他们一样拥有宇宙统摄权的大神。

梵天创造了鲁奈罗之后，依旧没觉得满足。他放眼望去，世上芸芸众生都独来独往，和他自己一样寂寞，于是从自己的心中生出了爱神迦摩。迦摩是个美丽少年，和自己的哥哥一样，出生就背着弓箭，只不过他的弓箭的弓背是用甘蔗做成的，弓弦则是蜜蜂；他的箭用五朵花镶缀而成，射出去的时候也不是传播疾病和瘟疫，而是产生爱欲和渴望。梵天命令他住到世上所有生灵的心灵中，爱情和婚姻由此诞生。

迦摩的诞生使得世界上的男女不再感到孤单，生物也开始自行繁衍，梵天感到很开心。可是与此同时，他看到所有有生命的东西都成双结对，自己却依旧形单影只，不禁觉得更加寂寞了。他在寂寞中陷入沉思，想要挑战自己的极限创造出世界上最美丽的东西。这个念头一动，就有一位绝世美人从他身体中诞生，她被称为莎维德丽，是献给和蔼阳光的颂诗的化身。

梵天看着自己的造物，也不禁为她的美丽瞠目结舌。就在这个时候，年轻而调皮的迦摩瞅准机会，冲自己父亲心里射了一箭。这下倒好，梵天立刻深深地爱上了自己的女儿、自己的造物莎维德丽。

莎维德丽虽然刚刚降生，却明白事理。当她看到梵天充满爱意的眼神，立刻知晓有什么不该发生的事情发生了。她想要逃离梵天炽热的眼神，于是绕过梵天走开；没想到梵天对她的爱恋已经到了连让莎维德丽离开自己视线都无法忍耐的地步，他竟然立即生出了三张新面孔，每一张朝着不同的方向，以便时时刻刻都能看到莎维德丽。莎维德丽忍无可忍，朝天空上方飞去，而梵天竟然又生出了一张朝着天空的面孔，紧紧地继续盯着莎维德丽看，他满是迷恋的眼神投向四面八方，三界众生都被这视线搅

爱神迦摩

爱神迦摩是梵天心中所生。迦摩是个美丽少年，出生就背着弓箭。这把弓箭的弓背是用甘蔗做的，弓弦则是蜜蜂；他的箭用五朵花镶缀而成，被他的箭射中，无论是谁，心中都会产生爱欲和渴望。

得惊惶不安。

莎维德丽一口气逃到湿婆那里，向他哭诉自己的奇怪遭遇。湿婆答应莎维德丽帮助她解决这个难题。他找到梵天，劝说他放弃这种不道德的迷恋，重拾自己创世主的职责。然而，迦摩的箭的功力远比想象中厉害。对于湿婆的劝说，梵天一个字都听不进去，当湿婆开始斥责他的荒唐行径的时候，梵天还怒骂他吃了熊心豹子胆，竟然敢违逆自己这个父亲。

湿婆立即勃然大怒。他额上的第三只眼里喷出了火焰，烧掉了梵天那最夸张的朝天长的面孔。

这第五张面孔一烧掉，梵天立即恢复了理智。他感到万分羞愧，同时深深怨恨迦摩和湿婆让自己丢了面子。他诅咒迦摩总有一天死在湿婆眼中射出的烈焰下，这个诅咒后来果然成真了。由于梵天是世间一切婆罗门的祖先，他宣布湿婆犯下了企图杀害婆罗门的罪行，按照律法应当永远苦行流浪以赎清罪行。

湿婆对于没能控制住自己的脾气向父亲动手也感到很懊悔。他向梵天祈求来那个被烧掉的头盖骨，永远捧在自己手上以表达赎罪，称为劫波杯。不过，他并不在意梵天对他的惩罚，因为这正好可以给他一个借口摆脱繁琐的仪式和祭祀，自由自在地在三界漫游。湿婆从此以苦行者的形象流浪在世间，有时候化装成乞丐，就在供奉自己的神庙前行乞；有时候化装成地位低贱的猎人，在山林中徜徉。当夜幕降临，他和追随他的那些形体骇人、奇形怪状的魔神和精灵们来到火葬场，把骷髅和蛇作为自己的装饰，将骨灰抹在自己身上，以此来探讨生存和死亡的界限，思索轮回和毁灭的意义。

除了这些有点类似行为艺术的举动，湿婆也很爱好音乐。他在欢喜和悲伤的时候都爱跳舞，世上各种舞姿，从情人间用于挑逗的轻佻的阿难达舞到献给神明的庄严古典的婆罗多舞，都是源于他的创造，因此湿婆也被称为舞王。他按照宇宙的韵律舞蹈，这种舞被称为坦达罗舞，代表湿婆的五项职能：创造、保持、毁灭、隐没、恩典。据说这便是宇宙运动的原因。而当每个时代结束，旧世界的寿命到了尽头，宇宙也会在他可怕的坦达罗舞蹈中轰然坍塌。他的舞蹈是如此具有力量，以至于毗湿奴的伙伴千头龙王舍沙曾为了观看他起舞而离开了毗湿奴，而当湿婆在深夜无人寂静的墓地起舞时，就连最污秽的恶灵和僵尸鬼都会为之感动，得到净化。

湿婆及其随从

每当夜幕降临，湿婆都会和追随他的那些形体骇人、奇形怪状的魔神和精灵们来到火葬场，把骷髅和蛇作为装饰，将骨灰抹在身上，以此来探讨生存和死亡的界限，思索轮回和毁灭的意义。

湿婆诛杀水持

湿婆诞生于梵天布满思绪阴翳的额头，因此发怒时性格极为暴戾，动不动就降下狂风暴雨摧残世间生灵。他的武器三叉戟来自太阳的碎片，大白牛难迪是他的坐骑。湿婆掌管世界的毁灭，使得已经紊乱的宇宙秩序得以重振和新生

萨蒂

千万年过去，湿婆依然在自由自在地漫游着，众神却都开始感到不安了。湿婆和梵天、毗湿奴一样，是这个世界本原的一面，至高无上宇宙灵魂的化身。如今托迦摩之福，另外两位大神都已经娶妻成家，唯独湿婆还游离在社会规则之外，而且还变得越来越野性、越来越不可捉摸，这对于按照规则构建天国的众神来说，就好像放任一架大规模杀伤性武器四处随意走动一样危险。于是，他们凑头商议起来，得在湿婆变得彻底不可控制之前让他赶快成家立业。

这时梵天已经娶了智慧女神娑罗室伐蒂为妻。他依旧因为湿婆当初对他的斥责感到羞辱，很乐意看到湿婆也尝试一下被爱情搞得七颠八倒的滋味。众神没能商量出个结果，梵天就在一边出主意说："达刹仙人有一个没有出嫁的女儿，名字叫萨蒂，年龄也合适，而且她好像很喜欢湿婆，不如先从她那边下手。"

天神立即派了能说会道的那罗陀仙人去探萨蒂的口风，仙人发现萨蒂果然是合适的人选，聪慧而美貌。在那罗陀的追问下，这个年轻的姑娘羞答答地承认了自己一直暗恋湿婆的事实。那罗陀仙人对她说："湿婆只欣赏具有智慧和毅力的苦行。如果想要博取他的爱，你就要修炼苦行，一旦他注意到你的努力，问你需要什么恩赐时，你就要求成为他的妻子，这样就可以得到他。"

萨蒂立即开始全身心投入苦行，困难程度让天神们都肃然起敬。此时众神又去找湿婆，劝说他为了维持宇宙的秩序赶紧找个新娘。湿婆一开始不以为然，他从观察婚姻带给梵天和毗湿奴的倒霉境地上得到不少乐趣，再说了，他也不相信有哪个姑娘能忍受和自己在一起居无定所的流浪生活。他振振有词地声明，他的行为方式太特殊，因此任何一个有教养的女人都很难和他相处。另外一方面，作为一切精美工艺和舞蹈的主宰，他虽然也会偶尔乐意同他的妻子讨论美学，但如果他要思考问题，就会沉浸于冥想数年之久；当他不冥想的时候，就会带着一帮模样好像是地狱里出来的家伙满宇宙地游荡，在墓地里疯疯癫癫跳舞。哪一个女人能适应他如此令人恼火的矛盾个性呢？哭笑不得的众神许诺会找到从各方面与他匹配的人，并且让湿婆发誓他会娶那个完美女人。

于是，众神劝湿婆去看看萨蒂，告诉他那个女孩就是最适合他的人选，对他一往情深，而且正在修炼苦行。湿婆半信半疑地去了，萨蒂听到动静，从冥思中睁开眼睛，正好看到跑来一探究竟的湿婆。两个人都在瞬间被彼此深深吸引。萨蒂看到心上人，因为羞涩一句话也说不出来。那罗陀仙人提醒她赶紧要恩赐，但萨蒂目不转睛地看着湿婆，说出口的话却是："您喜欢给什么恩典，就给什么恩典吧。"

湿婆这个时候已经为萨蒂神魂颠倒，把自己的独身主义抛到了九霄云外。他兴高采烈地对萨蒂说："那么，就请你成为我妻子。"

事情看起来很完美，众神为这个结果感到万分高兴，但是还有一个人并不乐意看到这桩婚事成真，这个人就是萨蒂的父亲达刹。达刹一点也不喜欢湿婆，他是仪式的主宰，而湿婆对仪式的马虎态度一向令他感到恼火。而且对于以古板庄重著称的达刹来说，湿婆的举止和他的舞姿太过狂野了。

达刹下定决心不让女儿嫁给湿婆。不久之后，他为萨蒂举办了一次声势盛大的选婿仪式，长长的邀请名单上有来自三界的所有年轻未婚男子，却唯独没有湿婆。萨蒂在仪式上左顾右盼，没有看到意中人，知道是父亲在捣乱，于是她拿起选择丈夫用的花环，向湿婆祈祷后把花环向空中扔出。湿婆立即在空中现身，花环不偏不倚落在他脖颈上。

用花环让女儿选择丈夫是达刹自己的主意，事已至此，达刹别无他法，只好承认湿婆和萨蒂的婚姻起效。然而，当湿婆去迎娶萨蒂时，他在达刹的门口以他最可怕的外表身披骷髅狂舞，这证实了达刹最坏的忧虑。达刹就像所有地位崇高声望显赫的人一样没有幽默感，因此他永远都无法原谅湿婆的这次恶作剧。

湿婆和萨蒂婚后回到湿婆所钟爱的北方群山中，在那里他们过得很幸福，夫妻琴瑟和谐。但稍后的一次天神集会上，达刹走进会堂时，所有人都因为表示敬重而从座位上站了起来。唯独有两个人安坐不动：一个是身为众生之父、理所当然不需要起立迎接任何人的梵天，另外一个就是达刹那个傲慢的宝贝女婿湿婆。

本来就毫无和睦可言的翁婿关系进一步恶化了。达刹算是彻底对湿婆恨之入骨了。他认为湿婆此举是在故意给他难堪，于是从此夜不能寐辗转反侧，一心想要报复湿婆。最后他终于决定，要举办一个开天辟地以来最盛大、最庄严、最辉煌的祭祀典礼，邀请三界的群神参加，唯独把湿婆排除在外，以此来达到羞辱女婿的目的。从达刹这个

点子上我们可以看出，这位大仙不仅没有幽默感，而且想象力也比较有限。

当众神和仙人们都去参加达刹的祭典的时候，萨蒂正在喜马拉雅山的香醉山上和丈夫一起散步。她看到月神苏摩盛装骑着羚羊和其他许多天神、仙人高高兴兴朝同一个方向走去，不禁有些好奇，就请自己的女友去打听一下发生了什么。苏摩对萨蒂的女友说："我们去参加达刹仙人的祭典。怎么，你不知道？达刹仙人难道没有邀请自己的女儿和女婿吗？"

女友跑回来告诉萨蒂关于祭典的事情，萨蒂立刻明白这是父亲对丈夫的报复。她越想越难过，对湿婆说："我父亲这样做实在是太过分了。他连街头的一尊小家神都邀请了，只统治着一个池塘的龙王也邀请了，怎么可以不邀请你呢？"

湿婆却并不在意，他是一个苦行者，根本一点都不关心宗教仪式和典礼，再没有什么比达刹这种报复方式更让湿婆觉得可笑了。萨蒂催促他参加，湿婆却并不想去，他对萨蒂说："如果他和我之间发生争吵，我不敢保证能控制自己的脾气，但我可并不想杀掉你的父亲。"

但萨蒂还是觉得咽不下这口气。她说："你不去就不去，但我是他的女儿，不需要正式邀请也能够出席。我一定要去祭典，问清楚父亲为什么没邀请你。"

湿婆劝萨蒂还是别去的好，因为达刹肯定会把对湿婆的怒气发泄到萨蒂头上，但萨蒂坚持要去。最后夫妻两人几乎为此争执起来，湿婆不得不让步。他说："好吧，你去吧，但是你千万记得，无论达刹说了多么难听的话，你都要忍耐。"

于是，萨蒂稍事打扮，骑着湿婆的白牛难迪前往达刹的祭典会场。湿婆目送妻子离开，转身回到住所。由于和妻子的争执，湿婆感到很不愉快，切断了和妻子的精神联系。这注定是个令他后悔莫及的决定。

萨蒂来到会场，她的母亲和姐妹们热情地招待了她，但达刹对她的到来却表现得冷漠粗暴。萨蒂环顾祭祀地，发现果然所有天神都有自己的一席之地，所有的祭品都被分享了，一点儿也没有留给湿婆。萨蒂感到更加愤怒和伤心，于是她追上父亲，责问他怎么可以这样对待自己的女儿和女婿。

达刹等待已久的报复机会终于到来了。他当着众神的面破口大骂，指责湿婆是一个丝毫不懂礼仪的下流无耻的流浪汉，他列举湿婆的种种不是，说他是个杀梵者、醉鬼、出没在墓地的疯子。达刹的话如此难听，萨蒂再也无法忍受了。她流下了眼泪，

湿婆怀抱萨蒂尸体

  湿婆娶达刹仙人的女儿萨蒂为妻，但达刹仙人恼怒于湿婆的放浪形骸，他举办祭祀典礼，邀请三界群神参加，唯独将湿婆排除在外。萨蒂不满父亲对丈夫的侮辱，跳入祭火死去。闻讯而来的湿婆暴怒，大开杀戒，被毗湿奴制止后，他从余烬中抢出妻子的尸体，在悲痛中离去。

说：“我不能再同时作为你的女儿和湿婆的妻子存活了。我怎么能忍受你对我丈夫的侮辱？可我又怎么能为此斥责自己的父亲？我要放弃我的肉身。下一世我再降生为人的时候，希望能有一个可以尊重我丈夫的父亲。”说完，她在大家都还没有反应过来时纵身一跃，跳入了祭火。

萨蒂死了。好管闲事的那罗陀仙人立刻赶往湿婆所在的北方群山，告知他这一噩耗。湿婆完全被这个消息所震惊，但听完事情经过，他就陷入了史无前例的狂怒，他从头上拔下一束发辫，猛地抽向山峰，发辫在巨响中断裂成两截，其中诞生了一个可怕的巨人，名叫雄贤，而湿婆自己则显出了他最可怕的大鲁奈罗相，直奔达刹祭典的会场。

此刻地动山摇，天降红雨，达刹预感不妙，惊慌失措，向在场的毗湿奴请求庇护。毗湿奴很无奈，但最终他还是答应达刹保护他。

暴怒的湿婆到达了会场，他冲进还在举行的祭典中开始大肆破坏，众神和仙人都惊恐万状地四处奔逃，就连祭品都变成了一头鹿企图逃走，但被湿婆一箭射中了脑袋。湿婆随即转而攻击众神，他一脚踢倒了还在吃祭品的普善，打掉了他的牙齿，还拔掉了仙人婆利古的胡须，砍掉了火神阿耆尼的手臂。在这场疯狂的复仇行动中，因陀罗被踩到脚下，阎摩的权杖被折断，娑罗室伐蒂的鼻子也被削去……湿婆也没有放过达刹，他找到企图躲藏的达刹，干净利落地砍掉了他的脑袋，扔进了祭火。此刻毗湿奴终于赶来拯救残局。湿婆朝他掷出自己的三叉戟，正中毗湿奴胸口，在那里留下了永久的伤痕，而毗湿奴抓起三叉戟，以同样的力量掷了回去，在湿婆身上烧出三圈火痕。一场惊天动地的大战在两个最有威能的大神之间展开，最后毗湿奴念动咒语，绷断了湿婆的弓弦，才总算制止了湿婆的继续破坏。

虽然停止了复仇，但湿婆的愤怒随即又转入了失去爱人的强烈痛苦之中。他从余烬中抢出妻子的尸体，像是完全没有意识到自己抱着的只是一具焦黑残骸，反而将其紧紧抱住，连声呼唤萨蒂：“你往日远远看到我，就会微笑着向我致意，用你那可爱的声音呼唤我的名字，可是今日你为何对我生气，对我不理不睬？醒来，我的灵魂，为什么你不醒来，不肯听我的话语？为什么你要抛弃我，为什么你要违背我们婚礼上发的永不分离的誓言？”湿婆的话语听起来如此绝望断肠，众神都被他的行为所震惊，没人去考虑他这种举止中潜藏着的疯狂因素。

发疯的湿婆在悲痛中离去，在随后的七年里他紧紧抱着萨蒂的尸体不曾放手，在三界里四处游荡。他那强烈的情感不断增长，到了令宇宙陷入危险的地步；他的哀伤是如此刻骨和持久，以至于所有的生灵都一起感到了痛苦。于是，众神请求毗湿奴去把失去理性的湿婆找回来。

毗湿奴在河岸边的一棵榕树下找到了湿婆，他发现湿婆依旧紧抱萨蒂尸骸不放，神情呆然，看样子完全没认出毗湿奴，也不知道自己在干什么。毗湿奴和众神对看到的景象深感震惊，毗湿奴认识到，除非尸体从湿婆身边移开，否则他将无法恢复正常，悲痛也无法减轻。因此毗湿奴用他的神轮将萨蒂的尸体分割为五十块。这些尸体散落各地，于是每一个地方都成为了祭拜女神萨蒂的一个圣地。

湿婆此刻才恢复了神智，当他明白自己已经失去萨蒂的事实时，不由得泪流满面。他的眼泪化为了一个水色深碧的圣湖，坐落在如今巴基斯坦境内。湿婆将萨蒂留下来的饰物和衣物放上火葬堆烧化，将灰烬抹在自己身上作为对妻子的最后纪念，然后告别了毗湿奴和众神，继续向北方——他所熟悉的丛山和森林走去。

他漫无目的地在仙人和苦行僧的树林中行走着，心中依旧因为思念妻子而感到万分痛苦。有一天他走到一群仙人们聚集的陀卢婆那净修林外，突然心有所感。就像从前一样，他走着走着，慢慢却踏起了舞步，情不自禁追随心中的节奏开始舞蹈。此时仙人们都不在家，仙人的妻子们都跑出来看这个奇异的流浪汉：他身体上覆盖着灰烬，灰烬下的肌肤却透出光彩；他的舞蹈放浪又粗野，但她们却情不自禁为他的舞姿所吸引。仙人的妻子们莫名其妙地开始跟着湿婆走，有的人非常惊恐，有的人则上前拉扯湿婆。仙人们回来，未能认出来者是谁，不由妒火中烧，于是集合他们的力量，令祭火中跳出一只猛虎，扑向湿婆。湿婆一手抓住老虎，另一手剥下虎皮，披在身上，于是虎皮便成为湿婆的衣服。跟着，仙人们又造出一只巨鹿，扑向湿婆。湿婆把巨鹿抓住，令它动弹不得。

那群仙人并不甘心，他们在祭火中制造出一条眼镜蛇，向湿婆弹起。湿婆是毒蛇之主，并不害怕，他把蛇拿住，往颈上一缠作为项链。最后仙人们制造出一个象征无知和愚昧的侏儒恶魔，这时湿婆恼怒起来，他的舞蹈节奏开始改变，从阿难达舞转向了坦达罗舞。他把那侏儒踏在脚下，越跳越快，达到出神入化的地步。最后湿婆的舞步令见到这场舞蹈的仙人和其他生物无不叹为观止。从此，湿婆便肩被虎皮，一手拿

着巨鹿，一手拿着恶魔的巨棒，至于第四只手，用来拿他的弓。至于在静坐时，则拿住一个沙漏，象征着时间。

经历这场风波后，湿婆回到他在雪山之上的居所，抛弃一切身外之物和世俗情感，为了得到更深奥的知识，思索宇宙间的种种谜题，进入了漫长的冥想和苦修之中。

雪山神女

失去萨蒂之后，湿婆回到喜马拉雅山去修苦行。他藏身于北方的寒冷群山之间，不问世事，一心一意沉浸在苦行之中。失去萨蒂，他似乎对世界上的一切东西都失去了兴趣和欲望。古印度大诗人迦梨陀娑这样描写苦行中的湿婆：

"那时候，湿婆已经在这世界上一无所执，深深被失去爱妻的忧伤之火煎熬。"

时间不知不觉过了一万年，此时在天界，天神们有了新的麻烦。众阿修罗之母底提看到自己的孩子们被天神欺辱，只能生活在暗无天日的地下世界，感到非常悲伤。她请求丈夫迦叶波赐给自己一个强壮到足以打败天神的儿子。迦叶波同意了。于是，阿底提生下了一位威力无比的阿修罗，名为婆奢拉迦。但阿底提没想到的是，这个外表凶猛的儿子虽然具有能够轻易打败因陀罗的能力，却根本不愿意和天神打仗。梵天了解他的威力，就来到阿修罗的国土劝说他放弃武力，做一个追求智慧的修行者。婆奢拉迦同意了，梵天把一位美丽的天女嫁给他，让他带着妻子隐居到森林中去。

然而，天帝因陀罗却并不相信一个邪恶的阿修罗会放弃和他为敌。有一次，趁着婆奢拉迦出门，因陀罗变成一只巨大的猴子，闯进婆奢拉迦的家里，大叫大嚷地捣毁家具，而且还把业已怀孕的婆奢拉迦的妻子拖到树林里横加恐吓。赶回来的婆奢拉迦好不容易在密林里找到受到惊吓的妻子，狂怒之下，他操起大棒，想要冲上天界去杀死因陀罗。梵天急忙出现，拉住婆奢拉迦说："作为苦行者永远不会背弃誓言使用武力，你忘记了吗？"

婆奢拉迦在梵天的劝说下放下了大棒，无奈地回到小屋继续修行。然而，尽管他本人不得不放弃仇恨，他尚在母亲腹中的儿子却没有。不久之后，婆奢拉迦的孩子呱呱落地，他被取名多罗迦，是一个比父亲更加强壮的阿修罗。

多罗迦打从出生就发誓一定要报复因陀罗对他们一家的迫害。长大成人后，他离

开家庭独自去修苦行。他在荒凉的山坡上架起一堆大火，把自己身上的肉一块一块割下来往火里扔，直到把自己削成一幅骨架。他的苦行是如此坚韧和残酷，震惊了三界众生，甚至连梵天也受到了极大的震动，他出现在多罗迦面前，问他修行这样的苦行，想要什么恩赐作为报答。

多罗迦对梵天说："我想要帮助阿修罗战胜天神。为此，我希望得到永恒的生命。"

但梵天摇摇头，告诉多罗迦，世界上没有人可以永生。

这个阿修罗又说："那么我希望自己长胜不败，这个总能做到吧？"

梵天说："这个世界上也没有永远的胜利。如果你真那么想要胜利，我的孩子，你可以自己选择一种死的方式。"

多罗迦说："那么，只能由刚出生不到七天的孩子杀死我。"

梵天答应了他，于是多罗迦回到族人那里去，他被加冕为檀那婆和达伊提耶之王。不久之后，多罗迦就组织了一支强大的军队，向天帝宣战。天神和阿修罗之间就此展开了一场残酷的战斗。成千上万名士兵战死，尸横遍野，血流成河。然而，凭借着梵天的恩赐，多罗迦战无不胜，没有人能够打倒多罗迦，因陀罗不能，阿耆尼不能，毗湿奴也不能。最终，多罗迦夺得了掌管三界的权力。被俘的天神们戴着脚镣手铐站在多罗迦的宫殿前面，受尽阿修罗的凌辱。幸而大胜归来的多罗迦心情很好，他认为天神已经不能再对他构成威胁，吩咐仆从释放了俘虏。

以因陀罗为首的被羞辱的天神们来到梵天面前。他们低着头，对创造之神说："宇宙之祖啊，你给予了那个阿修罗强大的恩赐，如今我们拿他毫无办法，只能看他在三界中横行。阿修罗强占了我们的天国，抢走了我们的财宝，在会议上，阿修罗让我们坐在奴仆的位置上，他们强迫我们劳动，不让我们休息和娱乐。梵天啊，我们不能继续忍受这样的苦楚。请你告诉我们，要怎么打败多罗迦那个恶棍？"

梵天说："多罗迦不会死于你们之手，只有出生不过七天的婴儿才能使他丧命。"

因陀罗和天神们大吃一惊，急忙追问："出生七天的婴儿怎么可能打败一个可怕残忍的阿修罗？世界上哪里去找那么神奇的孩子？"

梵天说："只有湿婆的孩子才能具有此等威力。你们赶快想办法去让湿婆生下后代吧。"

这一下，天神们更加迷惘了。谁都知道湿婆此时依旧在为亡妻服丧，谁也没有那

个胆子敢去干扰他的苦修。

在湿婆栖息的雪山的脚下，群山之王喜马拉雅和妻子曼娜幸福而宁静地生活在一起。他们已经有了一对杰出的儿女：儿子弥那迦山和女儿恒河。如今他们又有了第三个孩子：一个新生的漂亮女儿，山王为她取名帕尔瓦蒂，意思就是群山之女或"来自群山"，因此她也被称为雪山神女。有一次，一位德高望重的仙人来为帕尔瓦蒂看手相，之后对山王预言说："你的女儿将来会嫁给一个没有父母、没有财富、无家可归的流浪者。"

山王夫妇听了，感到十分悲伤，但帕尔瓦蒂却很高兴。聪慧的她听到预言便明白，自己将来会嫁给的人就是湿婆——永恒的苦行者。帕尔瓦蒂其实就是萨蒂的转世，她依然记得自己对湿婆刻骨铭心的爱。自从懂事之后，山王之女心中就产生了对湿婆隐秘的爱情，她热烈地爱慕和崇拜着孤傲的破坏神，渴望着有朝一日能够嫁给他。

不久之后，湿婆来到山王宫殿附近的吉罗娑山上，选择那里做自己的苦行之地。帕尔瓦蒂随父亲去朝拜湿婆，并恳请湿婆让她留在他身边侍奉他。湿婆一开始完全没有把这个小女孩放在眼里，说女人是修行的障碍；帕尔瓦蒂听了很生气，就和湿婆辩论起来。湿婆为这个年轻姑娘表现出来的智慧吃惊，他说不过她，只好让她留下了。

帕尔瓦蒂非常虔诚地礼拜湿婆。她每天来到湿婆面前，贡献香花，照顾他。然而，尽管她如此尽心尽力，也未激起湿婆心中的爱情。多年过去了，他对于帕尔瓦蒂的美貌和爱慕依旧视而不见，毫不动心。甚至是湿婆也没有察觉帕尔瓦蒂就是萨蒂的化身，因为上天给了帕尔瓦蒂一身黝黑的肌肤，这肤色像面纱一样掩盖了真相。

众神此时都知道山王之女对湿婆的爱情了。可是眼瞅着湿婆依旧无动于衷，天神们都非常着急。他们想要找个法子，让湿婆赶快和帕尔瓦蒂结婚，好生下一个对抗阿修罗的后代。因陀罗决定帮助帕尔瓦蒂。他悄悄把爱神迦摩招来，对迦摩说："你到吉罗娑山去，悄悄拉弓，向湿婆心上射出爱情之箭，使他心中对帕尔瓦蒂产生无法遏制的激情，让他们生一个儿子去打败多罗迦。"

迦摩接受了这个任务，虽然他有点怕湿婆，可是曾经在梵天身上展现过无穷威力的爱情之箭如果在湿婆身上也起到作用，那一定是一件有意思的事情。青春永驻的爱神手挽愿望之弓和爱情之箭，带着随从春神和美丽的妻子情欲女神罗蒂，来到了喜马拉雅山中。

雪山神女

群山之王喜马拉雅和妻子曼娜的第三个孩子帕尔瓦蒂，也被称为雪山神女。帕尔瓦蒂是萨蒂的化身，后来成为湿婆的妻子。

当时，正值春暖花开之际，山上积雪开始融化。但出于对湿婆的敬畏，他身边环境的季节变化都静止了，一切都还停留在寒冬之中。湿婆眼观鼻，鼻观心，沉溺在冥思之中，就像一面没有涟漪的湖泊。

迦摩一到，环境立刻发生了变化。山谷茂密的树林里，芬芳的鲜花一簇簇开放了，山坡上的溪流开始欢快地奔腾，但湿婆依旧沉浸在冥想之中，完全没有受到周围变化的影响。迦摩小心翼翼地接近湿婆打坐的地方，此时，帕尔瓦蒂到来了，她盛装打扮，捧着鲜花，来到了湿婆面前。湿婆为了接过花环，抬眼看了她一下。就在此刻，爱神瞅准机会，朝湿婆射了一箭。

湿婆的心瞬间动摇了。就像月亮升起时的大海，他看向帕尔瓦蒂的脸，看到了她频婆果般美丽红艳的嘴唇。

但湿婆的动摇只不过持续了一瞬间，他随即就重新拾回了对感官的控制，并且充满愤怒地转头寻找那个胆大包天敢于干扰他苦修的人。他马上就发现这是躲在一旁的迦摩干的。暴露了的迦摩还保持着射箭的姿势，但他讨饶的话还没有出口，湿婆额头上睁开了第三只眼睛，烈焰从眼中喷出，把可怜的爱神瞬间烧成了灰烬。迦摩的妻子罗蒂见到这个情景，立即晕了过去，等她醒过来之后，就大声哀哭起来，责骂众神让丈夫来白白送死。

所有人都十分震惊，等大家回过神来，湿婆已经从这地方消失不见，不知道独自隐匿到哪一个更加隐秘和险峻的苦行之地去了。

罗蒂痛哭不止，此时有人悄声在她心中说："不要哭！美丽的女子，你和丈夫的分离只是暂时的。当湿婆和帕尔瓦蒂结合的时候，迦摩就会复活。"罗蒂闻言，终于有所安慰，她擦干了眼泪，回到家中等待迦摩的复活。

如今痛哭的只有帕尔瓦蒂了。她回到山王的宫殿，每天彻夜难眠，挂念着不知如今身在哪里的湿婆。自己的殷切侍奉没有能打动湿婆，自己的美貌没有能打动湿婆，那到底有什么能够让湿婆石头一般坚硬的心变软呢？

帕尔瓦蒂决定苦行。湿婆是苦行之神。如果美丽容貌和温柔手段不能博得湿婆的爱情，那么她就要成为湿婆无法忽视的，比他更伟大、更坚韧的苦行者。她告别了父母，离开奢华的宫殿，脱去了珍贵的首饰，盘起长发，把柔软的衣服换成了树皮衣。她来到湿婆曾经待过的树林中，洁净地面，燃起熊熊大火，克制自己的欲望和思想，

湿婆的娶亲队伍

　　帕尔瓦蒂的苦行感动了湿婆,湿婆终于愿意娶帕尔瓦蒂为妻。湿婆要结婚的消息传遍天上人间,天神、半神、精灵、阿修罗和人类都赶到北方山区来参加山神宫殿里举行的盛大的婚礼。

站在火圈里默念湿婆的名字。她弃绝饮食，只吃野果为生。一百年过去了，帕尔瓦蒂站在毫无遮掩的冰冷岩石上，让大雨浇在自己身上，只吃新鲜树叶为生。又过了一百年，帕尔瓦蒂爬到最陡峭的山崖上，让剧烈、锋利得如同刀刃般的大风吹在自己身躯上。到了最后，她寻找雪山上最寒冷的泉眼，在雪夜里把自己浸在冷水中，默诵真言。现在她连树叶都不吃了，仅仅饮风为食。

所有人都来劝说她放弃，但忠于爱情的帕尔瓦蒂依旧矢志不渝。她的母亲前来探望她，悲鸣着说"U—MA"，意思是"不要这样"，于是帕尔瓦蒂从此又被称为乌玛。就这样，帕尔瓦蒂苦行了整整一万年。天地都因为她的苦行开始发热，而帕尔瓦蒂形销骨立，单薄如影。

有一天，一个年轻的婆罗门来拜访帕尔瓦蒂。帕尔瓦蒂殷勤地招待他，让他坐在俱舍草编织的座位上，请他吃野果。婆罗门好奇地问帕尔瓦蒂为什么不珍惜自己的青春年华，在这样的荒野之地折磨自己，修炼这种连大仙人都畏惧的苦行。

"我想成为湿婆的妻子，"帕尔瓦蒂说，"我要以苦行赢得他的心。"

年轻的婆罗门大笑起来，"这真是我听过的最荒唐的事情，"他说，"我了解湿婆本人。他脾气暴躁，长着三只眼睛，身上缠着毒蛇，以骷髅作为装饰，拿老虎皮做衣服，他没有宫殿，也没有财宝，他整日和奇形怪状的妖魔做伴，这样一个人，你干吗要费那么大的力气追求他的爱情？"

帕尔瓦蒂生气了，她说："婆罗门，你真是胡说八道，你一点都不了解湿婆，你说他穷，但他却是一切财富的源头。他身无长物，饰物可怕，在我眼中却英俊可爱。他变化无穷，你怎么能以外表判断一个人呢？"

然而年轻婆罗门不依不饶，继续数落湿婆的不是，包括他杀梵的罪行，整日流浪，身世可疑，把火葬场当成自己的居所，等等，话说得越来越难听。

帕尔瓦蒂气得眼睛都发红了。她嘴唇发抖，捂住耳朵大叫起来："我不想再让你这些诋毁的语言玷污我的耳朵。就算湿婆具有你说的所有毛病，我依旧只爱他一人。"

婆罗门看起来还想开口，帕尔瓦蒂转身就走。然而就在此时一阵雷鸣，变化成婆罗门的湿婆微笑着现出了本相，他从身后温柔地抱住了帕尔瓦蒂，对由于震惊和羞涩不能动弹的帕尔瓦蒂说："从今天起，我就是你用苦行买下的奴隶。"

湿婆要结婚的消息传遍天上人间，天神、半神、精灵、阿修罗和人类都赶到北方

湿婆迎娶帕尔瓦蒂回家

　　结婚后,湿婆带着妻子回到吉罗娑山之中。对于失而复得的妻子,湿婆充满了激情。他们隐匿起来,年复一年、日复一日地沉浸在欢爱之中。

山区来参加在山神的宫殿里举行的盛大的婚礼,这时,罗蒂来到湿婆面前,请求湿婆让她那被烧成灰烬的丈夫爱神复活。湿婆朝那一堆灰烬看了一眼,于是爱神就站在了罗蒂面前。不过从此之后,迦摩也被人称为"无形体者",因为爱本来就是无形的。

  结婚之后,湿婆带着妻子回吉罗娑山之中。对失而复得的爱人,湿婆充满了激情。他们隐匿在一处十分秘密的居所里,在那里,这对新婚夫妇年复一年、日复一日地沉浸在欢爱之中。过了整整百年以后,众天神见他们仍没有生下一个孩子,都很着急。于是他们找到毗湿奴,请他去恳求湿婆停止享乐,生个儿子。毗湿奴便率领众天神来到吉罗娑山上,面对山峰呼喊道:"湿婆,请你履行自己的职责,停止沉溺情爱,为我们带来拯救世界的孩子吧!"

  湿婆听到了呼喊,于是走出来说:"如果你们有能力接纳我的种子,那你们就拿去。然后用它生成儿子,去消灭多罗迦。"说完,他就将自己的精液撒在地上。在众天神的请求下,火神阿耆尼变作一只鸽子啄食了它。可是火神阿耆尼也不能承受湿婆的种子,飞到恒河上空的时候,他觉得炽热难耐,结果把它落到恒河之中。恒河女神也忍受不了这样的冲击,就用波浪把湿婆的种子推到岸边的芦苇之中。

  在这里,湿婆的儿子诞生了。这孩子是由湿婆对帕尔瓦蒂的激情产生,得名室建陀,又名鸠摩罗,意思是童子神。室建陀继承了父亲和母亲的一切优点,他长十分俊美,身上穿着火焰一般灿烂的金色盔甲,戴着金色耳环;整个人犹如初生的旭日般光彩夺目。他怒吼的声音就像大海咆哮一般,令人畏惧。

  可是帕尔瓦蒂却感到非常生气,她原本盼望着由自己亲自生下这个孩子。她气愤地诅咒天神:"你们只想着自己的私利,却不给我一个妻子和母亲应当享受的乐趣。我没法亲自生养孩子了,从现在起,你们的妻子也不会生育的,你们也将没有子孙后代。"

  六位昂星仙人的妻子来到河岸边,在芦苇丛中找到了刚刚诞生的室建陀。她们担负起了喂养室建陀的职责。由于室建陀有六个奶妈,结果他肩上长出六个头。按照养母之名,室建陀又叫迦郗吉夜,意即昂星团之子。室建陀出生后第五天,他爬上山顶,拉开父亲的巨弓,玩耍般向白雪皑皑的迦朗遮山射去,把大山射出一个很深的狭谷。迦朗遮山被砍了山峰,痛得发出呼救声。周围的山也吓得慌慌张张地想要逃跑。那个时代,山都还长着翅膀,它们全都展开巨大的翼翅飞向空中。室建陀没有放过它们,

他用标枪一个接一个把所有山的翅膀都砍掉了。群山无可奈何地掉回到地面上，只好对室建陀表示臣服。

看到室建陀这样的实力，因陀罗也开始觉得不安起来了。他心想，这孩子威力如此巨大，长大之后说不定会变成自己的竞争对手。趁室建陀尚未长大，应赶快杀死他以免后患。于是，天帝率领着军队，浩浩荡荡来到室建陀面前。但湿婆的儿子毫无惧色，他像大海一样咆哮着，口吐火焰，烧死了不少天兵天将及其马匹和车辆。天神们逃之夭夭，只剩下因陀罗与室建陀对阵。因陀罗用金刚杵猛击室建陀的左右和正中，不但没有伤害到室建陀，反而从击打的地方生出三个十分强壮的金甲武士，咆哮着向因陀罗冲杀过来。因陀罗见此情景，知道自己不可能战胜湿婆之子，于是心灰意懒地从坐骑上下来，向室建陀请求和解。

室建陀出生的第六天，以梵天为首的天神们都来向湿婆之子致敬。众神纷纷赠给室建陀神奇的礼物和武器，匠神陀湿多送给室建陀一只孔雀，室建陀就把它当成了坐骑。他得到的武器是一把锐利的长矛，和湿婆的三叉戟、毗湿奴的神轮一样，这支长矛是匠神用太阳的碎片锻造的。梵天为室建陀行了灌顶礼，使他成为了天神军队的统帅。

天神们当面赞颂湿婆之子室建陀，恳求他把天界从阿修罗的践蹋中解放出来。室建陀答应下来，率领着庞大的天界军队，开到了多罗迦的城池下。多罗迦听说天神前来挑战，不禁感到奇怪：明明已经成为手下败将的因陀罗他们，怎么吃了熊心豹子胆，又上门来找打了呢？突然，险恶的征兆打断了多罗迦的思索。他左眼跳动，感到不安。惊心动魄的吼叫和呐喊声响彻云霄。湿婆之子率领的大军出现在了多罗迦眼前。

看着那个带领大军的孩子，多罗迦想起了梵天的恩赐，说他将死于出生七天的小孩之手。他知道自己的末日到来了。不过，英勇的阿修罗王并没有在命运面前退缩。他命令军队准备战斗，迎出城外，他对室建陀说："孩子啊，你来参战，是不是说明天神都变成了一群懦夫？他们不敢面对我，却让你这样的小孩上战场。"

但是，室建陀丝毫不为所动。他毫不犹豫地向多罗迦进攻了。这真是一场匪夷所思的大战，箭云遮天蔽日飞向室建陀。可是湿婆之子站在战车上纹丝不动。多罗迦的箭不能伤害室建陀。他手持武器，轻松地拨开箭云，勇往直前，把阿修罗的军队杀得大败，逃离战场，只剩下多罗迦单独与室建陀对战。他们手举武器，你来我往，打得

不可开交。最后，多罗迦终于精疲力竭，再没有力量战斗下去。室建陀站在他面前，朝多罗迦致命一击，阿修罗王的头滚落下来，倒在地上死去了。

天神们兴高采烈，大声欢呼，抛撒鲜花，向湿婆和山王之女光荣的儿子致敬。这位年轻的战神，出生仅七天就建立了伟大功勋。室建陀放下武器，回到父母那里，此刻他又从战无不胜的战神变回了出生不久的孩子，要求父母的娇宠。

室建陀逐渐长大，到了该要考虑婚事的时候。有一天，帕尔瓦蒂问已经长成英俊少年的室建陀："孩子啊，你想要什么样的妻子呢？"

室建陀羞红了脸说："我想要像妈妈这样的妻子。"

帕尔瓦蒂大吃一惊，儿子表现出来的恋母倾向让她警惕起来。于是，她勒令儿子搬出家去独自居住，不准再继续黏着自己了。

室建陀搬到曼陀罗山上去住，他住的地方叫做鸠摩罗圣林。由于母亲的训诫，他保持独身，不知怎么的最后甚至开始讨厌女人，于是他居住的这座山林也严格禁止女人进入。有一位天女优哩婆湿曾误闯进去，就被变成了一棵藤。不过，也有另外的说法，因陀罗为了表示当初向室建陀宣战的歉意，就把自己的女儿、天军的化身提婆赛纳嫁给了室建陀。

这位容貌俊美的战神后来也出现在佛教神话中。释迦涅槃之后，有个夜叉盗走了佛牙，行动迅捷无比的室建陀追赶上了它，取回了舍利。从此，他被供奉在所有寺庙的山门背后，也就是我们所熟悉的帅哥韦陀菩萨。不过话又说回来，室建陀本人其实就是天下一切盗贼的庇护神。

第七章
大女神

大女神音译为黛维，她是宇宙间的阴性力量"萨克蒂"的集中体现，是印度神话中的大母神。大多数时候，她被视为湿婆的妻子，温柔的雪山神女帕尔瓦蒂、女战神杜尔迦、黑女神迦梨，都是她的不同侧面或不同化身。她是无所不能的女性力量的体现，仅有当她出现的时候，宇宙才能在阴阳之间获得平衡，运转不息。即使是贵为三大神，也必须由"萨克蒂"来激发他们力量的活性。因此，大女神被视为创造性的源泉。每个不同的男性神明都有自己的萨克蒂化身，就好比"男性身体中的女性性格"，有时候，湿婆的妻子帕尔瓦蒂、梵天的妻子娑罗室伐蒂、毗湿奴的妻子吉祥天女拉克什米，都被视为他们的萨克蒂之力的体现，因此也是大女神的一部分。当所有这些女性本源汇集到一起，在大女神身上体现出的就是凌驾一切的宇宙之母，此时她被称为摩耶女神。

杜尔迦

杜尔迦是女战神，或称武士女神。她有时被视作是雪山神女的一个化身，湿婆的伴侣和妻子，不过更多时候她被当作是一个独立的威力强大的女神。她为了诛杀霸占

天界的牛头恶魔而出生，集中了众神身上最威严可怕的力量，骑着狮子，是一个美丽而凶猛的女人，神情令人畏惧。

在很久以前，天神和阿修罗之间发生了一场大战，打了足足一百年。阿修罗方面的首领是水牛怪摩希沙。摩希沙在成为阿修罗王之前，曾苦修了许多年，博得梵天的恩惠。他希望自己不会败在任何神灵或生物手下。但这个阿修罗看不起女性，认为女子柔弱无力，不会对自己构成威胁，因此在请求恩惠中没有提到女人。摩希沙得到梵天保佑后，战无不胜，天神被摩希沙杀得大败，于是阿修罗成为天界的统治者。战败的天神向梵天、毗湿奴和湿婆诉苦哀告："我们被那可怕的摩希沙阿修罗逼得生不如死，太阳神苏利耶、战神因陀罗、火神阿耆尼、死神阎摩、海神伐楼那都被打败了。我们现在像凡人一般在地上游荡。"

听了天神的话，毗湿奴张开了他两眉中间的眼睛，湿婆张开他的第三眼，而梵天也张开他愤怒的眼睛。从梵天、毗湿奴和湿婆的前额，放射出强烈的光芒。这些光芒联合起来，看来像一座山那样大。四面八方都被这光芒照亮，这光便是天界所有的精粹。那光芒显现成一女子的形象，强而有力。阎摩的力量，成为她的头发；毗湿奴的力量，成为她的双手；梵天的力量，成为她的双脚。她身体的每部分，都是由诸神的光所造成。所有天神看见她都心生欢喜，她惊人的美丽，但也惊人的威严。她于是得名"杜尔迦"，意思是"难以接近的女人"，所以有时她的名字也被翻译作"难近母"。

诸位天神都将他们最厉害的武器交给杜尔迦，用来对付那些阿修罗。湿婆交给她三叉戟，毗湿奴交给她神轮，伐楼那交给她神螺，阿耆尼交给她飞镖，风神伐由交给她弓和箭，因陀罗交给她闪电，梵天交给她水瓶，阎摩交给她宝剑。不同的天神给她花环、首饰、腕线、指环、兵器、斧头、莲花、狮子、红宝石、珠宝、纱丽、酒碗。女神大喝一声，整个天界和大地都战栗不已，海洋也动荡不安，天堂和地狱都震动起来。

杜尔迦只身前往战场。那些阿修罗看见神情可怕的她走近他们，马上排列阵势，迎战这位女神。阿修罗有数以千计的战车。大象、马匹、步兵……数量之多，整个大地都容纳不下，而杜尔迦则单独一人骑在狮子上，好像玩游戏一样转眼间便把他们消灭，她向那些阿修罗掷出无数的武器，一瞬间整支庞大的阿修罗大军都化为尘土，仿

大女神雕像

大女神是宇宙间的阴性力量"萨克蒂"的集中体现，是印度神话中的大母神。大多数时候，她被视为湿婆的妻子，温柔的雪山神女帕尔瓦蒂、女战神杜尔迦、黑女神迦梨都是她的不同侧面或不同化身。

杜尔迦女神

杜尔迦是女战神，或称武士女神。她有时被视作是雪山神女的一个化身，湿婆的伴侣和妻子，不过更多时候她被当作是一个独立的、威力强大的女神。她为了诛杀霸占天界的牛头恶魔而出生，集中了众神身上最威严可怕的力量，骑着狮子，是一个美丽而凶猛的女人，神情令人畏惧。

佛烈火吞噬森林。她吹起号角，那声音震碎许多阿修罗的心脏。阿修罗的将领死伤无数，所有那些大象、马匹、战车都被粉碎。杜尔迦凶猛的狮子把阿修罗撕开，喝他们的血。阿修罗的将领都被杀死了。最后摩希沙所有部下都已经被女神杀掉，再没有人帮助摩希沙。他于是幻化成大水牛的形象，以蛮力冲向女神。他用尾巴、牛角和铁蹄发出可怕的声响，大地也为之震动。当杜尔迦要杀他的时候，摩希沙幻化成狮子的形状，扑向女神。同时他又变回阿修罗的形象，手里拿着宝剑，向女神冲去。女神向摩希沙掷出武器，摩希沙便立刻幻化成一只大象，奔向女神。女神的狮子扑向大象，而那阿修罗也立即变回大水牛的形象。这时三界之母亲张开她愤怒得发红的眼睛，大吼一声，然后说："邪恶的阿修罗啊，叫吧！你的末日到了，我要喝干你的血。我现在就要叫那些天神欢喜。"

这样说时，女神抓住摩希沙的脖子，把他撕开。天界就这样得到了拯救。杀死水牛魔摩希沙，是杜尔迦女神最伟大的功绩。

另外一个故事里，杜尔迦和帕尔瓦蒂都是萨克蒂力量的一个侧面。在很久以前，邪魔苏姆婆和尼苏姆伐由于苦行，向梵天求得一个愿望，获得很大的力量，他们把因陀罗从天界驱逐，当了三界的主人。这两个阿修罗开始骚扰三界的众生，众神感到悲伤，他们于是不停地祷告。

那时刚好雪山神女帕尔瓦蒂来到恒河做每天的沐浴。她看见众天神在祈祷，便问他们为什么这样悲伤忧虑。当她这样问时，她的身体里便出现一个巨大的身形，杜尔迦女神从帕尔瓦蒂身中分了出来。她说："众位天神，去吧，事情交我办好了。"那些天神于是便回去，杜尔迦独自走上山，坐在喜马拉雅山麓的一棵大树上。

这时刚好苏姆婆和尼苏姆婆的两名近臣经过，他们看见极其美丽的女神坐在树上。便立即回报主人苏姆婆说："主人啊！在喜马拉雅山那里有一位极美丽的女子，你的众位王后和她相比，不过像些蠕虫罢了。"

听见臣子这样说，苏姆婆于是派遣大使苏格瓦向杜尔迦提亲。苏格瓦赶快来到喜马拉雅山，看见杜尔迦正在喜玛拉雅山的树林中游戏，便对她说："女神啊，苏姆婆是阿修罗的王，是三界之主。你是天界最美丽的女子，阿修罗王请你到他那里去，你可以选择嫁给他或他的兄弟尼苏姆婆，他和苏姆婆有同样的财富和力量。请考虑一下，然后尽快答复我。"

众神向杜尔迦祈祷

　　天神和阿修罗之间的大战持续了一百年。为了打败阿修罗方面的首领水牛怪摩希沙，梵天、毗湿奴和湿婆共同创造了女战神杜尔迦。诸位天神都将自己最厉害的武器交给了杜尔迦，乞求她去战胜摩希沙。

杜尔迦杀死摩希沙

　　杜尔迦骑着狮子，只身迎战阿修罗大军。她好像玩游戏一样，瞬间便将摩希沙的部属消灭干净，最后抓住摩希沙的脖子，将其撕开，拯救了天界。

听了苏格瓦的话，杜尔迦微微一笑："也许你是对的，苏姆婆是三界之主，而尼苏姆婆也一样是，但由于从前的无知，我发下一个重誓，谁能在战场上胜过我，才能成为我的丈夫。现在让苏姆婆和尼苏姆婆前来与我对敌吧。"

苏格瓦说："你发疯了吗？无数的天神和阿修罗都被苏姆婆和尼苏姆婆的力量粉碎，你算什么呢？快与我一起到苏姆婆和尼苏姆婆的皇宫，否则很快便会被别人拖着头发前去。"但女神依旧坚持，除非自己在战场上被打败，否则她不会嫁给任何人。

苏格瓦回到魔王那里，将事情加盐加醋地说了一遍。阿修罗王不禁怒火中烧，召唤他的将军说："你马上去找那弱不禁风的女子，扯着她的头发，把她拖到我的脚前。如果在半神、提婆、夜叉中有谁敢保护她，便把他们立即杀掉。"

杜尔迦一个人站在山上，看着前来捉拿自己的阿修罗军队哈哈大笑，把箭像下雨般射向阿修罗的大军，转眼之间，阿修罗狼狈地四处逃窜，却被女神的狮子抓住撕碎，军队中连一个军士也没有剩下来。苏姆婆知道大军被毁，惶恐不安。他马上命令所有阿修罗军队联合起来，向喜马拉雅山上的女子进攻。阿修罗的大军铺天盖地朝山麓进发，足以倾覆整个宇宙。女神看见这样庞大的军队，马上发射弓箭，这个时候，梵天、毗湿奴、湿婆、室建陀、因陀罗都进入了杜尔迦的身体，然后以萨克蒂的形式出现，各自以不同的形象迎战阿修罗的军队。她分成千万的化身，冲向阿修罗军队，好像狂风扫落叶一样，把成千上万的军士歼灭殆尽。

知道了军队被毁，阿修罗王两兄弟亲自带领预留的军队发动进攻。那些阿修罗大军四方八面地涌来，向女神投掷出有毒的武器、下了咒语的法宝和无坚不摧的投枪。但女神很快就打垮了阿修罗的军队。尼苏姆婆手中拿着宝剑，大力砍向女神座下的狮子。女神立即用神轮把尼苏姆婆的剑摧毁，这个阿修罗晕倒在地上。看见兄弟躺卧沙场，苏姆婆马上冲上前，八只手都拿了法宝，整个天空都被他遮蔽了。女神看见苏姆婆迎着她而来，便吹响她的号角，使整个天空都充满可怕的声响。狮子也放声大吼，四处都泛起雷霆。女神用她的三叉戟刺进苏姆婆的胸膛，打倒了他。这时，尼苏姆婆恢复了知觉，用他的飞轮、金刚杵和宝剑迎战女神。杜尔迦一样刺中他的胸膛，那胸膛便裂开，走出一个可怕的邪魔来，杜尔迦毫不畏惧，放声大笑，然后一剑把他的头颅砍下。尼苏姆婆被杀死了，而苏姆婆则躺卧地上，他不能接受这样的耻辱，大声向女神说："杜尔迦，你不要骄傲，你击败我们，只是因为有许多神的帮助。"杜尔迦

哈哈大笑着说："我是世上唯一者，除我以外还有谁？你仔细看看，所有这些与你战斗的神祇其实都只是我。"此刻，所有化身都返回杜尔迦的身体，剩下来的确只有杜尔迦一个。

苏姆婆从地上跳起来，就像飞蛾扑火般再次扑向杜尔迦，女神用三叉戟刺中苏姆婆的胸膛，结束了他的生命。苏姆婆倒在地上，连大地和海洋也为之震动。天空晴朗起来，众天神皆大欢喜，整个世界都充满欢乐的气氛。

迦梨

迦梨是黑色的女神。她诞生在杜尔迦女神的愤怒之中。苏姆婆和尼苏姆婆攻击杜尔迦的时候，曾经派出由将军拉克塔维贾率领的大军挑战她。女神非常愤怒，她的眉毛竖了起来，脸孔变得像墨一样黑。然后从她前额有一个可怖的女神走了出来，手上拿着各种武器。她便是迦梨女神。她容貌非常怕人，两眼血一般红，乌黑的头发蓬乱，赤裸着身体，用骷髅头当成花环戴在身上，腰带则是用尸体的残手做成的。她的形象实在太残酷太可怕了，以至于一看到她，许多阿修罗的心都停止了跳动。迦梨冲向那些阿修罗，一下子便把成千上万的阿修罗消灭掉。从她的口中喷出火焰，焚烧阿修罗的军队。所有阿修罗都战栗起来。她还把阿修罗当作食物来吃，一手便抓住成千上万的阿修罗，然后往嘴里送。那些阿修罗军队的将领，那些战车的车夫和高级的将领，统统被迦梨嚼烂。一辆又一辆的战车被送进她的嘴巴，一只又一只的大象被她的牙齿咬碎。她还用头发、用颈项把一些阿修罗捉住，有一些则被她的双脚踢得人翻马覆。转眼之间，整支阿修罗军队便完全被歼灭。

看见这可怕的情景，阿修罗的大将拉克塔维贾冲向迦梨，向她射出可怕的武器。女神把他的双臂砍断，鲜血从他的身体喷射出来，他流出的每一滴血，马上化为和他有同等力量的阿修罗。从地上站起成千上万的阿修罗。迦梨用金刚杵打碎拉克塔维贾的头，他的血又再生出许多阿修罗战士，以致整个宇宙都好像充满了阿修罗。众天神看见到处都是阿修罗，都惶恐万分，因为那些邪魔的数目不断增长，杀之不尽。

迦梨见到这个情形，便张开巨大的嘴，神用三叉戟把拉克塔维贾撕得片片碎，把

踏在湿婆身上的迦梨

另有传说认为，黑色女神迦梨来自帕尔瓦蒂身上掉落的黑色，因此她也是帕尔瓦蒂的化身。有一次，在战场杀敌时，迦梨女神发了狂，毁灭的脚步无法停下。众神求助于湿婆。湿婆闻言，就跑到战场上，躺在尸体中一动不动。迦梨跳着毁灭的舞蹈一路走来，不小心踩上了湿婆的胸膛。她低头一看，发觉自己竟然踩在丈夫身上，一吃惊，连舌头都伸出老长。

迦梨现身

迦梨诞生于杜尔迦女神的愤怒之中。杜尔迦女神愤怒之时，她的眉毛竖立起来，脸孔变得像墨一样黑。然后从她的前额中走出了一个可怖的女神，手上拿着各种武器。她便是迦梨女神。她的容貌非常怕人，两眼血一般殷红，乌黑的头发蓬乱，赤裸着身体，把骷髅头当成花环戴在身上。

拉克塔维贾滴落下来的血喝了个精光，又吃掉了所有他幻化出来的邪魔。拉克塔维贾不能复生增殖，就这样死去了。

关于迦梨的诞生，还有另外一个有趣的传说。有一天，湿婆把帕尔瓦蒂抱在膝盖上，开玩笑地叫她"Kali，Kali"，意思是"黑姑娘，黑姑娘"，还说她的肤色和自己比起来就好像黑蛇缠在白树皮上。

自尊心很强的帕尔瓦蒂一听，认为这是湿婆在取笑她，勃然大怒，当场宣布："我要离开你去修苦行，除非我能够获得一身白皙皮肤，否则我绝对不回来。"然后就抛下湿婆一个人走了。

这时候有一个叫做阿迪的阿修罗听说了这件事情。他父亲被湿婆杀死，他希望借此机会报仇雪恨。他变成帕尔瓦蒂的模样，娉娉婷婷地走向湿婆的居所，想要接近湿婆后杀死他。

湿婆看见假帕尔瓦蒂很高兴，起身迎接她，说："你怎么又回来了？"

假帕尔瓦蒂娇声回答："因为我想念你呀，没法修持苦行，就回来了。"

一听这话，湿婆起了疑心，因为他知道依照帕尔瓦蒂的个性绝对不会半途而废。这时这个阿修罗投进他怀抱，湿婆没有发现帕尔瓦蒂身上那个非常隐秘的记号，他立即明白这是别人伪装成的妻子，狂怒起来，用力把这个变了形的阿修罗勒死了。

但湿婆的坐骑难迪不明就里，它跑上山去，向帕尔瓦蒂本人报告说："湿婆抱着一个和你一模一样的女子。"帕尔瓦蒂一听，又伤心又愤怒，大声说："就让我变成心如铁石的人吧！"没过多久，她苦修成功，梵天赐给她一身金色的肌肤，而从帕尔瓦蒂身上掉落下来的黑色，果然就形成了一个心如铁石的女神——黑色女神迦梨（Kali）。

不过，迦梨的模样虽然可怕，但和杜尔迦一样，只有面对危害人民的敌人时，她才会显露恐怖的一面。面对自己的崇拜者时，她就好像母亲那样宽容仁爱。有一次，在战场上杀敌的时候，迦梨女神发了狂，她太愤怒也太高兴，以至于毁灭的脚步怎么也不能停下来，她一手里拿着敌人的首级，一手握着带血的弯刀，在大地上疯狂地跳舞。整个宇宙都震动起来，众神急忙去找湿婆说："迦梨失去控制了，阿修罗都已经被她杀光，她还不满足，再这样下去，众生都会被她屠戮干净的。"

湿婆闻言，就跑到战场上去，躺在尸体之中一动不动。迦梨跳着毁灭的舞蹈往这

边来，不小心一脚踩上湿婆的胸膛。她低头一看，发觉自己竟然踩在丈夫身上，一吃惊，连舌头都伸出老长。就这样，迦梨恢复了神智，而且答应做众生永远的庇佑者。由于这次事件，迦梨便经常以手持人头、弯刀，脚踏在湿婆身上的形象出现。湿婆就是时间，而迦梨甚至征服了时间本身，于是她又被称为"时母"。

每当劫末，宇宙的毁灭即将到来，迦梨就用黑暗覆盖大地，加速它的灭亡。因此，她又有另外一个名字：世界末日之夜。

娑罗室伐蒂

娑罗室伐蒂是语言和智慧的女神，她是梵文的创造者，并创造天城体字母，梵文、印地文及其他印度的文字都以此书写。娑罗室伐蒂也是艺术和文学的女神，给予人咏唱诗歌、谱写音乐和雄辩的能力。娑罗室伐蒂的意思是"优雅者"，她永远年轻，身材修长，肤色洁白，美丽的前额上有一轮新月。她生有四臂，坐于莲花之上，两只手弹弄一种叫锡塔琴的乐器，这种乐器是她发明的，象征艺术；一手持着贝叶经，因为她是文字的始祖；她还有一手持着祷告用的念珠，象征她的虔诚与谦卑。有时娑罗室伐蒂的形象是坐在其丈夫梵天身旁，一手持莲花相赠。

她虽然贵为女神，但和通常都打扮得珠光宝气的拉克什米比起来，身上戴的珠宝都很简单，她穿着白衣，象征真知的纯洁。她的坐骑是一只天鹅，这只天鹅十分聪慧，如果在她面前放一碗牛奶和水的混合液体，她能够只喝掉混在其中的牛奶。

在绘画当中，娑罗室伐蒂常常坐在河边，因为她也是娑罗室伐底河的女神，在古代，这条河非常受崇敬，被称为江流之母（但现已经消失在拉普斯坦沙漠中）。

梵天把娑罗室伐蒂当作自己的妻子。梵天的世界高于因陀罗天国和所有其他世界。娑罗室伐蒂与梵天一起坐在宝座上，接受天神们的朝拜。她是仙人和虔诚信徒的庇护者，赏赐他们幸福和后代，而且还常常为他们说情。

有一次，半神乾闼婆们偷走了天神们的甘露，说什么也不肯还回来。天神只好求助于娑罗室伐蒂。娑罗室伐蒂抱着锡塔琴来到乾闼婆的花园里，开始弹奏一种前所未闻的旋律。乾闼婆们被这美妙的旋律所吸引，纷纷聚拢来到娑罗室伐蒂面前，请求她把这音乐教给自己。娑罗室伐蒂说："把音乐教给你们当然没问题，不过你们得要用

梵天和妻子

　　梵天的妻子是语言与智慧的女神娑罗室伐蒂。娑罗室伐蒂与梵天一起坐在宝座上，接受天神们的朝拜。她是仙人和虔诚信徒的庇护者，赏赐他们幸福和后代，而且还常常为他们说情。

甘露来换。"乾闼婆们心甘情愿地把甘露交回，娑罗室伐蒂也实现承诺，把天上人间最动听的旋律教给了乾闼婆。从此，乾闼婆成了天神的乐师。

有趣的是，人们传说，娑罗室伐蒂和象征财富、幸运的吉祥天女尽管都是善良的女神，彼此却无法相容。举办祭祀的时候，当她们其中一个到来，另外一个就会起身走开；更有甚者，传说她们还曾经激烈地争吵过。智慧和财富无法并存，文学和幸运不能共容，这也许是古代印度对"文章憎命达"的一种表达吧。

加耶德丽

加耶德丽是《吠陀》歌集中最著名的一句颂诗的化身。这句颂诗是献给太阳神的："我们要反复寻味辉煌的太阳神的奇妙之光，愿它引导我们的理智。"这是印度传统中被吟诵最多的颂诗，传说具有神奇的力量。加耶德丽女神作为颂诗的化身，自然也是一个犹如阳光般美丽的女神。

有一次，梵天打算举行隆重的祭祀仪式，便向人间扔下一瓣莲花，以决定祭祀的地点。莲花落到了今天印度一个叫普什卡的地方，在那里变成了美丽的湖泊。每位天神和女神听说梵天主祭，都急急忙忙地准时赶来。一切准备就绪后，梵天却发现娑罗室伐蒂女神还未到场，一问侍女，原来她还在自己的房间里慢腾腾地梳妆打扮。梵天派使者去请娑罗室伐蒂快来。但是，娑罗室伐蒂却毫不着急地对使者说："我还要好好修饰一番！"

使者回去禀报，梵天非常着急，因为这个祭祀必须有他妻子在场，而眼看举办祭祀的吉时就要错过了。他对天帝说："没办法了，娑罗室伐蒂不来，你快将路上遇到的第一个姑娘带回来做我的夫人！"因陀罗听命，急忙往外跑。说来也巧，他刚一出门，就看到举办祭祀神庙的隔壁有一个年轻漂亮的牧女，也就是吟诵女神加耶德丽的化身。因陀罗把姑娘领到天神们集会的地方。梵天当众宣布："天神、半神和苦行者啊，我就娶这位漂亮姑娘做妻子。她将成为天上、空中和地上纯洁和虔诚的依托！"天神们都大声欢呼，赞同梵天的决定。祭司们开始用鲜花和金银首饰打扮加耶德丽。祭司们正要举行仪式时，娑罗室伐蒂走进会场，她见加耶德丽一身新娘子打扮，饰以奇香的鲜花和璀璨的宝石，便愤怒地叫道："梵天呀！难道你想抛弃我这合法的妻子

吗？整个宇宙都极为尊重你，你却与一个普通牧女成亲，你当着众神的面羞辱了我。你不会得到我的宽恕！从现在起，你再也不会在这片大地上任何一个地方得到人们的崇拜了！"

娑罗室伐蒂离开了会场，梵天在痛苦地想着她的诅咒。祭祀结束，天神们动手开始在普什卡为加耶德丽女神修建神庙。温柔善良的加耶德丽开始为被诅咒的丈夫开脱："我绝对不接受供奉，除非我的丈夫能在我身边也占有一席之地。"她坚持这样说，于是天神们只得在她神庙的旁边兴建了一座梵天的神庙。这座神庙，在后来很长的时间里，都是印度唯一一座供奉梵天的神庙。

天神和仙人们都非常感激加耶德丽。梵天希望与娑罗室伐蒂重归于好，便派毗湿奴和吉祥天女立刻去迎接娑罗室伐蒂。高傲的娑罗室伐蒂本不想来，但经不住毗湿奴夫妻俩的再三恳求，还是回到梵天身边。温柔的加耶德丽拜倒在娑罗室伐蒂脚前，抱住了她的双膝。威严的女神息怒了。她轻柔地抚摸着加耶德丽说："加耶德丽啊，你是无罪的！妻子应该听从丈夫的吩咐，任性的妻子只会给丈夫带来痛苦，损害他的健康和幸福，缩短他的寿命。我们不要争吵，使梵天伤心。要虔诚和温顺，使他有好感。你照我的办，你将是第二个娑罗室伐蒂，我们永远友好相处。"

吉祥天女

吉祥天女拉克什米是毗湿奴的妻子，是掌管幸福、财富和美的女神，她是所有女神中最温柔、最和顺、最美丽的一个。她诞生于众神和阿修罗搅乳海之时，手持着莲花，就像月亮一样从大海上升起。拉克什米的容貌极美，她的皮肤发出金光，闪耀着珍珠的光彩，她那双大眼如同莲花。她的黑色长发卷曲伸延到她的膝盖。她的衣着和珠宝，非笔墨所能形容。就连心情一贯平静的毗湿奴，也一下就爱上了她。所有天神和阿修罗都呆呆地看着她，渴望得到她的爱情，而她拿着花环，粉面含羞，在所有人前走了一遭，最后还是把花环挂在了俊美而威力强大的毗湿奴脖子上，选择他作为自己的丈夫。

在印度，拉克什米是最受欢迎的女神，因为她给信众带来爱、财富与吉运。十月及十一月间是印度的灯节，这个节日的光芒便是献给这位美丽的女神拉克什米的。

吉祥天女诞生

吉祥天女拉克什米是毗湿奴的妻子，是掌管幸福、财富和美的女神，她是所有女神中最温柔、最和顺、最美丽的一个。她诞生于众神和阿修罗搅乳海之时，手持莲花，像月亮一样从大海上升起。在印度，拉克什米是最受欢迎的女神，因为她给信众带来爱、财富与吉运。

恒河女神

恒河女神是天河的象征，她站在海中幻兽摩伽罗身上，手持莲花和水罐。她是喜马拉雅山王的长女，雪山神女帕尔瓦蒂的姐姐。恒河女神把印度人民都视为自己爱护的子女，在这片土地上哺育了昌盛的文明。

不过，这位美丽的女神也有个坏毛病，那就是无常。她在什么地方都待不长久，一时起意就自顾自起身离开，因此我们时常看到富裕的人突然一下子变得贫困，幸运的人突然一下子开始倒霉，这都是因为吉祥天女性情多变，此刻眷顾的人，下一秒钟就将其抛弃。传说，唯一一处她常在的地方，就是丈夫毗湿奴身边。

拉克什米是位非常忠诚温柔的妻子，她时时刻刻都伴随在毗湿奴身边。毗湿奴在劫末的大海上睡熟时，她坐在丈夫的脚边，替他按摩；毗湿奴受到婆利古诅咒，屡次以凡人之身下降到尘世，而每一次降世，拉克什米都跟从他来到世上，做他的妻子和爱人，生生世世永不分离。当毗湿奴降世为持斧罗摩时，她降世为他的妻子陀罗尼；毗湿奴降世为罗摩时，她则降世为悉多。毗湿奴化身为黑天时，她则是艳光，黑天的王后。

恒河女神

恒河女神是天河的象征，她站在海中幻兽摩伽罗的身上，手持莲花和水罐。她是喜马拉雅山王的长女，雪山神女帕尔瓦蒂的姐姐，由于在战神出生过程中扮演的重要角色，她也被认为是室建陀之母。不过，话又说回来，这位女神心怀慈悲泽被苍生，把印度的人民都视作自己爱护的子女，在这片大地上哺育了昌盛的文明，自己做母亲的运道却很差。

她被引入凡间流淌很久很久之后，有一个春暖花开的日子，有八位被称作婆苏的神，带着他们美丽的妻子们下到人间游玩。在一座净修林里，光之神波罗跋娑的妻子发现一只漂亮的母牛，母牛光彩夺目，姿态动人，所有人都一下子被它吸引住了。光之神波罗跋娑说："这应该是如意神牛须罗毗，一个凡人要是喝了它的乳汁，就会长生不老。"

波罗跋娑的妻子听了，就撒娇地对丈夫说："我有一个朋友，是一位人间公主。我想让她长生不老，求你把这头牛带去，让她摆脱疾病和衰老吧！"

波罗跋娑知道神牛须罗毗是属于极裕仙人的，自古以来，从波尼妖魔到千臂阿周那、众友国王，想抢夺这头奶牛的人都没有好下场，便劝妻子放弃这个想法，但她执意不从。波罗跋娑经不住妻子纠缠，在众兄弟的帮助下，他们终于偷走了母牛。

毗湿奴和拉克什米

拉克什米是非常忠诚温柔的妻子，她时刻都陪伴在毗湿奴身边。毗湿奴在劫末的大海上熟睡时，她坐在丈夫的脚边，替她按摩；毗湿奴受到婆利古诅咒，屡次以凡人之身下到尘世，而每一次降世，拉克什米都跟从他来到世上，做他的妻子和爱人。

极裕仙人拿着野果回到净修林,见哪里都找不到爱牛,凝神一想,立刻明白是八个婆苏神干的好事。于是,他愤怒地发出诅咒:偷牛的婆苏们都将降到人间做凡人。听到诅咒的八个婆苏非常害怕,一起来到极裕仙人面前求情。极裕仙人看他们表情可怜,牛也还回来了,一心软就说:"好吧,我缩短诅咒的期限,你们只是到人间走一遭,马上就能回来。但是,主谋的波罗跋娑得要在人间度过漫长的一生,他会是一位灵魂伟大的人,但他不会有后代;因为他受了妻子的唆使,他在凡间不会娶妻生子。"

婆苏们又去求恒河女神做他们的母亲,商量好恒河女神生下孩子都扔入恒河,让他们获得解脱,重返天界。恒河女神同意了,便化作一位美貌的女子到人间恒河岸边。婆罗多族的福身王正在岸边的森林里打猎,一看到她娇美的容颜和婀娜的身姿,就陷入了情网。他对她说:"你是女神还是魔女?药叉还是龙女?不管你是谁,你总得做我的妻子。"

恒河女神回答说:"国王啊,我可以做你的妻子,但是有一个条件,你必须答应,我所做的事,不论是好是坏,都不许你干涉,你也不能盘问。如果我受到阻挡,听到粗言恶语,我就会立刻离开你。"

这个在迷恋中的国王发誓说他什么都同意,于是恒河女神做了他的妻子。福身王被她的爱情俘虏了,沉溺于美满生活中,都忘却了时光是怎样流逝的。

在八年当中,福身王的妻子生了八个儿子,每一个都俊美可爱。可是,每个儿子刚刚出生,她就抱着他走到河边,说:"我是多么喜欢你呀!"之后就把儿子扔进恒河的波涛里。福身王对她这种残酷的行为感到惊惧和痛苦,但因为害怕她离开自己,按着誓言约束,对她所作所为保持沉默。像这样,王后接连杀了七个孩子。第八个孩子出生之后,她抱起孩子又要走到河边去,看上去喜上眉梢。福身王再也忍不住了,他拦住她,大声喊道:"不许你再杀害孩子了!你究竟是谁?为什么要杀死自己的亲生儿子?住手吧!你这个邪恶的女人!"

王后看上去似乎又是欢喜,又是悲伤。她说:"国王,你违背誓言,我得要离开你了。我不会杀害最后这个孩子的。我原本是恒河女神,受被诅咒的八个婆苏神之委托,做他们人世间的母亲,让他们出生后立即从尘世中解脱。他们都已经摆脱了极裕仙人的诅咒。这个孩子是光之神波罗跋娑的化身,我会为你留下他,把他当作恒河的

赠礼吧！他的名字叫做天誓，他具有种种美德，将会成为超过你的人杰。"

这样说着，恒河女神抱着儿子消失了，福身王郁郁不乐地回到都城。多年后，恒河女神把在各个伟大仙人处接受了教育的天誓带回给福身王，福身王把他封为太子，天誓就是后来《摩诃婆罗多》中最伟大的英雄——婆罗多族的守护神毗湿摩。

第八章
半神和精灵们

介于人和神之间，世界上还生活着众多的半神和精灵。他们或许没有天神那样的荣耀和强大，但他们多情又神奇。在他们身边发生的故事同样充满魅力。

我们所熟知的半神从"天龙八部"开始。这个概念是佛教自印度神话中转借而来。我们知道有夜叉、紧那罗（人头马身的乐神）、迦楼罗（金翅鸟）等等，不过实际上，最有趣和迷人的故事都来自众神的侍从持明、乐神乾闼婆和天女阿布娑罗。

乾闼婆

乾闼婆是印度神话中最著名的半神群体。他们是迦叶波仙人与牟妮的儿子们，数目众多，他们吸食香气为生，擅长音乐，因此又被称为食香神或乐神。乾闼婆们都长着漂亮的卷发，容貌英俊，仿佛太阳光焰的化身。他们有的居住在空中、有的居住在天国、有的居住在人间，数目众多。乾闼婆们的主宰是苏摩，导师则是最早发明琴的仙人那罗陀。居住在天国的乾闼婆是天国的歌手和音乐家，天神们的侍从，在节庆和宴会时为天神们奏乐助兴。天国的乾闼婆王名字是奇军，他擅长人间没有的各种乐器，是因陀罗的朋友，也是因陀罗之子、人间大英雄阿周那的歌舞老师。

乾闼婆

乾闼婆是印度神话中最著名的半神群体。他们是迦叶波仙人与牟妮的儿子们，数目众多，他们吸食香气为生，擅长音乐，因此又被称为食香神或乐神。

居住在空中的乾闼婆有着能移动的空中城堡。人们在沙漠中旅行时看到海市蜃楼，就可能是乾闼婆的空中城堡。但是，看到这些城堡，意味着目睹者马上就要大祸临头、死期将至了。

在人间的乾闼婆名声不太好，人们总说他们是一群油头粉面的骗子，除了玩弄乐器毫无长处，还时常在人间拐卖新娘。他们能够隐形，在空中飞行，经常在夜晚出来活动，具有人们所无法知晓的神奇力量，因而被人类所敬畏和害怕。乾闼婆能按照自己愿望随意变形。他们常以人的面貌出现于人间，跟踪妇女，以娴熟的技艺和迷人的面貌诱惑勾引她们。

虽然乾闼婆以乐师和花花公子之名闻名，但他们也不是手无缚鸡之力的好惹的软弱族群。许多乾闼婆的国王都以勇武闻名，乾闼婆的军队也令人畏惧。很久以前，乾闼婆王毗湿婆婆苏率领自己的部下攻击住在地下王国的龙众那迦族，抢走了那迦们的奇珍异宝。那迦族只好请求毗湿奴大神保护。这位大神来到地府赶走了乾闼婆，并迫使他们把抢走的东西归还那迦。史诗中还提到几位乾闼婆王，都曾经打败过著名英雄，战胜过人类的大军。婆罗多族的王子花钏，就是死在一位和自己同名的乾闼婆手下，因为乾闼婆花钏认为世界上叫这个名字的人只能留下一个，就和花钏王子决斗，最终杀掉了他。

阿布娑罗

阿布娑罗是天界的舞女们，又称天女。第一个天女兰葩生于乳海，因为过于美丽，所以成为了众神共同的妻子。天女们是乾闼婆的伴侣，她们为歌舞而生，在天帝的宴会上翩翩起舞，侍奉应天神邀请来到天国的人间英雄，诸神击败敌人后，她们就在云端撒下鲜花。兰葩是她们中间最早出生的，因此也成了所有天女的女王。

阿修罗们害怕天帝，天帝害怕苦修者，苦修者害怕天女。苦修者们通过苦行获得的威力，可以轻易颠覆天帝的王国和他的宝座，让整个宇宙都发热。修道者们因为饥饿和疲劳犹如骷髅般的面孔上燃烧着强烈希望和意志的眼睛总是会让天神之王在噩梦中醒来。他的宝座太高，这宇宙里的欲望太多，而苦行者们又那么坚定，已经有好战的阿修罗来和天帝争抢天地，他可不愿意竞争者中再多些可怕的发了毒誓的人。

不过因陀罗自有他的办法。苦行者有他们的意志，而天帝却有天女阿布娑罗，摧

天女

天女是天界的舞女，她们是乾闼婆的伴侣，为歌舞而生，在天帝的宴会上翩翩起舞，侍奉应天神邀请来到天国的人间英雄。诸神击败敌人后，她们就在云端撒下鲜花。

毁一切意志的武器。美丽的天女们，魅力无人能敌。她们妩媚的眼神征服着比刹帝利最疯狂梦想中还大万倍的王国，柔软的身段是杀死天帝敌人们的不见血的利器。就算是有千年苦行的大仙人，也不免受到她们魅惑，忘记了自己的苦行、自己的目标，只想尽情释放欲望，和天女欢度春宵。

受到天女蛊惑最著名的例子是刹帝利出身的众友仙人，他为了得到婆罗门的地位，修行千年苦行。天帝感到恐惧，让兰葩勾引他，愤怒的众友仙人把这个天女变成了石像。天帝又让弥那迦天女去诱惑众友仙人。弥那迦在众友仙人周围跳舞，一阵风吹来，掀开她的衣裙，露出妩媚娇躯，众友仙人本来就是一个习惯享受美女的刹帝利国王，看到此情此景，他再也无法克制自己的欲望，放弃苦修，站起来拉住了弥那迦。这一次，众友仙人和弥那迦天女在森林里形影不离地生活了千年才大梦初醒，他再次把天女赶走，恢复苦行，并最终获得了婆罗门身份。

但有诱惑成功的例子，也有坚定不移、无论如何也无法诱惑的例子。很多很多年前，为了得到至高的智慧，毗湿奴把自己化成两位古老仙人，一位是那罗，一位是那罗延，在山上修炼万年苦行。因陀罗害怕他们的苦行威胁到自己，就派出了最最美丽的几位天女，前去勾引他们。天女们在那罗和那罗延面前唱歌跳舞，那罗不动声色，拍了一下大腿。瞬时，从他的大腿里跳出一位绝色美人，她的容貌是如此光彩，天女们看到之后全都自惭形秽，不好意思继续跳舞，躲到了一边。这位新诞生的天女就是著名的广延天女，她是天女中最美的一位，后来嫁给凡人，成为了人间婆罗多王族的祖母。

天女阿布娑罗美丽但不幸，每当她们完成了勾引的任务，亲眼看到自己生下的孩子时，她们就必须返回天界，与孩子的父亲永远分别。仙人和天女们生下的孩子往往都是女孩，她们美貌惊人，但生下来就被母亲抛弃，往往被其他仙人收养，在森林中长大，她们的美貌为自己招来灾祸。最著名的天女后裔是沙恭达罗，也就是众友仙人和弥那迦天女生下的女儿。

持明

还有一类善良的半神，称作"持明"，音译"毗底耶陀罗"，也就是持有知识者

的意思。持明们居住在北方的山区，是财神俱毗罗和大神湿婆的侍从，不过也有自己独立的王国。持明的男性聪明绝顶，女性则美貌绝伦。他们心怀慈悲，对人类和其他生物都很友善，经常把女儿嫁给人间有德的英雄和学者为妻。

传说，有一次，雪山神女帕尔瓦蒂希望湿婆给自己讲些从未有人讲述过的新鲜故事。湿婆说："凡人的生活永远痛苦，天神的生活永远快乐，持明的生活则充满神奇。"就给帕尔瓦蒂讲了七位持明王的故事。讲述的过程中，湿婆的一位持明侍从布湿波丹多出于好奇，通过瑜迦力偷偷溜进湿婆房中，偷听到了这些新奇的故事。他又把这些故事讲给自己的妻子听。过了一阵子，布湿波丹多的妻子又把自己听到的故事在雪山神女面前讲述。帕尔瓦蒂知道是布湿波丹多偷听了湿婆和自己的谈话，生气地把他贬到人间。湿婆的另一位侍从摩利耶凡为布湿波丹多说情，也受到同样的处罚。不过，布湿波丹多一旦遇见一位名叫迦那菩提的毕舍遮人，并把偷听到的故事复述给这人听后，就能返回天国；而摩利耶凡一旦听到迦那菩提向他复述这些故事，并使它们在大地上传播后，也能返回天国。

布湿波丹多下凡人间，成为一位国王的大臣。后来，他在文底耶森林遇见那个叫做迦那菩提的毕舍遮人，复述了这些故事，返回天国。同时，摩利耶凡下凡人间，成为国王娑多婆诃那的大臣德富。这位国王虽然出身高贵，却不懂梵语语法，有一次因此遭到妃子嘲笑，便苦恼地向德富请教。德富答应在六年内教会他。而另一位大臣说只需六个月。德富与他打赌，如果他能在六个月内教会国王梵语语法，自己就终生不说梵语、俗语和方言。结果，另一位大臣获得成功。德富只得缄口不语，带着两个徒弟离开宫廷，出外漫游，来到文底耶森林。在森林中，他学会毕舍遮族的"鬼语"，并遇见迦那菩提。迦那菩提用"鬼语"向他复述了七位持明王的故事。此后，德富在七年内，用"鬼语"在贝叶上写下这些故事，总共七十万颂。为了使这些故事得以在大地上传播，他派遣他的两个徒弟将这部故事集献给国王娑多婆诃那，但国王却拒绝接受这部用"鬼语"写成的故事集。

绝望的德富在森林中点燃火焰，面对鸟兽朗诵贝叶上的故事，念完一叶，烧掉一叶。这样，总共烧掉六十万颂。只是由于他的两个徒弟特别喜爱持明王那罗婆诃那达多的故事，才保留了最后十万颂。此时，国王娑多婆诃那听说鸟兽流泪，闻讯赶来，接受了这部十万颂的《伟大的故事》。德富完成任务，恢复持明身份，回归天国。后

药叉夫妇

在古代印度，药叉不是凶恶的恶鬼，而是象征丰饶的精灵。有时候，他们是俊美强健的青年男女；有时候，又成了蹲在石柱下的大腹便便的侏儒。他们行动迅速，能在天空飞行，财神俱毗罗是他们的国王。

来，有位叫做月天（音译苏摩提婆）的作者对这部作品加以改写，也就成了古印度文化中家喻户晓的传奇故事集《故事海》。

夜叉与罗刹

夜叉是人们熟知的名称。但在古代印度，夜叉又称药叉，不是凶恶的恶鬼，而是象征丰饶的精灵。有时候，他们是俊美强健的青年男女；有时候，又成了蹲在石柱下的大腹便便的侏儒。他们动作迅速，能在天空飞行，财神俱毗罗是他们的国王。药叉大都居住在俱毗罗统治的吉罗娑山的银城中，也有的散布在人间，居住在人迹罕至的森林之中。他们和乾闼婆一样，能够隐形。他们大都对人友善，可是也有伤害人的力量。人们遭到意外灾祸的时候，往往怀疑是药叉做下的好事。

药叉的兄弟是罗刹。罗刹和药叉一样，都来自梵天的身体。但他们和药叉又不一样，药叉安分守己，而罗刹则野性难驯。他们残忍嗜杀，喜噬生血肉，一到黑夜就出没在荒野和森林中，施展幻术恐吓、危害人类旅行者。许多罗刹甚至侵扰到人类的城市和乡村中，像土霸王一样为害一方。罗刹的长相也很可怕：无论男女，他们都是红发碧瞳，深色的皮肤，容貌丑陋狰狞，獠牙露出在血盆大口外。不过，他们都能用幻术变形，女罗刹变形出来的美女尤其美貌，很有迷惑性。不明真相的旅行者往往被美女表象疑惑，变成了妖魔盘中餐。

最早，梵天把罗刹创造出来，是为了让他们守护水源，可是罗刹实在太不听话了。梵天一怒之下，就把罗刹们从原先居住的地方——大海中的楞迦岛上驱赶出去，让财神俱毗罗带着药叉们居住到那里去。

俱毗罗是梵天之子——大仙人补罗私底耶的儿子。他离开父亲，诚心诚意地侍奉祖父梵天。梵天很高兴，于是便给了他财神的地位、长生不老的恩惠以及一辆神奇的云车，还让他统治夜叉、罗刹和楞迦城。补罗私底耶看到儿子不管自己反倒去奉承祖父，非常生气，就用自己的一半身躯造就了一个婆罗门仙人，名叫毗湿罗婆。罗刹们为了讨好他，把三个罗刹美女送给毗湿罗婆做妻子。其中一个叫做尼伽婆的罗刹女，生下来一个长着十个脑袋、二十只手臂、眼如铜铃、獠牙外露容貌可怖的儿子。他就是后的罗刹魔王十首王罗波那。罗波那还有一个兄弟，比罗波那样子还可怕，名字叫

做鸠槃羯叻拿，年纪还小的时候就已经吃掉过好多仙人和天女。另外一位罗刹女为毗湿罗婆生下的儿子叫做维毗沙那，这个儿子倒是像父亲多一点，善良正直，守护正法。

罗波那和他的兄弟们看到财神俱毗罗和父亲坐在一起，神采奕奕，气派非凡，心里很不服气。他们开始修炼苦行，罗波那更是把自己的脑袋一个接一个砍下来往火焰里扔。他砍到最后一个脑袋的时候，梵天终于出现了，问兄弟三人想要什么恩惠。

罗波那说："但愿无论是天神、那迦、阿修罗、乾闼婆，还是鬼怪、罗刹、紧那罗和药叉，都不能在战斗中打败我！"出于骄傲，他看不起人类和动物，因此没有提到他们。

维毗沙那则恭恭敬敬地说："我希望能够永远遵循正法。"梵天很高兴，对他说："虽然你是个罗刹，但是你的智慧不沉溺非法。我把长生不死赐给你。"于是，维毗沙那成了印度神话中仅有的八位能够长生不老的人之一。

轮到鸠槃羯叻拿要恩赐了，天神们担忧起来。这个罗刹巨魔没有恩赐保佑前就那么强横，如果得到了恩赐，还不知道会变成什么样子。于是，语言的女神娑罗室伐底潜进他的喉咙，梵天问鸠槃羯叻拿要什么的时候，潜在他喉咙里的女神就回答："我要睡许多年。"话音刚落，鸠槃羯叻拿就像山一样倒下去睡着了，每过六个月，才会醒来一天。

罗波那得到恩赐保佑，从此变得肆无忌惮。他先是攻打楞迦城，把财神俱毗罗赶出了楞迦，带着穷凶极恶的罗刹们霸占了这座美丽的岛屿之城，还抢走了俱毗罗的云车和许多珍宝。俱毗罗没有办法，只好带着部下搬到了吉罗娑山的银城居住。

罗波那带着军队上天入地，侵扰天神，大闹地府，还跑到大海中杀戮水族，四处抢夺财富和美女。三界居民苦不堪言，可是这个十首魔王仗着身有梵天恩赐，天神也无法打倒他。

不过，罗波那在横行大地的时候，遇到过勇武非凡的千臂国王阿周那和猴王波林，两者都击败了这个不可一世的魔王，只是出于偶然才饶了他一命。罗波那被他所看不起的人类和动物好好羞辱了一顿，可是，他不吸取教训，依旧四处为非作歹。在楞迦城待了一段时间之后，罗波那腻烦了，还想要打上吉罗娑山，再去抢劫一番财神俱毗罗。半路上，他遇到美丽的天女兰葩，正要和财神的儿子那罗俱波罗约会。罗波那对天女的美貌垂涎三丈，不顾兰葩挣扎，强暴了她。兰葩回到那罗俱波罗那里，含泪控

罗波那

罗波那是大仙人补罗私底耶的化身婆罗门仙人毗湿罗婆的儿子。他长着十个脑袋、二十只手臂，獠牙外露、容貌可怖。后来他变成了罗刹魔王，被罗摩所灭。

诉了罗波那的罪行。愤怒的那罗俱波罗诅咒十首王今后如果想要违背女性意愿强行占有对方，就会立即死去。

罗波那遭到诅咒，心下惴惴，继续前往吉罗娑山。半路遇到一个半人半猴的怪物，阻止他继续朝前走，说是湿婆正和妻子帕尔瓦蒂在吉罗娑山上休息，不得打扰。罗波那勃然大怒，口出狂言，要把吉罗娑山搬起来扔掉。他说完便施展勇力，伸出二十只胳膊，猛力摇动吉罗娑山。这个罗刹王果然力量惊人，他一使力气，金顶的吉罗娑山猛烈摇晃起来，坐在山顶上的湿婆都不由一震，雪山神女则吓得花容失色，躲到丈夫怀里。湿婆受到打扰，勃然大怒，脚趾用力，把吉罗娑山又给压了回去。罗波那被压在山底下，大声发出惨叫，声震三界，从此得名（罗波那的意思就是号叫者）。为了表示忏悔，罗波那成为虔诚的湿婆信徒，修行千年苦行，湿婆感到满意，才把他放出来，但依旧警告他说："你再倒行逆施，迟早有遭到毁灭的一天。"可是十首王左耳朵进，右耳朵出，回到楞迦城后，依旧胡作非为。最后，他垂涎毗湿奴化身、太阳王族罗摩王子之妻悉多，强行将她抢夺到楞迦。罗摩带领猴子大军，架大桥渡过海洋，来到楞迦，终于结果了这个罪行累累的罗刹。

第九章
开罪不起的仙人

仙人是印度神话中非常特殊的一群人。天神隐没在天幕之上，精灵们都没有形体，恶魔都躲藏在地面之下，这些传说中的生物我们都无缘得见；但说到仙人，如果你到印度旅游，运气好的话说不定还能碰上一两个。

仙人，音译"哩希"，事实上就是指通过苦行、学习和锻炼，使自己的智慧和力量达到超越凡俗境地的人。按照出身和种姓的不同，仙人还可以被分为"天仙""王仙""梵仙"等等。天仙（Devarsi）指的是天神修炼成为的仙人，王仙（Rajarsi）则是指出身武士或国王的品德高尚修为深厚的刹帝利仙人，梵仙（Brahmarsi）则是出身婆罗门"名正言顺"的仙人。仙人凭借自己的苦修得到法力，他们虽然不能像天神那样享受无比的荣华富贵，通常情况下都不过是贫苦的出家人，但却万万不可小视他们的威力。最强大的仙人发出的诅咒，就连三大神都无力干涉，更糟糕的是，由于长期孤独和饮食不良，仙人的脾气大都非常暴躁，对待他们稍有不敬，就会令他们搞出一些颠覆天帝政权、焚烧宇宙、喝干大海之类的惊人事件。

仙人并非全然清心寡欲。虽然他们知识丰富、学问高深，依旧会为了爱恨情仇打得不可开交。还有另外一些仙人，他们并不像人们想象的那样过着清规戒律的生活，他们是梵天意念所生的儿子，他们生下来就是大仙人，职责就是繁衍众生，于是被称

为众生之父，又称生主。

在所有仙人中，最有威力和声望的仙人称为"大仙"（Maharsi），他们就是连天帝都害怕、三大神都无可奈何的人物。最著名的大仙人有七位，也就是俱陀摩仙人、众友仙人、持力仙人、食火仙人、极欲仙人、迦叶波和阿陀利。他们也是天空中昴宿（大熊星座）七星的化身。

婆利古家族

婆利古家族是印度神话中最著名、最重要的仙人家族之一，这个家族的始祖是梵天心生子婆利古仙人。这位仙人曾经在著名的达刹祭典上担任祭司，结果被狂暴状态的湿婆拔去了胡须；他也曾接受众神的委托，评定三大神中谁是最伟大者。

这位大仙人有许多著名的后裔。他的一位儿子陀提遮仙人，是通过严厉的苦行生下来的。他身躯魁梧，精力充沛，长成了世界上最有力的人，身体沉重得就像山岳。他和娑罗室伐底河生下了伟大的吠陀学者娑罗湿婆多。因陀罗十分忌惮陀提遮仙人的威力，总想找个机会除掉他。后来，龙魔弗栗多危害天地，天帝对众神说："我找不到可以击败它的武器。我想，只有用仙人陀提遮的骨头制成的武器，才能除掉它。"听到这些话，众神便去找陀提遮仙人，恳求他把自己的骨头给天帝，打败弗栗多。陀提遮仙人听了诸神的请求，不假思索便同意了，放弃生命把自己的骨头献出，送给天帝做成金刚杵，因陀罗依靠仙人骨头的威力杀死了弗栗多，也一举两得地除掉了两个对手。

婆利古最著名的儿子是太白仙人苏羯罗，他虽然出生在天神的世家，最后却成为了阿修罗的导师。婆利古让苏羯罗成为世人生活的主宰，执掌降雨和干旱、恐怖和平安。

婆利古仙人的妻子名为补罗摩，少女之时便芳名远播。她的父亲原先把她许配给一个名叫布罗曼的阿修罗。可是后来，还没等未婚夫妇见面，补罗摩的父亲就发现这个阿修罗行为恶劣，便毁掉婚约，把她嫁给了婆利古仙人。

补罗摩嫁给婆利古后，和丈夫一起生活在净修林中的道院里。有一天，婆利古有事情出门，把有孕在身的妻子单独留在家中。布罗曼在森林中漫游，无意来到了这所道院。补罗摩不知道来者就是曾经的未婚夫，按照礼节殷勤地款待他。布罗曼瞅着美

榕树下的仙人们

　　仙人，指的是通过苦行、学习和锻炼，使自己的智慧和力量达到超越凡俗境地的人。按照出身和种姓的不同，仙人被分为"天仙""王仙"和"梵仙"。

貌的妇人，越看越是起疑心。他见圣火坛中火光熊熊，便问火神："喂，这个女人是不是就是当初许配给我的那个补罗摩？这里是不是就是婆利古的道院？当初补罗摩的父亲不讲信用，把她从我那里夺走，嫁给了虚伪的婆利古。火神，快告诉我，她是不是就是我首先选定的妻子？她原先是属于我的，却被婆利古夺走了。如果这女郎果真是她，我就要从这婆利古仙人的道院里带走她。火神，告诉我真相吧！"

火神听了布罗曼的求告，很是为难。他不会说假话，却又害怕婆利古仙人的诅咒，于是便说："我害怕虚假，也害怕仙人的诅咒。"

这样一来，虽然表面上火神什么也没说，但布罗曼一听就明白，这姑娘的确就是补罗摩，他曾经的未婚妻。他二话不说，把自己变成野猪，驮起补罗摩就跑。补罗摩大声尖叫呼救，这个冷酷的阿修罗全然不理会。就在这个时候，补罗摩腹中婆利古仙人的儿子受到驮行颠簸，提前降生了。由于他是在行进过程中掉落出母腹的，于是得名"行落"。行落仙人一降生，便散发出无比耀眼的光辉，这光辉照在阿修罗布罗曼身上，瞬间就把他化为了灰烬。补罗摩抱起儿子，大哭起来，她的眼泪甚至流淌成了一条河流，名字就叫妇泪河。

婆利古回到道院，发现妻子不见了，便急匆匆出来寻找，在河边找到了补罗摩。他怒气冲冲地问妻子："是谁把你给出卖了？"补罗摩说是火神。于是婆利古愤怒地诅咒火神将以一切为食物。

行落仙人长大之后，修持苦行，他站在一片湖泊的水滨中，一动不动地过了很多年。茂密的藤萝把他全身都遮盖起来，蚂蚁又在他身上建筑蚁垤，把他完全埋在泥土之中，只有两只眼睛还露在外面。

有一天，一位叫做芦箭的国王带着女儿美娘和军队来到这片湖泊周围狩猎。美娘青春美貌，活泼好奇。她一个人走到湖边玩耍，游游逛逛。行落仙人看到她，心中很高兴，低声呼唤她。可是他多年没有喝水，喉咙干渴发不出声来。美娘走到了行落仙人藏身的土丘前，仔细观察，发现土丘里有两个东西亮晶晶的。美娘不知道那是行落仙人的眼睛，心想："这是什么呀？"以为是藏在泥土里的萤火虫，便随手从地上捡起一根树枝，戳了戳那两个发亮的东西。

这一下可闯了大祸了。行落仙人的眼睛被戳伤，怒不可遏，使用苦行法力惩罚芦箭王的军队。所有的士兵都被封住了大小便，痛苦不堪，狂呼乱叫。

芦箭王心里惶恐，知道肯定有人得罪了行落仙人，急忙来到仙人面前向他请罪。行落仙人说："你女儿戳了我的眼睛，只有把她嫁给我作为赔礼，我才会饶恕你的士兵。"

芦箭王见行落仙人年老体衰，自己的女儿正当青春年华，把她嫁给老仙人，不等于毁了她一生吗？他正在犹豫，美娘见父亲的士兵都痛苦难忍，父亲也焦急不安，就站出来说："是我闯的祸，我也心甘情愿嫁给仙人。"芦箭王听女儿这么说，只好无奈地把美娘交给了行落仙人，心里别说多不是滋味了。

行落仙人带着美娘回到苦行的净修林中。美娘修炼苦行，克己自制，和顺、贤惠地侍奉丈夫。过了一段时间，有一次，美娘在森林的池塘里沐浴，正巧遇上了天界医神、两位俊美的双马童路过。他们看到美娘姿容妙曼，就忍不住跑上去搭腔："你是哪一位天神的女儿？为什么会在这个只有苦修者居住的森林中？"

美娘赶紧裹上衣裙，对双马童说："我是芦箭王的女儿，行落仙人的妻子。"

双马童一听，哈哈大笑起来，对美娘说："你父亲怎么把你送给一个生命即将到头的老头？你这么年轻美丽，行落仙人却已经年迈体衰，不如把你丈夫抛弃，在我们之中任选一个为丈夫吧！"

美娘一听，拉下了脸说："你们不要胡说八道，我很爱我的丈夫，绝对不会抛弃他。"

双马童又笑起来，对美娘说："那么这样吧，我们可以让你的丈夫恢复青春，然后你再从我们三人中挑选丈夫，你看这样如何？"

美娘跑去找行落仙人，把双马童的话告诉丈夫。行落仙人说："就这样办吧。"于是，双马童拉着行落仙人来到池塘边，一起跳了下去。当他们再度出水时，美娘看到的是三个俊美的年轻人，面貌、装饰全都一模一样。美娘把他们看了又看，凭着细心和智慧，还是把自己的丈夫认了出来。

行落仙人重新获得青春，心里十分高兴，对双马童说："我将举行盛大的祭祀报答你们，届时请你们前来畅饮苏摩酒。"在古代印度，医生并不是高贵的行业，即使是作为天神郎中的双马童，也被人看不起，平时的祭祀里无法享用苏摩酒。因此，双马童尽管没有占到美娘便宜，但得到行落仙人的许诺，也满怀喜悦回到了天庭。

过了几天，芦箭王愁眉苦脸地来森林中看望自己的女儿和女婿。他惊奇地发现，女儿和一个俊美的青年男子生活在一起，连忙问美娘："这是谁呀？"美娘笑着回答：

"当然是你的女婿啊。"国王看到美娘和行落就像一对天神的儿女生活在一起,欢欣鼓舞,兴高采烈,为行落仙人提供了祭祀所需要的地点和财物。

一个祭祀的吉日,行落仙人开始了典礼,准备把苏摩酒献给众神,也包括双马童。他刚刚拿起勺子,天帝因陀罗怒气冲冲地从祭坛上现身,拦住了行落仙人。他说:"双马童不过是为天神之子治病的郎中,一副色迷迷的长相,总在人间东游西逛,这样的家伙怎么能享有苏摩酒?"

行落仙人说:"双马童治病救人,你和其他天神都能享有祭祀,为什么他们不能?"理也不理天帝,继续举行祭祀。因陀罗反复唠叨双马童的毛病,行落仙人置若罔闻。最后,天帝发火了,说:"你如果执意要把酒献给那两个花花公子,小心我用金刚杵打你!"

行落仙人可不吃这套。他听到天帝威胁,勃然大怒,念动咒语,把酥油投入火中,施展法力,招来了一个可怕的怪物。这个怪物是醉酒的化身,它嘴巴阔大无边,下巴贴着地,上唇顶着天,口中长着无数的獠牙利齿,舌头像电光一样闪烁不停。天帝举起金刚杵,却被行落仙人洒水定住,他站在那里手臂高举,一动不能动,看着这个令人毛骨悚然的怪物朝自己冲过来。因陀罗被恐惧征服了,他急忙对行落仙人说:"我错了!婆利古之子,你为双马童争取到了喝苏摩酒的权利!"行落仙人听天帝服软,满腔怒火也就消退了。他解放了因陀罗,接着,又肢解了醉酒化身的巨怪。肢解后的巨怪分成了许多形象,或变成美女,或变成赌徒,或唱歌跳舞,来参加祭祀的人类和天神都看得高高兴兴。双马童和天帝饮足了苏摩酒,心满意足回到天界。

在当时,有一位成勇王,曾给婆利古族施舍了很多钱财。他过身之后,王子们陷入财政危机,便去找婆利古的仙人们讨要财富。仙人们拿不出钱来,这群强盗般的王子便杀光了族中所有的男丁,甚至连襁褓中的婴孩都不放过。美娘当时怀孕,把怀在腹中的孩子藏在自己的大腿中逃过了一劫。不久,这位幸存的孩子诞生,得名股生。他得知家族遭到刹帝利屠戮的事情之后,心中升起一团能够焚毁世界的怒火。他的祖先们急忙从祖先世界前来,劝他慈悲为怀,还给世界安宁。股生仙人听了,就把怒火放到大海里,在那里形成一团形如马首、不断吞吐海水的奇异火焰。

股生仙人后来生了一个儿子,名叫哩阇迦,他娶了曲女城伽亭王的女儿萨蒂耶婆蒂为妻。由于夫妇二人分别来自婆罗门种姓和刹帝利种姓,为了确保妻子生下来的孩

子具有婆罗门的纯正品质,哩阇迦仙人特地制作了一盘具有法力的食物,吃后能让孕妇生下有婆罗门特质的孩子。与此同时,萨蒂耶婆蒂的母亲也怀有一子,哩阇迦仙人就同时做了一盘能保证生下具有刹帝利勇武特质孩子的食物给岳母。不料,萨蒂耶婆蒂去看望母亲的时候,不小心弄混了食物,母女二人吃掉了对方的东西。结果,萨蒂耶婆蒂生下了一个身为婆罗门、做起事情却像武士的儿子——食火仙人迦摩陀迦尼;而她的母亲则生下了一个具有祭司素质的刹帝利武士国王——众友。

食火仙人长大成人之后,娶了国王哩奴的女儿哩奴迦做妻子,他们先后生下了五个孩子,最小的一个就是后来二十一次诛灭刹帝利阶层的婆罗门武士,毗湿奴第六化身持斧罗摩。

众友仙人

曲女城的伽亨王长子众友,是王后吃了哩阇迦仙人制作的食物之后生下来的儿子。他是出身拘湿迦家族的刹帝利,最后却变成了一个婆罗门仙人。

这其中的缘由是这样的:众友成年后,继承了父亲的王位,过着统治大地的惬意生活。有一次,他带着军队去狩猎,无意中追逐猎物来到了极欲仙人居住的森林里。众友此时口干舌燥,士兵也疲惫不堪,他就向极欲仙人讨要水喝。

极欲仙人是如意神牛南底尼的主人。只要对这头神奇的母牛说声"给吧",它就会源源不断地给予主人想要的任何东西。极欲仙人让母牛产出了丰盛的食物和饮料,把众友和他成千上万的军队都喂得饱饱的。众友看得目瞪口呆,于是对极欲说:"婆罗门,我拿一万头奶牛同你交换这头如意神牛吧!如果不行,拿我的王国来换也可以!"

极欲说:"这可不行,我日常的生活、祭祀和招待客人全都靠它,国王,你要是拿走了它,要我怎么过活呢?"

众友勃然大怒,吼道:"你这个贪婪的家伙,我用一万头奶牛你还嫌少吗?我可是个奉行武力的刹帝利,如果你不给,我就用刹帝利的手段抢走它!"

极欲仙人在所有仙人中是出了名的性子温和,脾气好得出奇,他说:"如果你要强抢,我也没办法,你想怎样就怎样吧。"

众友立刻让士兵去驱赶如意神牛。南底尼受到驱赶和棒打,还是不愿意离开隐修

林。它含着眼泪跑到主人身边说："牟尼啊！您不要我了吗？士兵们凶暴地打我、赶我，为什么你却无动于衷？"

极欲仙人说："刹帝利的力量在于武力，婆罗门的力量在于仁恕之心，我无法留住你。不过，如果你愿意继续留在我身边，就请你留下来吧！"

南底尼一听，就生出了难以计量的军队，这些军队把众友的军队杀得大败，驱赶出三由旬之远。目睹了生自婆罗门力量的这场奇迹，众友感到十分沮丧。他暗自想到："什么刹帝利的武力，在婆罗门的力量之前简直不堪一击。呸！我再也不做刹帝利了，我要做婆罗门。"

于是，他放弃了王位和所有的荣华富贵，独自来到森林中，想要通过苦行，获得婆罗门的地位。他苦修了千年之久，时间和苦行的困难程度令天帝因陀罗十分恐惧。为了干扰众友，他派出天女去勾引众友。没有想到众友完全不吃这一套，一怒之下，反而把天女变成了石头达千年之久。

他坚持苦行许多年，终于打动了正法之神。阎摩变化成极欲仙人的样子去找众友，众友急忙恭敬地接待他，跑进屋子去煮牛奶粥。等他顶着牛奶粥出去款待极欲仙人的时候，化身仙人的阎摩说："国王，你等着！"便转身走进了森林。众友就站在那里等待。一百年过去了，阎摩还没有从森林里走出来，而众友也就一直头上顶着装食物的盘子，耐心地等了一百年。最后，阎摩满意了，他化成的极欲仙人出现在众友面前，吃掉了他供奉的食物，笑着对他说："我很满意，婆罗门仙人！"因为这一句话，众友立即从刹帝利上升到了婆罗门的地位。他成为一位很有威力，同时也很有个性的大仙，许多年后，甚至成了毗湿奴化身——罗摩王子的导师。

极欲仙人

虽说仙人脾气大多不太好，却也有一个性情和蔼的例子。极欲仙人是梵天的儿子，太阳王族的家族祭司。自从众友抢牛事件之后，这两位大仙结下了很深的冤仇，但是极欲仙人的表现真可谓忍耐的典范。

极欲仙人有一百个儿子，都和他一样是道行高深的仙人，长子叫做沙迦提，是极欲仙人的传宗接代人，年轻气盛，心气高傲。当时统治太阳王族的君主是斑足王，

神庙前的仙人们

　　仙人凭借自己的苦修获得法力,他们虽然不能像天神那样享受无比的荣华富贵,但其威力不可小觑。最强大的仙人发出的诅咒,连三大神都无法干预。更糟糕的是,由于长期孤独和营养不良,仙人的脾气大多十分暴躁,对他们稍有不敬,就会令他们搞出一些颠覆天帝政权、焚烧宇宙、喝干大海之类的惊人之事。

这位国王酷爱狩猎。有一天，他狩猎归来，口渴难耐，急匆匆走在一条狭窄小路上急着找水喝，对面正好走过来沙迦提。国王让沙迦提给他让路，沙迦提却高傲地回答："你是刹帝利，我是婆罗门，该让路的是你才对。"沙迦提的话语激怒了因为干渴而头脑发昏的国王，他拿起鞭子便往沙迦提手上抽了一鞭，穷凶极恶得像个罗刹一样。

沙迦提挨了鞭打，怒火中烧，诅咒斑足王说："你这个国王中的败类！你竟敢伤害婆罗门，从此你就变成一个吃人的罗刹好了！"

恰好此时，众友仙人路过此地，听到了沙迦提和斑足王的争吵。他心想："这正是向极欲仙人报复的好机会！"立即命令一个罗刹直奔国王，潜入斑足的身体。斑足王正在向沙迦提请求宽恕，罗刹一上身，他立即丧失理智，对沙迦提说："你加在我身上这个诅咒真是绝无仅有，因此我吃人也要从你开始！"他这样说完，就像猛虎一样扑向沙迦提，杀死了年轻的仙人，吃掉了他。

幸灾乐祸的众友仙人看到国王吃掉了沙迦提，立即把他引向极欲仙人的其他儿子。由于被罗刹附体，斑足王饥火焚身，只想吃人肉，接二连三地把极欲仙人的一百个儿子都吃掉了。

极欲仙人听说自己所有的儿子都死了，悲痛之极，产生了毁灭自己的想法。即使如此，他还是没有想毁灭众友的家族作为报复。

极欲仙人首先想到跳崖自杀。他从弥卢山上跳下来，头触到坚硬的岩石上，却像掉到一大堆干草上一样。他又跑到森林里，想让森林大火烧死自己，可是他一投身进火焰，火焰立刻就变凉了，也不焚烧老仙人。忧心如焚的极欲仙人又跑到海边，脖子上挂了一块大石头，想投海而死，可是一跳进水中，大海就用轻柔的波澜把他推回到岸上。他来到一条水面宽广、水流湍急的大河边，把自己用绳索捆绑起来，跃进水中，大河却切断了绳索，又让他浮到水面上。可怜的仙人无法把自己从忧伤中解脱出来，也不愿意以血还血报复众友仙人，就连想自杀也因为道行太过高深而无法做到。他孤身一人失魂落魄回到净修林，空空荡荡的道院令他想起昔日居住在这里热热闹闹生活的儿子们，心中更加痛苦不堪。

就在这个时候，沙迦提的妻子隐娘悄悄走近公公。极欲仙人突然听到有人在吟诵吠陀，惊喜地转过身来，发现声音是从儿媳隐娘腹中发出的。原来，隐娘已经怀孕

十二年之久，而且肚子里沙迦提的遗腹子尚在母胎中就开始学习经典了。极欲仙人知道自己的家族没有绝后，心花怒放，打消了寻死的念头。他带着儿媳往森林深处走去，正好遇上变成罗刹的斑足王。斑足王看到又来了一个婆罗门，凶狠地从藏身之地起身，手持大棍扑了过来，想要吃掉仙人。隐娘吓得尖叫起来，极欲仙人说："别慌！"朝斑足王洒上圣水，念动咒语，把国王体内的罗刹驱赶了出去。

斑足王受到罗刹控制已经整整十二年，如今总算从咒语里解脱，恢复了昔日的理性和光辉。他回想起自己过去干过的种种残忍事情，痛悔不已，跪在极欲仙人面前请求原谅。极欲仙人说："事情已经了结，你回去统治你的王国吧！从此之后，记得不要轻视婆罗门。"

斑足王回到京城，受到臣民的欢迎，重新登上王位。与此同时，沙迦提的遗腹子在极欲仙人的净修林中诞生了。由于他在母胎时极欲仙人屡屡寻死，因为知道他的存在才挽回性命，因此这孩子得名破灭。

破灭从小被爷爷抚育长大，把极欲仙人当作自己的父亲。在极欲仙人的身边跑来跑去，抱着极欲仙人的膝盖喊："爸爸！爸爸！"隐娘听到了，眼里充满了泪水，对儿子说："不要这样叫，他不是你的爸爸，是你的祖父。你的爸爸被斑足王吃掉了。"

破灭听说了自己的父亲殒身的全过程，痛不欲生，心中产生了毁灭全世界的念头。极欲仙人看出自己的孙子想要做极端的事情，急忙阻止他说："你不该迁怒无辜的生灵。从前婆利古族遭受屠戮，幸存下来的股生仙人想要毁灭世界，受到祖先规劝，把能够焚毁世界的怒火放到大海里。这样的深仇大恨都可以得到平息，好孙子啊，你也就放弃毁灭世界的念头吧。"

破灭同意了祖父的请求。但他决定举行一个诛灭罗刹的祭典为父亲报仇。祭祀的火焰燃起，曾经潜入斑足王身体的罗刹和许多其他年老年幼的罗刹都被投入祭火烧死了，罗刹垂死的惨叫连绵不绝。听到这些声音，极欲仙人又不忍心了。他和许多仙人一起来到孙子的祭场，劝破灭说："当初害得你父亲被杀的罗刹只有一个，何苦伤害无辜的其他罗刹呢？虽然他们是食血肉的恶魔，但到底也还是生灵，你杀死他们难道感到快乐吗？慈悲是婆罗门的正法，你饶过他们吧！"

其他仙人也纷纷上前劝说破灭仙人。破灭仙人被说动了，他结束了祭祀，把祭火投到了喜马拉雅山的北坡上，据说直到今天，那团火焰都还在那里熊熊燃烧着。

鹿角仙人

在所有仙人的故事中，鹿角仙人的故事也许是最有趣的。他是无瓶仙人和一头母鹿生下的孩子，大仙人迦叶波的孙子，生下来头上就长着角。鹿角仙人从小就和无瓶仙人居住在憍湿吉河畔人迹罕至的净修林中，从来没见过任何一个女性。由于清心寡欲，从小一心专注梵性，他积攒了惊人的苦行法力。

那个时候，甘蔗王族的十车王有位朋友，叫做毛足，是盎伽国国王。他无意中得罪了自己的祭司，结果王室祭司负气跑掉。因陀罗得不到供品，就不在这位国王的国土上降雨。他的臣民遭受干旱煎熬，痛苦不堪。国王问婆罗门们："要怎么才能让天降雨？"

婆罗门回答："大地之主啊，你把无瓶大仙的儿子鹿角仙人请来吧，他从小在森林中长大，对妇女一无所知，天真纯洁。如果他来到你的国土上，天帝害怕他，立即就会降雨。不过，无瓶仙人很疼爱自己的儿子，他是绝对不会让鹿角仙人走出净修林一步的。"

一听这话，国王犯了难。他心想："要怎么才能在不触怒无瓶仙人的前提下让鹿角仙人来到我的国土上呢？"这时候，一个老鸨来到国王面前，对他说："我可以想办法把鹿角仙人带回来，但是你得供给我必要的钱财和物资。"

毛足王大喜过望，对老鸨说："你想要什么就拿去吧，只要能让那位年轻仙人来到我的国土上，怎样都可以。"

于是，老鸨买了一艘船，让能工巧匠在船上建造起一座净修林。净修林里装饰着各种人造树木，各式各样的灌木和蔓藤，看上去赏心悦目。老鸨带上自己美丽的女儿，开着船一路沿着河流行驶到无瓶仙人和鹿角仙人居住的净修林附近。接着，她将应当做的事情都向聪明机灵的女儿做了交代，看准机会，趁着有一天无瓶仙人不在家，把女儿派了出去，接近鹿角仙人。

年轻妓女戴着项链和叮当作响的手镯脚镯，来到净修林，看见仙人之子鹿角，便依照苦行者的礼节向他行礼，咯咯笑着问候他。鹿角仙人看到从未见过的人，又觉得来者形象美丽，前所未见，十分震撼，便惊讶地问："你是哪一位未知的天神呀？"

妓女笑着说:"我和你一样,是一位苦行者,我的净修林就在山的那一边,离这里可不远。"

鹿角拿出洗脚水和野果招待她,妓女拒绝了。她说:"我这里有更多的好东西呢。"她带了许多精致的点心,拿出来给鹿角尝,又给他戴上漂亮的花环,给他喝酿造的美酒,愉快地和他一起游戏玩乐,在他面前跳舞,又紧紧抱住他。鹿角仙人从来没有接触过女子的身体,不由有些魂不守舍起来。妓女又亲吻他,然后借口晚祷时间到了,含情脉脉注视他,一步一回头地离开了净修林。

她走了之后,鹿角仙人还没有从震撼中清醒过来。他呆呆地站在净修林里,心里空落落的,叹气不止。过了一会,他的父亲回来了,看到净修林里一片乱七八糟,木柴也没有准备好,祭火也没有升起,木勺也没有洗干净,什么工作都没有完成,连忙问呆坐着两眼朝天的儿子:"你怎么啦?病了么?为什么看起来这么思虑重重?出了什么事情?"

鹿角仙人回答父亲说:"今天,来了一个年轻的苦行者,他容貌俊美,光辉灿烂得像是星辰一样。他的头发又黑又长,散发幽香,盘成我从来没有见过的发髻。他脖子上带着奇怪的金属做成的链子,光彩夺目,分外好看。他胸部很丰满,臀部也很丰满,腰却很纤细。他双脚双手戴着我的念珠那样的东西,可是一动,那些东西就发出叫声,很好听。他说话的声音和我的声音也不太一样,我听了就觉得很激动。他在我前面做出各种动作,有点奇怪,可是也很好看,一看到他做出那些姿态,我就产生强烈的快乐。他又抱住我,紧紧贴着我,他的身体真是柔软呀!他又把嘴放在我的嘴上,我觉得这样很快活。他还带了很多奇怪的水果给我,这些果子没有皮,也没有核,好吃极了。他还给我喝了一些饮料,喝了之后我感到非常兴奋,好像大地都在我脚下震动起来了。他跟我游戏了一阵,就回到自己的净修林去了。他走后,我就觉得自己心不在焉,只想再次见到他。父亲啊,我想到他身边去。他修炼的是什么苦行啊?我也想和他一起修行,像他一样修炼严厉的苦行。"

无瓶仙人不是傻子,当然听出今天来拜访儿子的是什么生物。他声色俱厉,警告起儿子来:"有些罗刹能变成各种形体,就是为了欺骗你这样诚实纯洁的人,企图阻挠苦行。你喝的那些饮料、吃的那些东西都是邪恶的,我们不能吃喝。下次她,啊不对,他再来的时候,你不可以再接近他!"

说完这番话之后，无瓶仙人就怒气冲冲地去寻找企图勾引儿子的那个女人。可是他找了三天，都没有找到，妓女和老鸨躲在伪装成净修林的船上，仙人没有察觉，徒劳无获回到净修林中。

过了几天，无瓶仙人按照惯例又外出采集野果，那个妓女又跑到净修林里来了。一看到她，鹿角仙人激动万分，跑到她面前说："我的父亲要我不要接近你，说你是罗刹化身。可是罗刹怎么能化出如此美丽的形体呢？趁我父亲没有回来，我们到你的净修林去吧！"

妓女把鹿角仙人带到了船上，年轻单纯的仙人对这座美丽的净修林赞不绝口。妓女们用种种娱乐款待鹿角仙人，神不知鬼不觉开动了船，沿着河流来到了毛足王的国土。鹿角仙人一踏上国王的土地，因陀罗畏惧他苦行的威力，天上就降起大雨来，浸透土地。

鹿角仙人得到国王热情款待，国王把他接进王宫，又把自己的女儿和平公主嫁给他。

狡黠的国王没有忘记净修林里还有一位被拐带了儿子的容易发怒的大仙。想到得要平息无瓶仙人的怒气，毛足王就在从净修林到都城的道路两边安排了许多牛耕田，又安排了许多牧群在无瓶仙人的必经之道上。

无瓶仙人采集了野果回到住所，怎么也找不到儿子，气炸了肺。他怀疑是盎伽王做的好事，一路怒气冲天地前往毛足王的国都，想要诅咒国王，焚烧他的国土。他在大道上走得又累又饿，看到沿途有许多富裕的田庄和农场。农民和牧人们都走出来，用水和洁净的食物热情地款待仙人，像国王一样敬奉他。无瓶仙人好奇地问："你们都是属于哪一位善人的？这些财产和田地又是属于谁的？"

农民和牧人们受到毛足王吩咐，齐声回答："这些都是你儿子鹿角仙人的产业，是国王赠给他女婿的。"

无瓶仙人这样经过一个又一个地方，都受到热情款待，每一处田产和牧群似乎都是属于他儿子的。他的怒气也就逐渐平息下来。等到到了都城，无瓶仙人已经变得心情愉快了。毛足王领着女儿女婿出来见他，无瓶仙人看到和平公主美丽贤惠，而且身怀有孕，自己的后代也有了保证，便再也不想什么报复诅咒的事情了。他祝福了儿子和儿媳，兴高采烈回到净修林。等到鹿角仙人的儿子诞生，他才带着妻子和平公主一

同回到了父亲所在的地方。后来，他们所居住的地方，成为了一个著名的圣地。

敝衣仙人

敝衣仙人是梵天之子阿陀利的儿子。阿陀利的妻子是以贞洁闻名的达刹之女阿那苏耶。他们养育了三个儿子，个个在三界中声名远播。长子是以美貌和力量著称的月神苏摩，次子是仙人达陀陀哩耶，他身上集中了梵天、毗湿奴和湿婆三者的力量，经常以温文尔雅的清秀年轻婆罗门形象出现，生有三首，扶着牡牛，是动物的守护者。而这第三个儿子敝衣仙人，和自己的两个兄弟丝毫不像，既不美貌，也不温和，令他在三界中声名显赫的是他那无比暴躁的脾气。这位仙人容貌可怕，受不得丝毫触犯，一点小错就可能让他勃然大怒，发出威力无穷的诅咒。因陀罗就是因为无意间得罪他，失去了统摄三界的力量，不得不和阿修罗们一起去搅乳海。

这位老仙人活得很久，脾气越来越令人生畏，见到他的人都唯恐避之不及。有一次，他跑到雅度族英雄、毗湿奴第八化身黑天的家里，想要考验他。黑天很耐心地对待这位仙人。敝衣有时候整夜不归，一回来就嚷着要热菜热饭吃，他进餐要么只吃一点，要么就一口气吃掉平常人一年吃掉的东西；他神出鬼没，穿着肮脏的衣服在王宫里四处行走，搞得四处乌烟瘴气，黑天都容忍下来，依旧尽心尽力地侍奉他。最后，敝衣仙人似乎发了狂，竟然把黑天和他的王后套在马车上，用刺棒驱赶，在城市里游走。黑天的臣民看到君主被这样对待，都悲痛地哭了起来，黑天依旧默默忍耐，不发一言。隔了一阵子，敝衣仙人半夜回到家里，大喊："我饿了，我要吃牛奶粥。"黑天急忙爬起来，熬了牛奶粥给敝衣仙人送过去。敝衣仙人拿过来看了一眼，突然把滚烫的牛奶粥泼到黑天身上，命令他："你把牛奶粥抹满全身！"黑天依言照做，把牛奶粥抹遍自己全身，只有足底忘记抹了。敝衣仙人看着黑天的样子，哈哈大笑起来，说："我对你很满意！我的考验，你也全都通过了。从此之后，你抹过牛奶粥的全身，都不会受到致命伤，刀枪不入。"就在这个时候，他突然发现黑天没有把粥抹到脚底。这位喜怒无常的仙人又发怒了，他责备黑天："你为什么不按照我的话做？由于你没有听从我的话，将来你会被人射中脚底板而死！"

果然，许多年后，黑天在树下休息时，一个猎人看到他的黄衣，以为他是头鹿，

那罗陀仙人拜访其他仙人

　　那罗陀仙人是梵天所生的仙人之一。他是维纳琴的发明者，经常和乐神乾闼婆为伴。他喜欢看热闹，唯恐天下不乱。而且，他管不住自己的舌头，得罪了达刹仙人，因此遭到诅咒，成为永恒的旅行者，也成为人与神之间的中介。

射出一箭，正好射中黑天脚底，黑天就这样因为敝衣仙人的诅咒死去了。

那罗陀仙人

那罗陀仙人是梵天所生的仙人之一。他是维纳琴的发明者，经常和乐神乾闼婆为伴，有时也被看作他们的君主。他是一个很特别的仙人，别的仙人都习惯了在森林中过着安静的日子，他们沉默寡言，把所有心思都用在学习吠陀、修炼苦行上。那罗陀可不一样，他喜欢看热闹，唯恐天下不乱。而且他还有一个毛病，那就是管不住自己的舌头，时常多管闲事。

很久很久以前，达刹仙人眼看着迦叶波仙人的后裔填满了大地，而自己只生了一群姑娘，全都送给了他人为妻，不由得有些憋气。他使用瑜迦力，从心里自己创造出一千个儿子来，个个都精力旺盛、活力非凡。他对这些儿子说："你们也去结婚繁衍后代、填满大地吧！"

那罗陀仙人听说了达刹的愚蠢野心，于是急急忙忙去找达刹的儿子们，对他们说："繁衍后代有什么意思呢？人总是要死的，死后还要受到阎摩审判，遭受果报之苦，你们难道想要让自己和自己的后代都陷入这样的命运？何不朝拜圣地、修炼苦行、净化自己，好让自己摆脱轮回，进入纯净的世界呢？"

达刹的儿子们认为那罗陀仙人说得有道理，于是便四散开来，到各个圣地去朝圣，弃绝欲望，成了苦修者。没有多久，他们就一个接一个获得解脱，从大地上消失了踪迹。

达刹见自己生出的儿子就像往大海里撒的一把沙子，说不见就不见，心里气愤难过，于是又通过法力生了一千个儿子。这一千个儿子，比他们的兄长还要精力旺盛。达刹盼咐他们去繁衍后代。可是，这群儿子走到半路，又被爱管闲事的那罗陀给拦住了。他对他们讲述了之前那达刹千子的事迹，然后又劝他们跟随兄长的道路。那罗陀的口才实在太好，这群后出生的达刹之子们也禁不住诱惑，一个个前往圣地朝圣，消失在净修林中，再也没有回来。

达刹看到自己两次努力都告吹，怒火中烧，狠狠地诅咒那罗陀仙人说："你让我所有的儿子都无家可归，你也成为无家可归者吧！你将永不停歇，在天神、阿修罗、

乾闼婆、人类和那迦的领地之间漫游，尽情卖弄你的嘴皮子吧！"

于是，那罗陀仙人就此成为了永恒的旅行者。他抱着自己的维纳琴，在天界、人界和地界之间穿梭来往，把消息传递给所有的种族，也把自己听到的逸闻趣事四处传播。所有的族群，无论是阿修罗还是天神，都把他看成一个中立的使者，乐意款待他，从他嘴里听些新鲜事情，人类也把他看作是人和神之间的中介。

那罗陀仙人虽然遭受了达刹的诅咒，爱看热闹和多嘴多舌的天性却无论如何改不掉。他曾经唆使阿修罗王水持去抢湿婆的妻子，诱使罗刹魔王罗波那大闹天地，也曾屡次在天神和阿修罗之间挑起类似的争端，招惹了好多祸事，别人于是送了一个很难听的称号给他——争吵爱好者。也有人认为，那罗陀仙人本性高洁，不会故意做出挑拨是非的事情来。他传播流言，教唆恶魔做出各种非法行径，只是为了让迟早会发生的事情尽早发生，加速邪恶自取灭亡的速度。然而无论他的出发点如何，这些行为都令人感到讨厌，于是有一次，那罗陀自己也受到了教训。

当时，他在喜马拉雅山上修炼苦行，已经骨瘦如柴，天帝因陀罗感到畏惧，便派了爱神迦摩前去诱惑他。迦摩朝冥思中的那罗陀射了一箭，这一箭变成了一个美貌无双的天女，她站在那罗陀面前，施展魅力，唱歌跳舞，可是那罗陀看也不看她一眼。迦摩见到这个情景，只好承认自己失败了。

那罗陀见到迦摩灰溜溜地回去，欢欣鼓舞，心里想着："我成了除了湿婆之外，唯一一个能征服无形者（迦摩）的人了！"他立即起身，跑去向湿婆炫耀自己的意志力达到的成就。湿婆笑着对那罗陀说："你能打败迦摩，真是太好了，不过你可别为了这点事情去烦毗湿奴。"

那罗陀心想："湿婆准是在忌妒我。"便没把湿婆的话放在心上，又跑到了毗湿奴那里，得意洋洋地宣布自己战胜爱神的伟业。毗湿奴同样也微笑着恭喜了那罗陀，却在最后带着微妙的神气对他说："那么你可要小心你自己。"

那罗陀莫名其妙，琢磨着这话离开了毗湿奴的天界。半路上，他突然看到一个从未见过的城市，好奇心强烈的那罗陀立即从云中降落，去拜访城市中的国王。国王非常热情地接待了那罗陀，并且向他介绍了自己的女儿，告诉他自己正准备为公主举办一个选婿大典。

那罗陀一看公主，顿时目瞪口呆，这一生他从未见过如此艳光照人的美丽女子。

那罗陀立即就坠入了爱河。他对国王说："您的女儿美丽得就像吉祥天女一样，也只有诃利（毗湿奴的一个称号）能配上他了！"国王听了很高兴，送了那罗陀许多礼物，恭送他出了王宫。

那罗陀已经被公主的美貌所迷住，对她念念不忘。他躲到一个角落里，立即开始向毗湿奴祈祷，对守护神说："请把我的面容变得像诃利般英俊吧！"毗湿奴笑着对他说："如你所愿。"

那罗陀感到自己的面孔有所变化，便趾高气扬走进宫殿，和前来参加选婿典礼的所有王子贵胄们坐在一起。所有人都用奇怪的眼神盯着他看，那罗陀暗自高兴，心想："他们准是被我现在俊美的面貌震慑住了。"就在这个时候，公主走出了大厅，可是她走过那罗陀的身前，一眼也没有多看他。那罗陀急了，站起来对公主说："您为什么没留意我？难道您不是应该嫁给我这样英俊的男子吗？"

所有人都大笑起来，有人递了一面镜子给那罗陀，对他说："你好好照照自己吧！"那罗陀往镜子里一瞧，里面哪有毗湿奴般英俊的面孔，只有一张皱巴巴的猴子脸。

那罗陀感到羞辱，向毗湿奴祈祷，对他说："您不应当取笑我、欺骗我！您不是答应我要把我变得和诃利一样吗？"

毗湿奴用温和的语气对那罗陀说："你是一个仙人，应当精通梵语的学问，为什么不知道诃利的意思也是'猴子'呢？你尚未真正修成正果呢！"

那罗陀知道自己骄傲受到了惩罚，惭愧地低下头说："请您把我的面貌变回去吧。"

就在此时，他突然发现自己站在茫茫的白云之中，周围没有什么城市，什么国王，也没有什么绝代美人。毗湿奴说："你看，你依旧沉溺在幻境中，被虚假的东西所迷惑。现在幻觉消失了，你的猴子脸也消失了。那罗陀啊！你还没有达到征服欲望的境地，你还需要继续修炼。"

那罗陀经历这场考验，见识到了真实和虚幻，也意识到自己的不足，从此再也不敢随意自傲，他成了谦逊虔诚的修行者，漫游四方，增长见识，期待着永恒的知识和解脱。

第十章
日月星辰

古代印度将主要的天体称为"九曜",也就是日、月,以及金木水火土五大行星,外加罗睺和计都这两个"隐形的行星"。在古代印度人看来,行星不但会影响世人的生活,而且也有自己的悲欢离合。

太阳的家族

太阳神毗婆萨婆(这个名字的意思是"遍照者")是众神之母阿底提的第七个儿子。他一生下来时是个畸形儿,无手无脚,体宽与身高相等,就像一个肉球。他的兄长密多罗、伐楼那、跋伽用刀子把他身上多余的肉割了下来,将他修整成凡人,后来,他又成了太阳神,又称苏利耶。

工匠之神陀湿多把自己的女儿云神娑罗尼尤嫁给苏利耶。娑罗尼尤为苏利耶生了一对龙凤双胞胎,也就是后来成为死神的阎摩和他的妹妹阎密。这之后,娑罗尼尤觉得自己再也不能忍受丈夫身上那无时无刻不在散发着的强烈光芒了,她让一个名叫阇诃耶、面貌完全像她的侍女冒名顶替她,自己则变成母马,独自跑到森林中修行去了。

起初,苏利耶并未发觉妻子已经换人。假妻子给他生下了两个儿子一个女儿,一

苏利耶

　　太阳神毗婆萨婆是众神之母阿底提的第七个儿子。他刚生下来无手无脚，体宽与身高相等，就像一个肉球。他的兄长们用刀子把他身上多余的肉割下来，将他修整成凡人，成了人类的始祖。后来，他成了太阳神，又称苏利耶。

个儿子是摩奴,人类始祖;另外一个儿子是娑尼,土星的主宰。女儿则是陀婆底河女神。

阇诃耶是个偏心的母亲,她对娑罗尼尤生下的双胞胎和自己的亲生儿女完全是两种态度,待阎摩和阎密非常冷漠专横。有一次,屡遭迫害的阎摩再也忍受不了她的虐待,踢了阇诃耶一脚,这个冷酷的后娘大叫道:"你怎么敢威胁你父亲的妻子呢!"而且愤恨地诅咒阎摩腿上长蛆。

痛苦的阎摩瘸着腿去找父亲,苏利耶给了他一只鸡,把蛆虫啄食掉,让伤口长好,然后去质问假妻子:"不用说,你不是娑罗尼尤,你是她的幻影,因为亲生母亲是不会因为孩子犯有过错而诅咒他的。"假妻子默认了这一点。苏利耶获悉自己的妻子变成一匹母马逃走之后,也变成一匹马去寻找她,最后终于在遥远的北国找到了娑罗尼尤。苏利耶请求娑罗尼尤回到自己身边,娑罗尼尤回答说:"回去可以,不过你的光芒实在太耀眼了,我受不了。"于是,他们俩一起来到陀湿多家里,工匠之神把女婿身上的光辉削下来八分之一,把削下来的太阳碎片锻造成了无比锋利的神器,毗湿奴的神轮、湿婆的三叉戟、战神室建陀的长矛都是由此造就的。

破镜重圆的苏利耶和娑罗尼尤生下一对俊美无比的双胞胎,分别叫那娑底耶和达湿罗。不过,后来都称他们为阿湿毗尼,也就是天界的医生、朝霞和晚霞的象征——双马童。

月神苏摩

月神苏摩是梵天次子、生主之一阿陀利和达刹的女儿阿那苏耶的儿子,他的光辉由神圣的苏摩酒构成。他是植物的保护神,是守护东北方的天王,梵天使月神苏摩成了星座、祭祀、苦行、药草的主宰者,为人们带来财富、幸福和水源。

苏摩兼具美貌、力量和智慧,同时也很骄傲。人们非常崇敬他,称他是"世界统御者"、"被钟爱者"、"天之子"。这些盛誉冲昏了苏摩的头脑,他忘记了应有的德行。他是第一个举行王祭的人,却忘了实践祭祀上所发的誓言。有一次,他偶然遇到了表兄弟木星之主祭主的妻子、美丽的陀罗。他被陀罗迷住了,竟然不惜动用武力,强行从祭主那里抢走了陀罗。祭主找上门去,苦苦哀求苏摩把妻子还给自己,苏摩完全置之不理。事情越闹越大,仙人和梵天都谴责苏摩的行为。苏摩一着急,竟然带着

陀罗投奔到天神的敌人——阿修罗那里。

太白金星之主苏羯罗是阿修罗的导师,他与祭主永远是竞争对手。他兴高采烈地欢迎苏摩的到来,宣布阿修罗会无条件支持苏摩。以因陀罗为首的天神则为自己的导师祭主打抱不平,于是为了被苏摩劫走的祭主之妻,天神与阿修罗之间爆发了战争,这场大战打得十分疯狂和残酷,苏摩的身躯甚至在战斗中被湿婆劈成两半。梵天最后终于不得不出面干预,命令苏摩把陀罗还给祭主。

陀罗回到家里时已经怀孕,不久生了一个漂亮的儿子。苏摩和祭主看到孩子,都很喜欢,争相说这是自己的儿子。羞愧不已的陀罗保持沉默,拒绝吐露真相。陀罗的儿子很生气,威胁母亲说,如果她继续隐瞒真情,就要诅咒她和所有说真话时犹豫不决的女人。陀罗只好实话实说:"这是苏摩的儿子。"

苏摩大喜过望,为自己的儿子取名布陀,意即明智者。布陀成为了水星的主宰,他是人间月亮王朝的创始者,布陀的儿子洪呼王就是月亮王朝的首代王。

后来,苏摩娶了达刹二十七位美丽的女儿即夜空中的二十七个宿为妻。二十七个女儿中数卢醯尼最漂亮。她成了苏摩的爱妻,月神对她特别宠爱,而其他二十六位妻子则几乎被遗忘。这些遭冷落而感到屈辱的妻子到父亲那里去埋怨丈夫,她们请求:"父亲啊,请您使我们每人都分享到爱情吧!"

达刹把苏摩招来,严厉地警告他:"你的行为是可耻的!你对所有妻子应一视同仁!"苏摩答应这样做,可是他没有履行自己的诺言。受辱的妻子再次到达刹那里告状:"他只光顾卢醯尼,与她朝夕相处。父亲啊,我们再也不能忍受了!我们不回去,留在你这里!"

达刹再次召来苏摩,而月神又一次表示要一视同仁地爱所有妻子,妻子们跟他回去了。可是,这一次苏摩又食言了。他的妻子第三次向父亲告状:"苏摩根本不听您的话!"达刹大发脾气,诅咒这位星辰主宰无儿无女,日益衰弱。苏摩受到诅咒,变得越来越消瘦,日益虚弱,月光变得更加苍白,夜晚变得更加黑暗。

他惊慌起来,就来到一个叫做牛耳的湿婆圣地,在那里修了很久的苦行,终于赢得了湿婆的恩惠。苏摩请求湿婆把达刹加在自己身上的诅咒消除,湿婆说:"我做不到,达刹是个非常有力量的大仙,诅咒的力量不能被抵消和收回,不过,我可以为诅咒加一个时限。从今以后,每个月有一半的时间,你将逐渐消瘦。而后在另外半个月

苏摩和妻子

月神苏摩娶了达刹二十七位女儿，即夜空中的二十七个宿为妻。但他只宠爱其中最漂亮的卢醯尼。其他二十六位妻子向达刹仙人告状，达刹因此诅咒苏摩无儿无女、日益衰弱。湿婆为此诅咒加上了时限。从此，每个月里，月亮都有圆有缺。

水星布陀

月神苏摩强抢了祭主之妻陀罗，陀罗为他产下一子，即为布陀。布陀是水星的主宰，是人间月亮王朝的创始者。布陀的儿子洪呼王就是月亮王朝的首代王。

再逐渐丰满起来。"

于是苏摩重新获得清冷之光，并以这些光辉再次照耀宇宙，安抚白天被太阳光炙伤的天神、人类和动植物。从此以后，每个月里，月亮都有圆有缺。印度古代就将月亮逐渐丰盈起来的半个月称为白半月，月亮逐渐消减的半个月称为黑半月。

金星之主苏羯罗

金星的主宰太白仙人苏羯罗又被称为乌沙纳斯，他是所有阿修罗的导师和祭司。他主宰世人的生活。

苏羯罗是婆利古仙人的儿子、梵天的孙子。从小，他就在鸯耆罗仙人的门下学习各种经典和知识。苏羯罗是一位非常出色的学生，鸯耆罗的所有弟子里只有鸯耆罗仙人自己的儿子祭主能与他一争高下。两个年轻人都心高气傲，不肯服输，渐渐成了你死我活的竞争对手。苏羯罗常常觉得鸯耆罗仙人偏袒自己的儿子，祭主则觉得父亲爱苏羯罗这个徒弟胜过自己，搞得鸯耆罗仙人十分为难。后来，苏羯罗干脆负气离开了鸯耆罗门下，投奔到另外一个大仙人俱陀摩那里去了。

时间流逝，苏羯罗和祭主都长大成人，一个成为了金星之主，一个成了木星之主，但是彼此的竞争反而变得更加激烈。不久，天神和阿修罗因为搅乳海彻底分裂，双方都在积极备战。为了增强力量，天神把学识丰富、深通政事而且在打仗上也很有一手的祭主尊为了所有天神的祭司和预言者。苏羯罗听到这个消息，怀着嫉妒跑到了阿修罗那边，做了天神敌人的导师和祭司，处处与祭主为难。

天神和阿修罗的战争需要大量的钱财，长年的征战让阿修罗们面临着严重的财政危机。苏羯罗就想出一个点子，施展出自己的瑜迦法力，蛊惑了财神俱毗罗，让他拿出了大笔钱财。等财神俱毗罗清醒过来发现被骗时，便愤怒地跑到了自己的挚友湿婆那里控诉苏羯罗的罪过。湿婆立即追上正在携款潜逃的苏羯罗，二话不说就把他吞进了肚子里。苏羯罗在湿婆身体里很惊慌，急忙运起法力，从湿婆的胃部浮现出来。湿婆看到他溜出来了，抓起三叉戟想要杀死他。雪山神女帕尔瓦蒂急忙拦住了自己的丈夫，对他说："他是从你身体里出来的，因此就好像你的儿子一样。你的儿子就是我的儿子。不要杀害这个儿子吧！"湿婆一想，也有道理，就原谅了苏羯罗，从此把他

当作自己的养子。苏羯罗也忏悔了自己的罪行，成为一个虔诚的湿婆信徒。

毗湿奴化身侏儒打败阿修罗王伯利时，苏羯罗没有能阻住伯利，当时他愤怒地诅咒伯利和整个阿修罗族都要为骄傲付出代价，可是没过多久，看到阿修罗在战场上被天神打得头破血流丢盔弃甲，他又觉得难过了。他看到阿修罗不停地死伤，生力部队也无法补充，于是，他决定学习一种神秘的起死回生咒语"商吉婆尼"，这种隐秘的知识只有毁灭和再生之神湿婆才拥有。他向湿婆再三恳求，湿婆终于答应把咒语教给他。

湿婆告诉苏羯罗，这种咒语需要很长时间的苦行才能获得，在此之前，苏羯罗得要呼吸灰烟生活一千年。但苏羯罗决心已定，不惜一切代价也要得到这种咒语。考虑到自己离开阿修罗独自去修行的时间里，天神可能会攻击缺乏庇护者、只剩下老弱残兵的阿修罗们，就把阿修罗都托付给了自己的母亲、婆利古仙人的妻子补罗摩夫人照看，并且警告他们不要和天神发生冲突。

谁知，天神听说太白仙人离开了阿修罗，便认为全歼阿修罗的机会到了，浩浩荡荡杀往补罗摩夫人的住处。不管补罗摩夫人如何劝说、哀求、哭泣，天神都无情地在她面前屠戮手无寸铁的阿修罗。这位温婉的夫人被激怒了。她开始诅咒天神，使用自己的法力削弱他们的力量，让他们动弹不得。由于她是大仙人的妻子，也积攒了很久的苦行法力，她的咒语天神们都无法抵挡。眼看天神就要被打败，毗湿奴拿起神盘来，削掉了补罗摩的头。这个时候，婆利古仙人赶回来，看到这一幕，他愤怒地诅咒毗湿奴："在战场上绝不杀害妇女是正法呀！你身为护持神却明知故犯，像个利欲熏心的凡人一样，你以后就以凡人的身份下降到世间去好了！"毗湿奴沉思片刻后说："我是为了天神的利益，不得不这样做的。大仙，我接受您的诅咒，今后将会七次降下凡间，不过我每次下凡，都将是为了剪除邪恶、匡扶正义。"

扫荡了阿修罗之后，因陀罗就开始考虑太白仙人苏羯罗可能带来的威胁。他让自己的女儿舍衍蒂去勾引苏羯罗，吸引他的注意力，破坏他的苦行。舍衍蒂无法违抗父命，只得前往。她有两个选择：一是施展自己的美色，用容貌勾引苏羯罗；二是尽心尽力地服侍他，用诚意打动他的心。舍衍蒂是个高尚的姑娘，她选择了后者。她来到苏羯罗苦修的地方，不顾烟熏火燎，尽心尽力地服侍了苏羯罗整整一千年。

一千年过去了，苏羯罗终于获得了起死回生的咒语之力。他很感激一直不辞辛苦照顾自己的舍衍蒂，对她说："你要求一个恩惠吧，无论如何我都会满足你。"舍衍

蒂说:"大仙,我唯一的愿望,就是能够和你做一对普普通通的凡间夫妻。给我十年这样的日子吧!这样,我千年的辛苦也就得到补偿了。"太白仙人答应了舍衍蒂。他带着舍衍蒂隐居起来,过上了平凡夫妻的宁静生活。

然而,趁此机会,祭主化成了苏羯罗的样子,大模大样来到阿修罗的居住地。阿修罗看到自己的导师归来,都高兴得不得了,向他鞠躬致敬,请他把苦行时期获得的知识教给大家。祭主便坐上导师的宝座,对阿修罗们一通胡说八道,专门教他们些南辕北辙的歪理邪说。他变化的样子和太白仙人很像,而且因为从小就一直相互竞争,所以他也很了解苏羯罗的思维方式和说话习惯。结果,他就这么以太白仙人的形象引导阿修罗走上歪路,阿修罗也没有对他产生怀疑。

十年一到,苏羯罗回到阿修罗的居住地,看到祭主以他的模样坐在导师的位置上把阿修罗教成了一群愚昧之民,他气了个半死,大声叱骂祭主手段下流。祭主不但不认账,还唆使不明真相的阿修罗把苏羯罗当成假冒者赶走。愤怒的太白仙人大骂阿修罗:"你们这些头脑简单、意志软弱的东西,根本不配得到我从苦行中获取的知识。"然后便转身离去,放任阿修罗继续堕落。好在这十年间尚有些心志清明、个性坚定的阿修罗没有受到蛊惑,其中以阿修罗王牛节为首。他们追上负气出走的苏羯罗,好说歹说把他劝了回去,赶走冒名顶替的祭主,让苏羯罗重新回到了导师的位置上。

在苏羯罗的指导下,阿修罗休养生息,很快恢复了昔日的富有和强大,做好了和天神重新开战的准备。一场又一场的惨烈大战再度在天界展开,天神们作战英勇,杀死了无数阿修罗战士。可是,他们惊奇地发现,无论他们杀掉多少敌人,这些敌人隔日又会站在战场上,精力充沛、健康强壮。天神们聚在一起讨论,一致认为这都是由于苏羯罗掌握了起死回生咒语的缘故。一天的战斗结束了,夜幕下,苏羯罗就在战场上巡行,吟诵神秘的咒语,于是一个个已经倒下的阿修罗战士再度站起,而天神的军队则陷于死亡的囚牢中。

于是,祭主叫来自己最钟爱的儿子云发对他说:"儿啊,你到太白仙人那里去,做他的徒弟,小心侍奉他,把起死回生咒语的秘密套出来,带回到天神这边!"

云发依言前往太白仙人处。他的聪慧获得了苏羯罗的赏识,太白仙人于是同意让这个宿敌的儿子做自己的徒弟。不过,他还是十分谨慎小心,从不向他吐露关于起死回生咒语的任何秘密。

苏羯罗有一个女儿，叫做天乘。云发用心地服侍师父，待天乘也十分温柔、殷切，时常为她采摘鲜花和水果，弹奏音乐给她听，做讨她喜欢的事情。不知不觉，天乘爱上了父亲这个说话温和的弟子。

不久之后，阿修罗们听说了太白仙人收祭主的儿子为徒的消息。他们害怕云发获得了起死回生的咒语，有一天，趁着云发来到森林深处放牧牛群，埋伏在此的阿修罗趁机一拥而上，杀死了云发，为了毁灭罪证，他们还把他的尸体剁成碎片，喂给狗吃。

日暮时分，天乘见牛群自己走回了牛栏，却不见云发回来，哭着走到父亲那里说："云发不见了！牛群回来了，他却不见踪影，他不会放下牛不管的呀！他一定出事了，说不定已经死了。爹爹呀！如果云发死了，我也活不下去。"

苏羯罗十分心疼自己的女儿，看到她哭成这样，连忙安慰她说："没关系！我说一句'回来吧'，他就能起死回生。"他念动起死回生咒语，话音刚落，受到呼唤的云发果然毫发无损地出现父女二人面前。

不久后，云发来到森林里为天乘采摘鲜花，又被那伙阿修罗发现了。他们再次无情地杀害了他。面对尸体，他们说："这次得要找一个让你无论如何无法复活的方法。"就把云发的尸体烧成灰烬，然后又把灰掺到了送给太白仙人的酒里。苏羯罗不明真相，高高兴兴地把美酒都喝光了。

天乘等了很久，不见云发回来，于是又哭着去找父亲。太白仙人说："死亡本来就是每个人的命运，只不过是或早或晚的问题。我已经救过云发一次了，所以天乘啊，你不应该悲痛。"

天乘说："我怎么不忧伤？怎么能不悲痛？云发是多么出色的人啊！我爱云发。如果他死了，我就绝食，跟随他的道路。"

听到女儿这么说，太白仙人叹了口气，开始呼唤云发。云发在他身体里回答："师父，我在这里。"苏羯罗大吃一惊，急忙问："云发，你怎么跑到我腹中来了？"

云发回答说："阿修罗把我烧成灰烬放进酒里送给您喝了。"

这一下子，太白仙人可犯了难。救云发吧，自己肯定得要开膛破肚必死无疑，不救他吧，天乘必死无疑。最后，他咬了咬牙说："好吧！云发，你听着，我现在就把起死回生的咒语教给你。我念动咒语，你会活着从我肚子里走出来，就像我的儿子。之后，你再救活我。"

云发依言照办。他破开太白仙人的身体走出来，之后又念动咒语，救活了老师。太白仙人一跃而起，恨恨地说道："那班残暴的阿修罗！他们杀害无辜的人，还想让我成为帮凶。从此之后，任何人因为愚蠢而饮酒，就是犯下了和杀害婆罗门一样的大罪。"他把所有的阿修罗招来，宣布云发已经大功告成，将继续生活在自己身边。阿修罗们恨得咬牙切齿，却又无计可施。

千年过去了，按照约定，云发得到老师的允许，带着起死回生的咒语回到天神那边去。天乘在半路追上他，对他说："你知道我的心意，我也知道你的心意。娶我吧！云发，把我带回你的家里去。"

云发说："天乘啊！你命令我的，是我不能接受的事情。你的生身之处就是我的生身之处，我是从师父的身体里出生的，因此我也是他的儿子。按照正法，你就是我的姐姐，我怎么能接受你呢？我要走了，说再见吧，姐姐。"

听到这些话，伤心的天乘诅咒说："我这样对待你，这样恳求你，你却拒绝我。你只是为了获得法术接近我。你将无法使用你辛苦得到的咒语。"

云发说："因为你是老师的女儿，我才拒绝你，不是因为你有什么缺陷。你爱怎么诅咒就怎么诅咒吧！我心甘情愿接受。你对我说'法术在你手里不会起效'，那么我就把这法术教给别人，法术在别人手里也可以有效果啊！"

就这样，云发回到天神那里，教会他们起死回生的咒语。天神持有了这样的法力，不再畏惧阿修罗了。

其他星辰

土星之神娑尼是太阳神苏利耶和冒名顶替的假妻子生下的孩子。他被视作厄运的象征，被称为"跛行者"，骑着秃鹫，身穿黑衣。如果他逼近吉祥的星宿，不幸的事情就会发生。他曾因为过于长久地注视妻子，被妻子诅咒长了一双毒眼。据说，湿婆第二个儿子犍尼萨出生时原本是个健康漂亮的孩子，娑尼前去观礼，帕尔瓦蒂抱着孩子兴高采烈地展示给众神看，娑尼却不肯抬头注视婴儿。帕尔瓦蒂执意要娑尼看看自己的宝贝，娑尼不得不看向犍尼萨，恶毒的目光却把孩子的头颅烧成了灰烬，湿婆只好给儿子安上象头。

木星的主宰是祭主，也就是鸯耆罗仙人的儿子，所有天神的导师。虽然是一位祭司，但祭主和自己的竞争对手苏羯罗一样，不仅仅是个只懂得念经的书生。他十分骁勇善战，在《吠陀》的许多颂歌里，都记载了他如何英勇破敌。这位天神祭司的外表非常俊美，他肤色金黄，光洁照人，有七张嘴巴，一百对翼翅。他念颂歌唱祷文时，声音甜美动听，但当他在敌人面前发出怒吼时，雷霆般的咆哮却能够劈开山崖，震破恶魔的心肺。他手持弓箭、雷棒、金斧和铁斧，乘坐法车巡行天际。他对于奉献者和歌者慷慨慈惠，赐给世人财富和后裔，对于邪魔则毫不容情。

罗睺和计都也是九大行星的成员，是阿修罗罗睺被毗湿奴砍成两半后形成的，他们是两颗凶星，整天在天空中追逐日月。当然了，他们都是神话人物，而非现实存在的星球，但古代印度的天文学称他们为"隐形的行星"，使用他们来解释日食、月食以及行星轨道的扰动。

火星的主宰是湿婆军队的统帅雄贤，当年湿婆听说妻子萨蒂死在达刹的祭典上的时候，愤怒的湿婆把一束头发向大山砸去，从中诞生了雄贤。雄贤跟随湿婆一同破坏了达刹的祭典，但当湿婆业已平静下来、原谅了众神之后，雄贤这位勇猛的战士却继续暴跳如雷。为了安抚他，湿婆对他说："你将成为一颗天上的星宿，叫做 Mangla（即火星），并且得到很多人崇拜。"于是，雄贤成为了勇士之星——火星的主宰。

金星的主宰太白仙人苏羯罗又被称为乌沙纳斯，他是所有阿修罗的导师和祭司。他主宰世人的生活。

金星

火星的主宰是湿婆军队的统帅雄贤，当年湿婆听说妻子萨蒂死在达刹的祭典上时，非常愤怒，把一束头发向大山砸去，从中诞生了雄贤。

火星

土星之神娑尼是太阳神苏利耶和冒名顶替的假妻子生下的孩子，他被视作厄运象征，被称为"跛行者"，骑着秃鹫，身穿黑衣。

土星

第十一章
动物神

　　印度神话带有浓重的自然崇拜色彩。因此不难想见,除了缥缈的神明,世间的动物也被赋予了种种神性和人性。在大地之下,众蛇(那迦)建立了自己的国度,他们守护着秘密的宝藏,生气时会用毒液伤害人,但也会用美女、宝石和法术回报曾帮助自己的人。威力巨大的蛇王(龙王)是众神的重要伙伴。除此之外,猴子、熊、大象、牛和鹰这些生灵,同样也有自己的王国、自己的传说。神猴哈奴曼可能是齐天大圣的原型,大象的脑袋粘在了智慧之神群主身上,牛至今为印度人民所崇敬,这些动物形体的神灵为神奇的印度神话更加增光添彩。

那迦·龙

　　生主的首领迦叶波娶了达刹的十二个女儿为妻,其中和迦陀楼生下的孩子称那迦,居住在地下的巨型蛇类。他们具有神奇的法力,佛经里通常将他们称为"龙众",也有人将那迦翻译为"龙蛇"。那迦熟知大地下的一切宝藏,他们十分富有,守护着各种稀奇的珍宝,建造了许多金碧辉煌的宫殿。他们居住在地下世界的波陀罗和摩诃陀罗这两个世界里,都城是用黄金建成的宏伟壮丽的波迦婆提,意思是"快乐城",城

市中有用宝石砌成的宫殿。仙人那罗陀曾经拜访过那迦们的国度，最后认为在他所漫游经过的各个世界里，唯有波陀罗和摩诃陀罗的美好和富饶胜过天帝因陀罗的天界。

那迦通常的形象都是腰部以上为人形，腰部以下则是巨大盘绕的蛇身。有时候他们也会化作人形，愚钝的人往往无法将他们从凡人中分辨出来，但有智慧的人能看出他们的与众不同之处：他们头上有着头冠，如果张开嘴巴，里面则是蛇类分岔的舌头——我们已经知道，这是舔食粘着甘露的俱舍草留下的后遗症。

那迦知晓许多神奇的法术，而且由于活的年岁很长，他们通常都富于智慧，通晓人情。他们经常将女儿嫁给凡间的王者和英雄。其中最著名的当属《摩诃婆罗多》的怖军。他被难敌兄弟嫉恨，下毒后被扔进河流，没想到却被居住在河中的龙王所救，并且娶了龙公主为妻。那迦的国王是天神之友婆苏吉，他是一条长度令人咋舌的巨蛇，居住在快乐城的宝石宫殿里统治着所有的那迦。他最著名的事迹即为在天神和阿修罗搅乳海的时候充当了缠绕曼陀罗山的绳索。

另外一位著名的龙王是舍沙，他也是迦叶波和迦陀楼的儿子，婆苏吉的哥哥，所有那迦中第一位出生者。所有那迦中他的力量最大，也最有智慧，他是毗湿奴最忠诚的朋友，有时候也被视作毗湿奴的分身。比起婆苏吉，他的身躯更加雄伟，是一条有着一千个头颅、样子仿佛白色山峦的巨蛇，他住在地底最下面一层，用硕大的头冠支撑着整个世界，他以这样的姿态向众神顶礼膜拜。每当他打呵欠，地上就会发生地震。

通常情况下，这位龙王都会陪伴在毗湿奴身边，唯有湿婆的舞蹈能够吸引他离开自己的朋友。当毗湿奴化身为黑天降临世间的时候，他就以大力罗摩——黑天的兄长的姿态降生在他身边。当大力罗摩最终涅槃的时候，有人看到了一条蛇从大力罗摩的身下悄悄离开，钻入地下。而在旧世界毁灭之后，舍沙又成为了沉眠在海洋之上的毗湿奴的卧榻。舍沙也会化为人形，此时他身着紫衣，戴着白色的项链。而当他以支撑大地的千头蛇形象出现的时候，他又被人们称为"无涯"，意即无限者，象征着永恒。

舍沙心地慈悲，厌恶争斗，即使后来化身为大力罗摩依旧如此。因为讨厌自己的同族之间争斗不休，也对龙族和金翅鸟之间的仇恨感到悲哀，他离开他们，独自一人过活，修习苦行，最终得到梵天的恩典，成为了世界的支持者。正因为他道德高尚，他成了唯一一位和金翅鸟迦楼罗交朋友的那迦。

那迦也有着七情六欲，有时候也会因为贪欲蒙蔽心灵导致灭顶之灾。《摩诃婆罗

多》里还提到另外一位龙王多刹迦，险些因为贪心而让整个那迦一族陷入毁灭。有一位烟氏仙人，收了一位叫做优腾迦的弟子，师母打发他去向宝沙王的王后讨要一对宝石耳环做施舍。优腾迦依言前去，王后慷慨地向他布施了那对耳环，但同时也向他警告，那迦之王多刹迦觊觎这对耳环很久，一定会伺机来抢。优腾迦拿着耳环回师父家，路上果然遇到扮作出家人的多刹迦，多刹迦夺过耳环就跑，优腾迦紧追不放，跟着龙王进入地下世界，用尽各种方法，最后在天帝因陀罗的帮助下才好不容易逼多刹迦还回耳环。虽然优腾迦得以顺利交差，但对龙王多刹迦依旧记恨在心。没过多久，他找到了婆罗多王族的继承者镇群王，告诉镇群王他的父亲继绝王正是死于多刹迦的毒液，唆使镇群王为父亲报仇。愤怒的镇群王于是决定举行蛇祭，从大地上灭除杀害自己父亲的所有那迦们。

很多很多年前，也就是那迦之母迦陀楼和金翅鸟之母毗那陀为了神马尾巴颜色打赌的时候，曾经有一些那迦不愿意听从母亲的阴谋附上神马的尾巴，为此迦陀楼十分生气，诅咒他们将来因为火焚而死。如今，这个诅咒终于实现了，胸中燃烧着复仇之火的镇群王找来许多有着大法力的仙人，他们造就了一个祭坛，在上面浇上油，燃起大火，众蛇遭到仙人们的召唤，无法控制自己，一条又一条投入火焰，化为灰烬；多刹迦由于害怕，躲藏到了天帝的宫殿里。但法力没有他那么强大的其他那迦就没有那么好运了，蛇祭烧死的蛇越来越多，尸骨堆积成山，场面惨不忍睹。

眼看那迦就要灭亡，事情却出现了转机。

原来自从迦陀楼发出诅咒之后，龙王婆苏吉一直把诅咒记在心里，并深感担忧。他有一位妹妹，名为阇罗迦卢，是位聪明美丽的蛇女。婆苏吉向梵天请求解除母亲对那迦的诅咒时，梵天告诉婆苏吉，只有一个阇罗迦卢和另外一个阇罗迦卢结合生下的孩子才能阻止诅咒的实现。于是，婆苏吉听从梵天的建议，把自己的妹妹嫁给了和她同名的人类仙人阇罗迦卢。两人生下的孩子名为阿斯帝迦，由于仙人阇罗迦卢得到后代后就离开了自己的妻子，阿斯帝迦被那迦们收养并抚育长大。这孩子非常聪明，很小的时候就精通各种经典，有着极大的苦行法力。镇群王举行蛇祭的时候，陷于恐惧的婆苏吉急急忙忙把自己的妹妹找来，恳求她让儿子拯救一族。于是，阇罗迦卢找来阿斯帝迦，向他说明原委。这个少年深受感动，向舅舅保证自己一定会拯救那迦。

于是，阿斯帝迦前往蛇祭的现场。此时镇群王正因为始终不见仇人多刹迦而感到

蛇祭

　　胸中燃烧着复仇之火的镇群王找来许多有着大法力的仙人,他们造就了一个祭坛,在上面浇上油,燃起大火,众蛇遭到仙人们召唤,无法控制自己,一条又一条投入火焰,化为灰烬。

愤怒，祭司告诉他多刹迦正躲在天帝的宫殿里，受到了因陀罗的庇护，于是镇群王怒火万丈地说："如果因陀罗继续庇护多刹迦，就和他一起掉到火里烧死好了！"诅咒出口，天帝就和多刹迦一起开始从天上往下冲向祭火。由于害怕被烧死，因陀罗放开了多刹迦，倒霉的龙王笔直下坠，眼看就要掉到火里。

就在此时，镇群王看到了赶来的阿斯帝迦。这个美丽的少年婆罗门引起了镇群王的好感，他问他是不是有什么要求，并且允诺实现阿斯帝迦的任何愿望。阿斯帝迦说："国王，请你停止蛇祭，不要再继续杀害那迦一族了。"话一出口，正在往下掉的多刹迦竟然定在了半空。

镇群王看到了阿斯帝迦的法力，也意识到自己不能出尔反尔，于是只好心不甘情不愿地同意停止了蛇祭。阿斯帝迦应国王的要求做了马祭的监督者，他回到那迦的国度，受到众蛇的热烈欢迎。婆苏吉对侄子感恩不已，于是把防治蛇咬和蛇毒的咒语教给了阿斯帝迦，阿斯帝迦又把这些咒语教给了人间的婆罗门，造福人类。

实际上，《摩诃婆罗多》的缘起，就是毗耶娑仙人在蛇祭上吟诵给在场的镇群王和其他婆罗多族后裔听的祖先事迹。虽然蛇祭最后被打断，但《摩诃婆罗多》却一直流传了下来，记载下了这段人和蛇之间的传奇故事。

神猴哈奴曼

猴子是快乐、调皮、吵吵嚷嚷的精灵，但有时候，它们也可能是天神化身。

罗刹王罗波那通过苦行，获得了梵天的恩典，使得自己从此不会死在任何天神、阿修罗或者其他具有魔力的种族手下，但是这位罗刹魔王太过骄傲，他不相信弱小的人类和动物能够伤害到自己，于是就把这两个族群排除在外，没想到这为自己将来的死埋下祸根。罗波那获得恩典之后为害各方，天神为了帮助妻子被罗波那夺走的罗摩王子打倒魔王，便纷纷下凡或是制造化身，在凡间创造出了一群力大无穷、聪明绝顶的猴子，它们将来会成为罗摩王子的得力助手。

而这些猴子中的佼佼者，就是大颔猴子哈奴曼。

哈奴曼是风神伐由的儿子。话说很久很久之前，在人间巡行的风神遇到一位美丽的雌猴，名为安阇那，是一位受了仙人诅咒的天女所化。伐由对安阇那一见钟情，与

她结合，并答应送她一位威力无穷大的儿子。

没过多长时间，安阇那果然生下一个儿子，面容如同红宝石，毛色金黄，浑身仿佛被火焰笼罩般闪闪发光，有着长长的尾巴，生下来便能乘风飞行，吼声如雷。刚刚生下的小猴子什么都不懂得，只感到肚里很饿。他的母亲发现无法满足他的胃口，就把孩子放在草坪上离开了。小猴子抬头看向天空的时候，发现有一个又大又红的东西挂在空中，于是便以为那初生的朝阳是一个好吃的大果子。他向空中跃去，便被父亲用轻风托着飞了起来，一门心思朝太阳奔去，要去吃那个大红果子。太阳本来没有在意，还觉得一只小猴子跳来跳去追赶自己挺好玩，没想到小猴子跳得越来越高，离自己越来越近，太阳怕自己的光辉炙伤它，急忙避开。可是初生的风神之子对食物的欲望十分强烈，竟然一直追赶太阳，飞了三千由旬，竟然到了天帝因陀罗的天庭。天神们看到他飞上天，也感到十分吃惊，互相说："真不愧是风神之子，他还这么小一点儿就这么厉害，长大了该如何了得？"

这个时候，吞噬太阳的罗睺正在天上慢悠悠地飞着，看见一只小猴子在追逐太阳，不由大怒，他吼道："吞噬太阳可是我的专利，这小东西算是怎么回事？"

恰好小猴子转头看到只有上半身飞来飞去的罗睺，他以为这也是个大果子，便兴高采烈地放弃了太阳，转而追逐起罗睺来。罗睺见小猴来势汹汹，吓得大叫，急忙跑去向天帝求助。因陀罗匆忙赶来，看到一只口水拖了万丈长的小猴子把凶星罗睺追得满天乱跑，哭笑不得，于是拿出金刚杵，给了馋嘴小猴狠狠一下。

小猴挨了天帝一杵，从天上直落而下，摔在地上，跌坏了下巴。不仅食物没有到口反而还挨了打，小猴子坐在地上哇哇大哭起来。见此情景，伐由又心疼儿子又恼火，抱着小猴躲进山洞里不出来。这下可好，没有人来令空气流动，三界众生都憋闷得要死。因陀罗没办法，只好带着众神来到山洞前向伐由和他的儿子道歉。为了表示补偿，众神给风神之子各式各样的恩赐，最后，梵天把小猴子抱起来，哄着他说："别哭了！你以后就叫做哈奴曼（意即坏下巴，因此哈奴曼也被翻译为大颌猴）好了。"他赐予风神之子可以随意变形以及随意长大或缩小的本领。

哈奴曼长大后，决定拜师学艺。他考虑了三界里所有众神、阿修罗、动物和罗刹，最后决心拜太阳神为师。太阳神微笑着说："我倒是很愿意收你做徒弟，可是你看，我整天都要驾驶着太阳车在天空上运行，到了晚上太阳下山，我又得要休息了，我什

么时候能抽出空来教你呢？"哈奴曼说："没关系，我就在白天一直在你的车前飞行，你在驾驶的过程里顺带教我就行了。"太阳神于是同意做他的老师。

哈奴曼出师后，做了猴王妙顶的大臣。他极其聪慧、勇敢，能够自由变化，而且力大无穷，战场上令敌人畏惧，同时却又对朋友忠心耿耿。

妙顶和曾打败过罗波那的猴王波林是亲兄弟。有一次，波林与牛精摩耶波为争夺一个女人，发生过一场战斗。牛精战败，逃进一个山洞。波林吩咐妙顶把守洞口，自己进洞去追杀牛精。妙顶在洞口等了一年，不见哥哥出来。后来看见洞里流出血水，以为哥哥死了，便把洞口用石块堵上，自己回家。众猴便拥戴妙顶为王。不久，波林回来了，他已把牛精杀死。他见妙顶做了猴王，认为他是别有企图，立即把他驱逐出境。妙顶便带了五个大臣，流亡到哩舍牟迦山上。哈奴曼陪伴在他身边。

有一天，这群猴子蹲在山顶上晒太阳，突然看到一个长相邪恶、有着十个脑袋的男人，抱着一个流着泪挣扎不停的美丽女子，乘坐着神奇的飞行云车从天空路过。那名女子乘着男人不注意，把自己的首饰扔给了猴子们，恳求他们为自己报信——原来，这个美丽的女人是遭到流放的阿瑜陀王子罗摩的妻子悉多，十首王罗波那乘着罗摩和他的弟弟罗什曼那不在，从森林小屋中掳走了悉多。

没过多久，一路寻找悉多的罗摩王子和罗什曼那就遇上了妙顶和哈奴曼。哈奴曼建议罗摩和妙顶结成同盟：罗摩凭借手中天下无敌的弓箭为妙顶夺回王位，而妙顶重返王位后，帮助罗摩寻找妻子。妙顶带领罗摩兄弟来到波林的居住地积私紧陀，向他的大哥发出了挑战的信号。两只猴子凶猛缠斗的时候，罗摩无法分清两者谁是谁。于是，哈奴曼向妙顶脖子上扔过去一个花环，有了花环作为记号，罗摩便向波林放箭，射杀了这只凶猛的猴王。妙顶重新恢复了王位。他娶了梦寐以求的嫂嫂陀罗为妻，日夜寻欢作乐，把国事都推给大臣，把寻觅悉多的盟约，也丢到脑后去了。雨季都已经过去，罗什曼那见妙顶毫无动静，十分气愤，带着武器闯进猴宫，提醒妙顶不要成为一个忘恩负义的人。哈奴曼也从旁相劝。妙顶听了十分羞愧，终于醒悟过来，向罗什曼那赔了不是，下令集合猴军，将罗摩兄弟引进宫殿，共同商议寻找悉多和同罗波那作战的事情。

妙顶派遣哈奴曼去罗波那统治的罗刹之国楞迦岛（现在的斯里兰卡）探访悉多的消息。罗摩把手中的戒指也拿给哈奴曼，请他见到悉多时代为传递消息。哈奴曼带着

戒指，来到了印度次大陆的南边。辽阔无边的海洋隔开了大地和楞迦岛，猴子们无计可施，但哈奴曼有办法。他来到海边的一座山上，不停地把自己变大，最后大得就像一座小山，然后他轻轻纵身一跃，便高高飞起，越过了海洋。在飞行途中，他遇上了一个女罗刹，名叫须罗婆，她停留在空中，吞吃所有自己遇到的东西，包括飞鸟、雨滴，甚至云彩。她一看到哈奴曼，便张开了可怕的大嘴，要把他一口吞下。哈奴曼为了跃过大海，已经把自己变得十分巨大，没想到这个女罗刹也把自己的嘴变得十分巨大。哈奴曼急中生智，在女罗刹把自己吞下的那一个刹那，把自己缩得十分小，像一只小虫子那样。然后他钻进了女妖的肚腹，再度把自己变大，撑死了这个贪婪的罗刹之后，破膛而出，依旧南飞，直奔楞迦岛上的罗刹之都楞迦城。

他最后降落在楞迦岛上的一座高山上，变成一只猫鼬，乘着天黑悄悄地溜进了城市中，最后神不知鬼不觉地潜入了罗刹王的宫殿。他在每间屋子里寻找悉多的踪迹，最后来到种植着无忧树的花园里。在那里，他看见一个美丽的少妇坐在一棵大树底下，那个少妇显得十分瘦弱和苍白，衣服破旧不堪，嘴里喃喃地念着"罗摩"，风神的儿子认出了她就是悉多。

悉多正在默默流泪，突然，她听见有人在喊："罗摩！罗摩！"悉多吃惊地朝声音来源看去，看见树上蹲着跟巴掌一般大的一个小猴子，躲在树叶下，双手合十，举到头上向悉多敬了个礼，说："悉多王后！我是风神儿子哈奴曼，罗摩的使者，我受他托付，穿越了大海来找你。"

哈奴曼耐心地向被劫持的王后说明了自己的身份，以及罗摩为了夺回她所做出的努力，把罗摩的信物戒指交给悉多看。悉多认出了戒指。她流着泪，从发髻上取下一颗宝石，递给哈奴曼，吩咐他代为转交罗摩。哈奴曼就把宝石拴在了自己头上。他感到非常难过，由于无法救出悉多，他决定先在楞迦城里大闹一场。

这样一想，哈奴曼跑到甘果园去，跳上枝头，摘下果实，大吃大嚼，然后又在树上蹦来蹦去，扯下花朵和树叶，把树枝弄断。树枝折断的声音惊醒了那些看守果园的女罗刹。她们上气不接下气地跑到罗波那那里，惊恐万分地说："不知打哪儿来了一只猴子，他捣毁了甘果林。"罗波那一听，大光其火，便派出了许多仆人、大将和士兵去捉拿哈奴曼。

罗刹们把沉重的厉害武器对着他掷去，可是哈奴曼都一一接住。他揪住许多罗刹，

痛打他们的脑袋，其余的吓得转身就逃。罗刹将军们对准哈奴曼的胸膛纷纷射出数不清的箭，但风神的儿子狂怒地拔起一棵娑罗树，向着敌人打击，结果了这些罗刹大将。到最后，甚至连罗刹王的王子阿伽沙耶都被哈奴曼给摔死了。

罗婆那又找来另一个儿子因陀罗吉特去抓捣乱的猴子。因陀罗吉特和哈奴曼都很强壮，打得不分胜负。最后因陀罗吉特抛出一件捉住敌人的绳索法宝，哈奴曼被套住了，他听任因陀罗吉特把他用铁链绑得紧紧的，拖到罗波那面前去。一路上罗刹们受够了哈奴曼的愚弄，因为一会他变得十分沉重，罗刹只好把他挂在大棒上，由几百个罗刹抬着他去宫殿；一会儿他又变得十分巨大，罗刹无法使他庞大的身躯通过宫门，只好锯断了门楣。

最后好不容易把哈奴曼拖到了罗波那的宝座前，猴子依旧没有善罢甘休，把魔王狠狠地嘲笑了一通，向他下达了罗摩的战书。罗波那十分愤怒，下令处死哈奴曼。可是罗波那的弟弟维毗沙那劝说罗波那，声称一位国王杀死使臣是不妥的，对一个使臣能行使的惩罚，是剃光他的头发，羞辱他一顿。

罗波那恼怒地说："剃光一只猴子的脑袋又有什么用？他才不会觉得头上没毛是种羞辱。"于是，他决定用火烧焦哈奴曼的尾巴，然后把他带出去在楞迦大街上游行示众。罗刹们依言照办，把尾巴上火光熊熊的哈奴曼押送出去。楞迦城所有的居民蜂拥而至来看这只怪猴子，就连天神都跑来拥挤在楞迦的天空上看热闹。

就在这时哈奴曼重新缩成猫那般大小。捆绑着他的绳子都松掉了。他从锁链中一跃而出，一眨眼的功夫，他又变成了原来那样高大，把看守他的罗刹们吓得四处乱跑。他用自己燃烧着的尾巴，打在罗刹们的胡须上，又追上他们，狠狠地打死了许多罗刹。然后他拖着火焰熊熊的尾巴，纵身跳上街道边的屋顶，使房屋燃烧起来。大火迅速地从一所房子蔓延到另一所房子，风神也刮起大风协助儿子。大火蔓延到整个楞迦，罗刹们的房子烧成了灰，他们的皮肉烤焦了，胆战心惊地四处奔跑。哈奴曼焚烧了豪华的建筑、普通的房屋——壮丽的楞迦城就这样火焰冲天，不复存在。

无忧园里的悉多看到城市里火光熊熊，正在担心哈奴曼，猴子拖着依旧在燃烧的尾巴跑跑跳跳地进来，他担心悉多会被火势波及，特地前来查看她的安危。他把燃烧的尾巴伸在海里，可是由于浸满了油，熊熊的火焰反而更高了。悉多给他出主意说："你把尾巴含在嘴里试试看吧。"于是哈奴曼依言而行，由于没有空气，火焰果然熄灭了，

哈奴曼敬奉罗摩

打败罗刹、救出悉多之后，罗摩和悉多赠给每个曾经帮助过自己的伙伴礼物，当轮到哈奴曼的时候，风神之子说自己什么也不想要，什么也不需要。能够作为罗摩忠诚的朋友，他已经感到非常满足。

可是哈奴曼的脸也被烧得皱巴巴的。从此之后，所有猴子的脸都变成皱巴巴的了。

哈奴曼确认悉多没事之后，就又跳上了楞伽的山头，再次纵身一跃，越过了大海，平安地回到了罗摩的身边，把悉多的信物带给了他。

后来，哈奴曼跟随罗摩一起参加了对罗刹的大战，他在战斗中表现英勇，还曾经救过被因陀罗吉特的毒箭杀害的罗摩和罗什曼那（参见后面"三个罗摩之罗摩旃德拉"章），因此也就被称为罗摩最忠实的伙伴和信徒。

打败罗刹、救出悉多之后，罗摩和悉多赠给每个曾经帮助过自己的伙伴礼物，当轮到哈奴曼的时候，风神之子说自己什么也不想要，什么也不需要。能够作为罗摩忠诚的朋友，他已经感到非常满足。悉多感到过意不去，送给他一串用世界上最珍贵的宝石和珍珠串成的项链。哈奴曼带着项链回到森林里，跳到树枝上，仔细检查了这项链一番，之后就把它随手扔掉了。别人问他为什么这么做，他说："这串项链上找不到罗摩和悉多。"别人又嘲笑他只不过是在装模作样表现自己对罗摩的忠诚而已，猴子笑了笑，撕开自己的胸膛，罗摩和悉多的形象发出金色的光辉，闪现在他的心上。

为了表彰他的勇敢和忠诚，罗摩许诺给风神之子一个恩赐。只要世界上还有人记得罗摩的传说，传颂罗摩的名字，哈奴曼就会永生不死，一直活下去。只要人们还记得罗摩，就一定会同时想起那只聪明、勇敢、能够变化自如的可爱猴子。而他的传说，也会在世上一直流传下去。

也许，这样的传说也曾流传到吴承恩的耳中，而他就是从这样一些传说的碎片中获取了灵感，创造了另外一只广受人们喜爱、神通广大、力大无穷、能够一跃飞越大海的神猴形象——齐天大圣孙悟空。

圣牛

印度人对圣牛的崇拜为人所熟知，如今走在印度有些城市的大街上，甚至是在首都德里的老城里，都能看到牛慢悠悠地在大街上悠闲晃荡。但是牛为何受到崇拜，却并没有太多人了解。

神话里给了这样的解释：对于印度人而言，牛就是大地母亲的象征。

很久很久之前，第七位摩奴的后人在大地上繁衍，人们在世上散漫地生活着，没

有管理者，也没有立法者，社会十分混乱。仙人们认为这样的情况不能再持续下去了，于是便拥立了一位摩奴的直系后裔吠那做国王。没想到这个叫做吠那的人心地邪恶，登上宝座后第一件事情就是禁止人们祭拜神灵。愤怒的仙人们用圣草杀死了吠那。可是吠那一死，大地无主，世间变得更加混乱。仙人们就商议从吠那那里产生儿子来继承王位。他们按摩吠那尸体的脚部，结果从那里生出一个浑身漆黑、龇牙咧嘴的侏儒来，吠那的缺点全部被他继承了。仙人们又继续按摩吠那的右臂，于是一个光彩熠熠的婴儿诞生了，这就是波哩图，世上的第一个国王。

波哩图做了国王之后，以正法治理大地，得到了人民的爱戴和天神的庇护。有一次，饥荒降临世间，波哩图的人民忍饥挨饿，找不到果腹的食物，只好成群结队地来找自己的国王，恳求他想想办法。

波哩图看到自己的子民一个个面黄肌瘦，心里十分难过。他心想："我父亲吠那在位的时候，对待大地女神的态度十分恶劣，她怀恨在心，因此把产出都藏匿起来，不肯供养人民。我该怎么办呢？"

这样想着，他不由得义愤填膺，拿起自己巨大的弓箭来，朝大地瞄准。大地女神见他要射自己，大惊失色，变成了一头母牛，慌慌张张想要逃走。波哩图大喊："站住！站住！"飞奔着追赶上了母牛，强行拖住了她。大地女神化身的母牛哀叫起来，开口说："饶恕我吧！国王！我愿意以乳汁的形式，提供产出供养人民，只是得要有一头小牛犊让我的乳汁流得出来才行。"

波哩图向祖先祈祷，于是摩奴出现在他面前，化身为一头小小的牛犊，摇头摆尾跑向大地女神化成的母牛要乳汁喝。母牛的乳汁滚滚而出，变化成了大地上各种水果、蔬菜、谷物，人民的饥馑解除了。从此，大地就以母牛的形象得到崇拜，母牛就此成为一切产出和丰饶的象征。

也有传说，梵天造物之时，婆罗门和牛是同时被造出来的。婆罗门引经据典，传播知识，而牛则提供奶酪和黄油作为祭祀之用，因此两者同等重要，杀害母牛的罪孽就和杀害婆罗门一样重。

众神和阿修罗搅乳海的时候，从海中出现了如意神牛须罗毗。她被尊崇为一切神牛之母，乳海的水源即来自她的乳汁。她是一头十分美丽的神牛，而且最神奇的就是，她能够满足主人的一切愿望，对于想要喝甘露者，她产生甘露；对于想要喝牛乳者，

圣牛

众神和阿修罗搅乳海的时候，从海中出现了如意神牛须罗毗。她被尊崇为一切神牛之母，乳海的水源即来自她的乳汁。她是一头十分美丽的神牛，而且最神奇的就是，她能够满足主人的一切愿望。

她产生牛乳；对于想要喝苏摩酒者，她产生苏摩酒。她能够通过苦行获得。她的女儿叫做南底尼，也有同样神奇的法力。不过，如意神牛太诱人了，经常会引发人心中贪婪的欲望。有许多人看到她后就想要抢夺走她，比如千臂的国王阿周那，众友仙人和八位婆苏神，他们无一例外遭受了惩罚。因为如意神牛不可以落到邪恶者的手中。

须罗毗是所有乳牛的母亲，她生下了许多乳汁甜美的小乳牛，这些小乳牛欢快地在宇宙间跑来跑去，乳沫飞溅，不小心流到了正在冥想的湿婆身上。湿婆受到打扰，勃然大怒，睁开第三只眼，把所有的牛都烤成斑斑驳驳的。为了表示歉意和安抚，须罗毗把白牛难迪送给湿婆作为坐骑。

正法同样也以乳牛的形象出现。世界的第一个时代圆满期，正法之牛以四条腿稳健地行走，到了三分时，正法之牛只剩下三条腿，到了二分时，正法之牛只剩下两条腿，在迦利时代，正法之牛只能靠一条腿站立了，因而这个时代的正义和法律，摇摇欲坠。

象头神

世界上的第一头大象叫做爱罗婆多，它来自诸神和阿修罗搅拌乳海时产生的十四宝，是一头像云彩那样的大白象，长着四牙。它是天帝因陀罗的坐骑，象中之王。

爱罗婆多是守护东方的神象。除了它之外，八方还各有一头神象守护，它们和各方的守护天神一同支撑起了大地。这守护八方的八头神象被称为"底耆迦阇"。比如守护南方的神象伐摩那，是一头巨大如山、有两对巨齿的巨象，它永远矗立在幽暗的南方"祖先之地"，陪伴南边的守护者死神阎摩。

但有一次，大白象爱罗婆多出了点事故，险些把命都给丢了。

这事还要从湿婆和雪山神女帕尔瓦蒂说起。自从长子室建陀离开家之后，帕尔瓦蒂觉得十分寂寞，她还想要一个孩子陪伴身边。湿婆还是和以前一样非常散漫，帕尔瓦蒂在家中洗浴的时候，他经常招呼也不打一个就走进门来，让帕尔瓦蒂感到很难堪。有一次，湿婆出门在外，帕尔瓦蒂想着这两件事情，烦恼之中随手用泥捏了一个小人出来。没想到这个小泥人一成形就活了，变成一个漂亮的小男孩，拉着帕尔瓦蒂叫妈妈。

帕尔瓦蒂心花怒放，抱着这个自己造出来的儿子怎么亲也亲不够。她递给孩子一根木棒，对他说："妈妈要洗澡了，在此期间你看住家门，谁也不许进来。"

神象

　　世界上的第一头大象爱罗婆多是守护东方的神象，除它之外，八方还各有一头神象守护，它们和各方的守护天神一同支撑起了大地，这八头神象被称为"底耆迦阇"。

于是这个孩子拿着木棒站在门口，尽职地担任起了门卫的职责。过了一会，湿婆回来了，他和往常一样想要推门就进去，没想到帕尔瓦蒂的孩子毫不客气地拦住了他："妈妈说了，谁也不准进去。"

湿婆感到又莫明其妙又生气，自己不在家的时候，怎么多出了一个儿子来？他费尽唇舌地向这男孩解释，自己是这一家的男主人，因此完全可以随意进门，但固执的男孩压根不听；湿婆觉得自己耍嘴皮子不在行，就把毗湿奴和梵天都叫来，三大神围着小男孩不停地劝说，但这个泥土做成的孩子全然不理会，就是不让湿婆进门。最后说急了，这孩子发起脾气来，拿木棒往毗湿奴身上招呼，还去拔梵天的胡子。湿婆一怒之下，拿起三叉戟就砍掉了这孩子的头。

这下子祸可闯大了。帕尔瓦蒂洗完澡出来一看，自己的孩子已经身首分家倒在地上死了，顿时又悲又怒。从她身上化出无数的萨克蒂女神，像她的怒火一样散布在四面八方。雪山神女的脾气发得如此之大，以至于连湿婆也不敢回家。他向毗湿奴求助，毗湿奴出主意说："你让你的侍从难迪向北走，遇到的第一个面向北的生物，就把它脑袋砍下来给这孩子安上，这样他就能复活了。"

湿婆听从了毗湿奴的建议。他让大白牛难迪向北走，恰好遇到因陀罗把白象爱罗婆多独自留在一条河的浅滩上沐浴，难迪不由分说就把爱罗婆多的脑袋给卸了下来，带回去给湿婆。湿婆把这个象脑袋给孩子按上，小孩果然复活了。这就是象头神的诞生。

因陀罗回来找自己的坐骑，发现爱罗婆多掉了脑袋，大发雷霆。好在当时梵天也在场，在他的祝福下，爱罗婆多又自己长出了脑袋，恢复如初。

为了补偿这个长了象头的孩子和安抚自己的妻子，湿婆让象头神做了自己军队的统帅。因此，他得名"犍尼萨"，意思是群主。犍尼萨虽然长得其貌不扬，耍着长鼻子，爱吃糖果，大腹便便，但他却成了通晓一切智慧的神。他非常聪明，富于急智，而且生性幽默、诙谐、随和。他的坐骑和伴侣是大地女神送给他的一只狡猾的老鼠。人们遇到障碍时，向犍尼萨祈祷，就能得到帮助。

有一次，湿婆偶然得到一个很香甜的芒果，室建陀和犍尼萨都想要得到它，父母不知道如何是好，最后只好说："你们赛跑吧！谁能先绕世界七圈，谁就得到这个芒果。"多少有点四肢发达头脑简单的室建陀一听，立刻拔腿就跑，三界中原本他就以速度迅捷出名，此时更是埋头狂奔，像一道闪电般掠过山川、大地和河流。

犍尼萨却不慌不忙，他向父母行礼，然后恭恭敬敬绕着他们走了七圈。湿婆笑着说："犍尼萨，你这是怎么回事？如果再不出发，芒果可就是你哥哥的了。" 犍尼萨甩了甩长鼻子，说："对于儿女来说，父母就是全世界。所以，刚刚我已经围绕世界走过七圈了。"湿婆大笑起来，把芒果给了犍尼萨。等环游了七圈世界的室建陀跑回来，芒果早没有了，战神气得要死，从此更不怎么回家了。

犍尼萨只有一边象牙是完整的，这其中也有一段故事。有一次，著名的婆罗门英雄、湿婆的崇拜者持斧罗摩来吉罗娑山拜访湿婆。湿婆正在午睡，让犍尼萨守住了卧室的门。犍尼萨一如既往忠于职守地拦住了持斧罗摩，不让他干扰自己父亲的睡眠。持斧罗摩遇到意想不到的障碍，大为光火。他朝犍尼萨进攻，犍尼萨也不客气，就用象牙把持斧罗摩甩到很远的地方。持斧罗摩更加愤怒，把手中湿婆赠与的斧头朝犍尼萨扔去。犍尼萨认出这把斧头是父亲的东西，就恭敬地用一牙去接，没想到斧头太锋利，一下子就把犍尼萨一边的象牙给砍断了。从此以后，犍尼萨又被称为"独牙"。

第十二章
山川和河流

性格各异的山

印度大陆上有许多山脉、高山经常被认为具有自己的神格。湖泊和河流通常是女性，而雄峻的高山则被认为是男性。

神话中，最著名的高山有这么几座：众山之王是北方的喜马拉雅，他和妻子曼娜生下了儿子神圣的弥那迦山，大女儿恒河和小女儿湿婆之妻帕尔瓦蒂。喜马拉雅因为德高望重得到所有天神的尊敬。

众神的天国就在喜马拉雅山脉的弥卢山上，这座神圣的山岳高不可攀，太阳和月亮围绕这座山峰运行。曼陀罗山曾经在众神和阿修罗搅乳海时充当搅棒，从而受到所有天神的尊敬。太阳和月亮围绕弥卢山运行后，就落入曼陀罗山休息。

吉罗娑山方圆三百由旬，形状如同水晶莲花，湿婆和妻子帕尔瓦蒂居住在这座山上，财神俱毗罗和他统治下的夜叉们也住在吉罗娑山上的银城。

但是并非所有山脉都像喜马拉雅山那样令人尊重。德干高原上的文底耶山是一座雄心勃勃的年轻山脉，他十分嫉妒弥卢山能得到日月的尊崇，要求太阳也绕着他运行。

太阳神苏利耶听到这个荒唐的请求，啼笑皆非，干脆地一口回绝了。文底耶山非常生气，于是便拼命让自己不断长高，想要超过喜马拉雅山，阻拦太阳运行到北方去。众神劝说文底耶山停止长高，骄傲的文底耶却执意不听。于是，天帝只好请投山仙人去制止文底耶山的愚蠢行径，投山仙人来到文底耶山面前说："山啊，我现在要到南方去，可是等我回来的时候，你会不会长得无法攀越了呢？那个时候，我要怎么回到北方呢？"

文底耶山非常尊敬投山仙人。他说："牟尼，请您放心地到南方去吧，在你待在南方的时段里，我就停留在这个高度，不再长高了，等您回来我再继续长。"

投山仙人说了一声好，就穿过文底耶山到南边去了。可是他停留在那里，再也没有回来；而文底耶山也就一直傻乎乎地等着投山仙人，再也没有长高。

恒河下凡

恒河在印度人民心目中是无比圣洁的河，她流经天，地，阴间，分成三条支流，滋养众生。她是吉祥之河，是三界的支持者，福利的施与者。她曾经在天界流淌，为了保护和抚育万物，才来到人间。诗人这样说："孩子饥饿了，便会跑到母亲身边；人心中有了崇高的愿望，便会跑到恒河身边。"

从前，天神与阿修罗进行了旷日持久的战争，因陀罗杀死了弗栗多之后，残存的阿修罗们逃进了大海里。他们认为，只要杀光大地上有学问的人和有苦行的人，就没人能对他们构成威胁了。这些阿修罗白天藏身大海之中，晚上就出来，袭击各地的隐修林和圣地，见人就杀，吃掉了无数无辜仙人和修道者。因为害怕他们，所有的人都开始逃亡，也没人再举行祭祀，世界变得一片凄凉。由于阿修罗们以大海为掩护，即使是勇敢的大弓箭手们也对他们束手无策。天神们向毗湿奴求助，毗湿奴说："他们藏身大海，我也拿他们没办法，想要打败他们，只能让投山仙人帮忙弄干大海。"

投山仙人听说了阿修罗们的恶行，非常愤怒，就走到岸边开始喝干大海，天神们啧啧称奇。投山仙人一口气把海水都喝进肚子里，阿修罗无处藏身，天神们欣喜若狂，拿起武器朝阿修罗们进攻，狠狠地打败了他们。阿修罗被歼灭了，天神请求投山仙人把海水注回海里，投山仙人却为难地说："喝下的水都被我消化了，想要重新填满大

海，你们只有另想办法。"天神们商量了很久，都没有想出办法，这个时候梵天出现，对他们说："现在着急也没用，很久之后，太阳王族的阿逾陀国王跋吉罗陀王能使大海重新注满水。"

当时统治阿逾陀城的是太阳王族的萨竭罗国王。他有两个妻子，须摩底和吉私尼。她们都没有生育儿女。国王对此心急如焚，他暂时将国事交给别人，自己带着两个王后悄悄来到高峻的喜马拉雅山。他用常人无法忍受的痛苦折磨自己的肉体。终于，一百年后，他严格的苦行感动了湿婆，湿婆答应让两位王后中的一个生一个儿子，能给他延续香火；而另一个，能够生六万个儿子，都是威风凛凛的战争英雄，但这六万个儿子会一起毁灭。

国王带着王后回到自己的国家。不久，果然如湿婆所言，两位王后都怀孕了。十月怀胎，吉私尼生了一个儿子，面如天神，须摩底却生了一个大大的南瓜。萨竭罗国王看着南瓜不知道如何是好，正想把它扔掉的时候，天上突然传来声音："国王啊，别抛弃你的儿子们。你破开瓜，留下瓜子，准备好六万只罐子，每个罐子里都装满油脂，并放进一粒南瓜子。这样，你就会得到六万个儿子。"萨竭罗国王听从上天的旨意，果然，不久从每个罐子里都长出一个儿子，个个神采非凡，能天上地下四处溜达。但是，他们很凶恶，缺乏教养，仗着人多势众，连天神都不放在眼里。他们最大的娱乐就是四处发动战争，不断地向天神、阿修罗、乾闼婆们进攻，搅得人间天上都鸡飞狗跳。大家纷纷向梵天抱怨。梵天告诉他们，萨竭罗的六万个儿子会在将来某一天自取灭亡。

过了一段时间，萨竭罗国王要举行马祭。他按照祭奠的惯例，先把马放出去，然后让六万个儿子随马征战。然而，当祭马跑到已经干枯的海底时，却突然消失不见了。萨竭罗的儿子们跑回去禀报父亲，说祭马被人偷走了。萨竭罗大发雷霆，要他们找遍整个大地，找不到祭马就干脆别回家。

萨竭罗国王的儿子们四处寻找，大海和岛屿，高山和河流，整片土地都被他们翻了个个儿。他们看见海底大地上有裂缝，猜想祭马可能从这里钻进去了，就拿来了锄头和大镐，使劲地挖起来，他们把海神伐楼那的宫殿搞得伤痕累累，还不断侵扰住在地下的那迦和罗刹等生灵，把好不容易藏身地下的几个幸存的阿修罗挖得痛苦难忍，大放悲声。

他们挖了许多天，挖得满腔怒火，在大海的东北角上把地狱都挖开了，才看见祭

马在那里静悄悄地吃草。马的附近正坐着一个闭目沉思的隐士,他就是由毗湿奴大神转世的大仙——苦行者伽毗罗。这些王子们吵吵嚷嚷地冲过去牵走祭马,竟然没把伽毗罗放在眼里,不但没有行礼,反而还冲他吼叫:"该死的盗马贼!"伽毗罗正在闭目修炼,王子们的骂声把他惊醒了,他两眼一睁,射出威严的神光,刹那间,这六万个王子一下子化成了灰烬。

王子们的死讯传回阿逾陀城,国王听了悲痛万分,但他知道这是儿子们咎由自取,只能服从天神的安排。

吉私尼的儿子叫做阿萨曼阇,被封为王太子。他虽然貌如天神,但性格恶劣,喜欢把别人家的孩子抛在河里取乐。在阿萨曼阇的邪恶阴影下,全城的百姓都陷入恐惧之中。萨竭罗国王听到人民对他的抱怨哭诉,把阿萨曼阇赶走了,只留下他的儿子鸯输曼。

萨竭罗国王把孙子鸯输曼叫到身边,说:"鸯输曼,你父亲已经被我放逐,你的叔叔们被仙人的怒火烧成灰烬,祭马也找不回来,我亲爱的孙子,请你把我从痛苦中拯救出来吧。"孝顺的鸯输曼怀着忧伤的心情立即出发,跋涉了千山万水,终于来到那条大裂缝前。他沿着叔叔们已挖好的洞一直来到地底最深处。祭马还在那儿啃吃青草,而伽毗罗,仍然坐在那儿闭目沉思。鸯输曼恭敬地靠近伽毗罗,拜倒在伽毗罗脚下,双手合十,向他诉说了自己的来意。

伽毗罗很满意鸯输曼的谦恭,于是答应满足鸯输曼两个愿望。鸯输曼的第一个愿望是要求把祭马带回去,第二个愿望则是为了净化叔叔们请求水。大仙说:"你把祭马牵回去完成马祭吧。你的孙子将会得到湿婆大神的青睐,把天上恒河的水引到地上。恒河将注入大海之中,大海将重新波涛汹涌。而你叔叔们的骨灰,一旦和恒河的水接触,他们的罪孽也就会洗去,升入天国。"

鸯输曼牵着祭马回到阿逾陀城,把大仙的话转告给了萨竭罗国王。国王听了很高兴,立即举行了隆重的马祭,从此把大海视为自己的儿子一样。萨竭罗死后,王位传给了鸯输曼,鸯输曼后来又把王位传给儿子底离钵,他听说先祖的故事,做了很多努力想要把恒河水引下来,却未能成功。底离钵去世后,把王位传给了自己的儿子跋吉罗陀。

跋吉罗陀是一个品德高尚、勇武刚毅的国王。有一天,他从别人口中听说了自己遭到毁灭的六万个叔祖死后因为罪孽深重无法登上天堂,感到十分痛苦。他决定暂时放弃舒适的王宫生活,把国家大事交给宰相,来到雄峻的雪山严格修炼苦行。他只喝

恒河降落凡间

恒河女神把河水从天上倾泻而下，湿婆用前额承受河水的巨大冲力，然后，河水沿着湿婆的身体缓缓流到地上，流向大海。

清水，只吃野果和树根，就这样度过了一千年。

一千年以后，恒河女神对跋吉罗陀显出形体。她对跋吉罗陀说道："大王啊！你需要我做什么呢？你如此刻苦地修行了一千年，我可以满足你的一个愿望。"

跋吉罗陀对恒河女神说："我的先辈们因为粗鲁无知的行为触犯了伽毗罗仙人，被他的怒火烧成了灰烬。而只有你的圣水才能洗刷他们的罪过。所以，我请求你流到地上，让我先辈的骨灰能接触你纯洁的圣水。"

恒河说："我是很愿意帮助你的。然而，如果我将河水从天上直接倾泻下来，大地会被毁灭的，因为它很难承受我凶猛的流势。大王，你求取湿婆的恩赐吧，除了他没人能抵挡河水的冲击，我从天降落时他可以作为缓冲。如果他同意，我就能满足你的愿望。"

于是，跋吉罗陀来到吉罗娑山上，继续苦行取悦湿婆。湿婆深为感动，就出现在他面前答应了他的请求。在雪山上站定后，他对跋吉罗陀说："你让恒河降下来吧！我会接住她。" 跋吉罗陀高声呼喊女神的名字。女神应声而来，她把河水从天上倾泻而下，所有的天神、仙人、罗刹和那迦都跑来看这绝世难得一见的奇观。

湿婆用前额承受河水的巨大冲力，然后，河水沿着湿婆的身体缓缓流到地上，流向大海。恒河水滔滔不绝向前流淌着，最后流入干枯的大海，大海重新盛满了水。河水也开始沿着裂缝渗透到地下世界，并洗刷着萨竭罗国王的六万个儿子的骨灰，王子们的罪过被洗刷掉了，他们终于升入天国。跋吉罗陀终于完成了祖辈们赋予他的重任。从那以后，恒河水就在大地奔流，注入大海之中。由于是跋吉罗陀把这条圣河引导到大地上的，因此恒河也被称为"跋吉罗陀的女儿"。

消失的圣河

娑罗室伐蒂女神是辩才天女，梵天的妻子。在古代，她也被认为是圣河娑罗室伐底的女神。这条圣河在《吠陀》等经典中有许多颂诗，诗人们深情称她为丰饶多产的母亲，文明的象征。她曾经在阎牟那河和萨特累季河流域之间的大地上奔流，哺育了古老的印度河文明，如今，这条圣河却已经消失不见，再也找不到了。如今印度境内被称作娑罗室伐底的那条河流，并不是古代人们加以大力称颂的那条圣河。这条本

来应该流入大海的河流，最终却消失在了沙漠中，神话里讲述了她曲折多难的故事。

传说，古代的娑罗室伐底大河发源自雪山，七条支流贯穿整个世界。沿着河岸有许多圣地，吟诵吠陀的婆罗门仙人们经常来此祭拜神圣的娑罗室伐底河，洁净自身。其中一个叫做飘忽林的圣地最为著名。有一次，住在飘忽林中的苦行者们举行了一次长达十二年的苏摩祭，吸引来了很多仙人参与。这些仙人把圣地挤得满满的，许多圣地都成了小城镇。因为太过拥挤，仙人们不得不用身上的圣线划出地盘举行祭祀。娑罗室伐底河看出后来的仙人们发现没有多少地方留下而感到心情沮丧，就转变流向朝东走，形成了许多带水洼的林地，供这些仙人使用，然后再度朝西，向大海奔去。由于她转了这样一个弯子，形成了洼地，她才得名娑罗室伐底（意思就是"多洼的"）。

这条仁慈的河流被仙人们称为河中魁首，得到大家的崇敬，她能够洗去一切罪孽。湿婆砍下梵天的第五个脑袋后，就是在娑罗室伐底河中摆脱了罪孽。曾经有一个叫作巨腹的仙人，某一次在森林中漫步时正好遇上十车王之子罗摩旃德拉在诛灭罗刹。一个罗刹的脑袋被罗摩砍下，飞起后无意中粘在巨腹仙人的腿上，竟然就这样粘住取不下来了。巨腹仙人忍着腿部溃烂的痛苦，带着粘在腿上的头颅走了许多圣地，都无法解除折磨。最后，他来到娑罗室伐底河傍，在河水中沐浴之后，罗刹的脑袋自动掉落，沉入水底，而巨腹仙人摆脱负担，自己灵魂也得到了净化。

娑罗室伐底河的不幸源自众友仙人和极欲仙人的争吵。这两位大仙自打结下怨仇，众友仙人就一直念念不忘，想要杀死极欲仙人。有一次，通过冥想，众友仙人发现极欲仙人正在娑罗室伐底河上踏水顺流而行。于是，他命令以人形在自己面前现身的娑罗室伐底河："快去把极欲仙人带到我在的河岸边来，我要杀死他！"娑罗室伐底河女神听了，双手合十，吓得就像风中藤蔓般颤抖。众友看到她这个样子，非常生气，又对她说："快把极欲仙人给我带过来！"

可怜的女神心中害怕，想着："众友仙人和极欲仙人的诅咒都很可怕，哪一个都得罪不起，我该如何是好？"她忐忑不安地来到极欲仙人面前，勉强说明了来意，把众友仙人的话如实相告，说话的过程中一次又一次因为对仙人诅咒的畏惧战栗不已。看到她面色惨白，忧心忡忡，富于同情心的极欲仙人对她说："美丽的女神啊，你就按照众友仙人的话做，不然他一定会伤害你。"听到仙人的话，娑罗室伐蒂想："极欲仙人对我这样同情，我也应该为他做好事。"她用湍流带着极欲仙人一路向下，看

娑罗室伐蒂女神像

她是辩才天女,梵天的妻子。在古代,她被认为是圣河娑罗室伐底的女神。这条河曾经在阎牟那河和萨特累季河流域之间的大地上奔流,哺育了古老的印度河文明,如今已消失不见。

到众友仙人正手持武器，怒气冲冲在西岸上等待极欲仙人。大河一用力气，把极欲仙人推到了东岸上，把自己的水流变得又宽又急，众友仙人无法渡过河流去杀极欲仙人。众友发现自己被欺骗了，怒火中烧，诅咒娑罗室伐底河变成血河。果然，仙人的话一出口，娑罗室伐底河就开始流淌血水，看到她变成这个样子，仙人、天神和天女们个个痛心。只有啖肉饮血的罗刹们最高兴，他们侵占了昔日只有仙人居住的河边圣地，畅饮河中的血水。娑罗室伐底河就这样变成血河整整一年。

过了一段时间，一些著名的大仙人来到娑罗室伐底流域，想要再敬拜圣地，却发现罗刹成群，娑罗室伐底河的水流中都是血污。他们十分吃惊，就把娑罗室伐蒂女神召唤出来，问她发生了什么。娑罗室伐蒂哆哆嗦嗦地向仙人们诉说了自己的不幸遭遇。仙人们十分同情，通过自己的苦行，终于使得娑罗室伐底河重新恢复了清澈。可是，昔日靠河水谋生的罗刹被断绝了生路，他们向仙人们反复求告，娑罗室伐底河于是分出一条流淌红色河水的支流，让这些罗刹在河中沐浴后，摆脱了肉体，去往天国。据说，昔日因陀罗用泡沫杀死那牟质之后，那牟质的头颅紧跟在天帝后大叫："你这个背叛朋友的人！"天帝没有办法，跳入这条红色河流才摆脱了它。

但娑罗室伐蒂的不幸并未就此结束。有一位优多贴仙人，是鸯耆罗大仙的儿子。月神苏摩喜欢他，把自己的女儿、美貌无比的跋陀罗嫁给优多贴为妻。但在此之前，海洋之王伐楼那就一直觊觎跋陀罗。看到苏摩把女儿嫁给了一个手无缚鸡之力的仙人，伐楼那就跑到阎牟那河畔优多贴仙人的住所里，劫持了跋陀罗，把她带到自己海底的城市中去。优多贴听说妻子被劫，拜托那罗陀仙人向海洋之王讨要跋陀罗。但那罗陀仙人磨烂了嘴皮子，贪恋跋陀罗美貌的伐楼那就是不让她回到丈夫身边。那罗陀仙人心情抑郁地回到优多贴那里，对他说："海洋之王抓住我的脖颈，把我揉了出来，还说'跋陀罗现在是我的人，我高兴把她怎样就怎样。'"

优多贴一听，大发雷霆。他立即施展苦行法力，固化了海洋里的水，把它统统吸干，然后又对流经伐楼那城市的娑罗室伐底河说："请你将自己隐去，不要流到海洋中，流向沙漠吧！"

没有水源补充，昔日富饶的伐楼那领地赤地千里，变成了不毛之地。海洋之王害怕了，只好把跋陀罗交出来。优多贴讨回了妻子，原谅了海洋，把它重新注满了水。

可是一路向着沙漠走的娑罗室伐底河，越走越没有力气，越走水流越细。她流到

今天塔尔沙漠一个叫做毗那沙那的地方时，看到有许多的尼沙陀人居住在那里，心想："我可不要让他们碰到我。"就钻入了地下，从此消失不见了。而毗那沙那在梵语里的意思，就是"消失不见"。

人们说，娑罗室伐底河在地下流淌，到了阿拉哈巴德附近，和恒河、阎牟那河合流了。可是，无论传说怎样，现实中它蜿蜒流入沙漠，就此不见。这条曾经闻名遐迩、水面宽广的圣河，从此消失了踪迹，人们也只能从古代的颂诗和传说中，领略她的风采了。

第十三章
人类的故事：太阳王朝

在印度神话中，人类居住在大地上，寿命很短，没有与生俱来的法力。但是，通过锻炼和修行，人类也能够得到力量，甚至是和天神匹敌的威力。同时，在人类中也有一些出类拔萃的英雄，突破了自身的局限，以自己的力量和高尚的人格赢得了天神的尊敬和器重。这些人中有的是具有智慧和法力的仙人，有的是出色的武士和国王。天神们经常和人类交流，甚至天神之王因陀罗，也会经常派飞车降下凡间迎接勇武的人类国王，请求他们帮助天神打败阿修罗。人类的历史和天神一脉相承，而贯穿印度神话中人类历史的是两大王朝的传说，也就是勇者辈出的太阳王朝和支系广大的月亮王朝。

人类的历史从太阳神的儿子、第七世摩奴开始。他在河边洗手的时候无意间救下一条小鱼，没想到这条有角的小鱼是毗湿奴的化身。他认定摩奴是腐朽的世界上唯一的义人，因此向他预言了灭世大洪水的到来，并教导他造船自救。洪水来临之时，摩奴把船系在鱼角上，得以保存性命，从而成为新一代的人类祖先。

摩奴从洪水中死里逃生来到喜马拉雅山的时候，没有后代。他举行了一次求子祭，结果从乳酪等祭品中产生了一个名叫伊陀的男子，他是摩奴的长子。后来摩奴打了个喷嚏，从鼻孔中又生出一个儿子，名叫甘蔗。甘蔗成年后第二年就灌顶为王，定都阿

国王出行

人类中有一些出类拔萃的英雄，突破了自身的局限，以自己的力量和高尚的人格赢得了天神的尊敬和器重。这些人中有的是具有智慧和法力的仙人，有的是出色的武士和国王。

逾陀城。他生下了百子，长子名为毗俱叱，继承了他的王位；次子尼弥，开创了密提罗王朝。由于祖父是太阳神，因此这一支王族被称作太阳王族，又根据第一代国王的名字被称为甘蔗王族。直系的太阳王族世世代代都定都圣城阿逾陀。

太阳王族是一支没有懦夫的王族，来自这个王朝的国王们大都勇武过人，不亚于天神，而且都具有面对强大邪恶势力仍然不低头的伟大勇气。其中最著名的几位国王有曼陀哩，曼陀哩之子人王穆俱昆陀，战胜沙中恶魔的国王古婆罗娑，把恒河水引导到世间的跂吉罗陀，以活人身份升上天界的陀哩商古，敢于反抗罗刹魔王罗波那的勇者之王阿那兰若，和因陀罗战斗过的罗怙，以及罗怙的曾孙、所有印度人民心目中的头号英雄罗摩旃德拉。

曼陀哩是甘蔗王族的第九代国王。他的出生颇有喜剧色彩。他的父亲是优婆那娑，这位国王举行过一千次马祭和许多大祭祀，却没有孩子。因为这个原因，优婆那娑忧郁地离开了都城，独自在净修林中修持苦行，渴望后代。他苦行中遇上了婆利古大仙的儿子们，这些仙人听说他的遭遇，非常同情，就在夜里为国王举行了求子祭祀。祭祀得到的圣水放在了祭坛上的大罐子里，谁喝了这水就会生下孩子。祭祀耗时耗力，熬夜举办完仪式的仙人们都非常疲累，把罐子放在原地就东倒西歪地睡着了。正好这个时候国王路过净修林，喉咙干得像被火烧，就跑进道院要水喝。可是由于喉咙实在太干，身体也疲乏无力，他发出的声音嘶哑低沉，沉睡的仙人们都没听到。优婆那娑渴得没有办法，在道院里转了一圈，看见有个大罐子里装满了清凉甘甜的水，便不假思索抬起来一饮而尽。喝完之后，他顿觉得全身舒适，躺在地上便睡去了。

仙人和国王一起醒来，仙人们看到罐子里的水没了，大惊失色地问："这是谁干的？"优婆那娑王老老实实地回答："是我喝光的。"

仙人们哭笑不得，对国王说："这可没办法了，这水通过苦行得来，本来能够让你有一个强大有力、英勇无比的儿子，甚至能把因陀罗送往阎摩殿，现在你把水喝了，我们也没有办法挽救此事，你自己会生下这个没有母亲的儿子。"

过了一百年，优婆那娑的身子左侧裂开，出来一个光辉灿烂像太阳一般的小孩。优婆那娑抱着这个孩子却犯了愁，心想这孩子没有母亲，谁来为他哺乳呢？正在这个时候，天帝因陀罗出现了，他接过孩子，把手指放在孩子的嘴巴里，微笑着说："他会吮我。"于是，这个孩子得名曼陀哩（意即"吮我"）。曼陀哩吮着天帝的食指长

古代印度象兵

太阳王族是一支没有懦夫的王族,来自这个王朝的国王们大都勇武过人,不亚于天神,而且都具有面对强大邪恶势力不低头的伟大勇气。

大，长得高大无比，只要心中一想，任何天国武器，包括宝弓和坚不可摧的铠甲都能出现在他面前。因陀罗亲自为他举行了灌顶礼。他征服了当时月亮王族的甘陀罗王，成为转轮王，统治着整个大地，分享因陀罗一半的宝座。

曼陀哩有三个和他一样威力巨大的儿子，其中次子穆俱昆陀是被称为"人王"的大力英雄，身材雄伟，英勇难敌。当时天神和阿修罗鏖兵多年，难分胜负，因陀罗请求穆俱昆陀登上天界帮助天神作战。穆俱昆陀加入众神，奋勇地和阿修罗战斗了许多许多年，终于打败了阿修罗。因陀罗对他说："你作战多年，在人间，你的家人妻女都已经离开了人世。我们很满意你的战绩，你要什么恩惠，除了永生，我们都给予你。"穆俱昆陀战斗得浑身是伤，极其疲倦，已经很久没能得享安眠了。他说："我想要不受打扰地休息，尽情地安睡。如果谁来吵醒我，我眼中的怒火就会把他烧成灰烬。"众神给予了他这个奖励。穆俱昆陀回到人间，安眠在一个山洞里，在睡梦中度过了漫长的时光，外面的世界沧海桑田，时间流逝，穆俱昆陀依旧在沉睡。有一天，一个肤色黝黑容貌俊美的青年突然跑进他睡的山洞，小心翼翼地避开穆俱昆陀的身体躲到了洞窟深处，他身后追赶着一个怒气冲冲披甲带剑的刹帝利，冲进洞来看到身材巨大的穆俱昆陀安睡不动，一脚踢到他身上大吼："你把黑天那小子藏到哪里去了！"穆俱昆陀被惊醒，抬眼看向踢自己的刹帝利时，那人一瞬间化为了灰烬。这时，那个肤色黝黑的青年笑着转出来向穆俱昆陀道谢。原来，这个黑青年是毗湿奴的第八化身、雅度族的英雄黑天，追击他的人是他的敌人、一个邪恶的国王迦罗耶婆那，黑天故意把这个家伙引进穆俱昆陀的洞窟，性情粗暴的迦罗耶婆那果然自取灭亡。为了表示感谢，黑天邀请穆俱昆陀登上不同的天界游览，穆俱昆陀满足了之后，通过苦行和毗湿奴融为一体。

古婆罗娑也是一位英雄国王，而且是一位英雄父亲。他的父亲巨马王统治大地许多年之后，想要到森林中苦行。优腾迦仙人听说后，急忙赶去找巨马王，劝阻他说："国王啊，你的任务是保护臣民，现在还没有完成任务，不能去森林。在我居住的净修林附近，有一片大沙漠，沙漠下居住着一个可怕残暴的阿修罗王，名为通图。他在那里修炼严酷的苦行，想要毁掉三界，他的喘息之风掀起巨大的沙暴，遮蔽阳光，还会引起地震和火灾。国王，为了你的臣民和世界的利益，一定要杀死这个残忍的恶魔才行。战斗吧，国王，毗湿奴大神给我一个恩惠，谁敢于和这个魔鬼战斗，他就把巨

大的威力输送给谁，你得到这样的威力，一定能战胜通图。"

巨马王对优腾迦仙人说："我已经年老体衰，放弃了武器，不过你不会失望而归。我的儿子古婆罗娑坚毅勇敢，他有两万一千个儿子，每一个都和他一样英勇，个个都是铁臂勇士。他们会为民除害，杀死通图。"巨马王命令自己的儿子古婆罗娑带上军队，帮助优腾迦仙人去诛灭通图。古婆罗娑和自己的两万一千个儿子一起，带着兵器和铲子来到沙海。他们挖了七天沙子，挖到沙海底部，终于发现通图躺在沙中，朝西睡着，像太阳和灭世之火一样发热发亮。古婆罗娑和儿子们发出怒吼，向通图发起猛烈的攻击。通图被惊醒，愤怒地起身，吞吃了国王军队的武器，口吐火焰，烧死了国王的许多儿子。但古婆罗娑十分英勇，不曾退缩，依旧顽强地率领儿子们和通图战斗。毗湿奴的威力降临到他身上，古婆罗娑身上涌出大海般汹涌的潮水，扑灭了通图的火焰，他和剩下的儿子冲上前去，杀死了这个企图毁灭世界的恶魔。古婆罗娑从此以"通图魔罗"（杀死通图者）之名闻名于世。

虽然获得胜利，但古婆罗娑也付出了惨重的代价。他的所有儿子几乎都在通图喷出的火焰中牺牲，最后只剩下三人，而太阳王朝也就靠这幸存下来的三个儿子延续下去。

太阳王族世世代代的王族祭司都是梵天之子极欲仙人。有一次，甘蔗族的第十七代王陀哩商古突发奇想，想要以肉身升上天界。他去找极欲仙人提出这个想法，极欲仙人说："自古以来不曾听说过有这种事情。"婉言拒绝了国王。陀哩商古没有死心，又去找极欲仙人的儿子们。极欲仙人之子的脾气不像父亲那样好，听到国王的古怪请求，他们竟然勃然大怒，诅咒他说："我们父亲已经拒绝过了，你竟然又向我们提出这种愚蠢的要求，难道想让我们成为逾越父亲权威的儿子吗？你就变成一个愚蠢的旃陀罗好了！"仙人们的诅咒具有威力，国王立即从宝座上跌落下来，变成了一个贱民。他变成贱民之后，原先的家人和大臣都认不出他，把他从国都里驱赶出去，陀哩商古只得四处流浪，打猎为生。

陀哩商古变成一个贱民之后没多久，大地上发生了一次大饥荒。连续十二年的旱灾让所有的河流断流，植物干枯，牛也死了很多，人们没有粮食可吃，更不用说施舍给婆罗门。陀哩商古在河岸边游荡，发现众友仙人一家饿得快要死了，众友仙人自己此时出门在外，他的家人也不得不去偷别人的狗肉维持生命。陀哩商古心想："众友

祭司雕像

太阳神王族世世代代的王族祭司都是梵天之子极欲仙人。

仙人是一位品德高尚法力巨大的仙人，家人如此遭受折磨，他心中一定非常痛苦。我倒是可以帮助他们，可是哪有人愿意从一个贱民手中接受食物呢？"他想来想去，终于想到一个折中的办法，他把猎来的鹿肉挂在众友仙人家附近的大树上，自己悄悄躲开，这样就避免了众友仙人一家直接接受一个旃陀罗的帮助受到玷污的可能。众友仙人的家人依靠陀哩商古的帮助，终于熬过了饥荒。漫游归来后的众友仙人知道此事非常感激，找到陀哩商古说："你的恩德，我一定会报答。如果极欲仙人和极欲仙人的儿子们不愿为你举行祭典，帮助你升上天界，那么我就来帮助你。"

众友仙人说干就干，立即开始筹备祭典。他法力威力强大，国王果然开始以肉身朝天界升去。众神听说这件事情，纷纷前来制止，天帝因陀罗反对得尤为厉害，他们和众友仙人的威力对抗，陀哩商古狼狈不堪地倒悬在半空之中。众友仙人大发雷霆，对诸神说："因陀罗阻止我帮助陀哩商古登上天界，那么我就以我的苦行法力再造就一个天界，那个天界不会有碍手碍脚的因陀罗。"天帝一听，害怕了，只好同意众友让陀哩商古升天。不过，他只能保持头脚倒置的姿态，处在众友仙人新造的星宿之间。

阿那兰若是甘蔗王族的第十二代君主。这位国王是一位卓绝的勇士。当年，罗刹魔王十首罗波那横行大地的时候，只有阿那兰若敢于率领军队反抗罗波那的暴行。十首王打散了阿那兰若的军队，英勇的国王依旧孤身一人留在战场上对抗魔王。当罗波那打倒他时，奄奄一息的阿那兰若说："你尽管得意吧，终有一天你会死在我的后人手里。"果然，许多代之后，罗波那死在了阿那兰若的后代、太阳王族的第四十一代国王罗摩手中。

第十四章
人类的故事：月亮王朝

洪呼王

月神苏摩之子、水星布陀是月亮王朝的先祖。他和由男变女的摩奴的长子伊陀结为夫妻，开创了这个伟大的世系。

伊陀的遭遇十分奇特。他很喜欢打猎，有一次，在游猎的时候，他无意误闯进雪山神女和湿婆的园林，惊讶地发现为了取悦雪山神女，湿婆竟然变做女性与妻子游乐。在此期间，森林中所有的生物，无论动物还是植物都变成了雌性。伊陀发现自己也变成了女性，惊惶失措，他向湿婆苦苦哀求，湿婆大笑起来，回答说除了让他变回男性，什么恩惠都可以给予伊陀。伊陀又向雪山神女帕尔瓦蒂哀求，雪山神女答应让他一个月变成女性，一个月变回男性。不过，伊陀变成男性的时候没有女性的记忆，变成女性的时候没有男性的记忆。

失去记忆的伊陀变成一个漂亮的女子，漫无目的地在大地上游荡，恰好被苏摩之子布陀看见，布陀对她一见钟情，把她带回家做了自己的妻子。一个月后，伊陀恢复性别和记忆，慌慌张张从布陀的王宫里逃出来，回到自己的国家。又过了一个月，他

湿婆和妻子

摩奴的长子伊陀很喜欢打猎,有一次,在游猎的时候,他无意误闯进雪山神女和湿婆的园林,惊讶地发现为了取悦雪山神女,湿婆竟然变做女性与妻子游乐。在此期间,森林中所有的生物,无论动物还是植物都变成了雌性。

变回女性，又回到了布陀身边。

布陀与由男变女的伊陀生下了统治西方的月亮王族中的第一个国王洪呼王。他是一位强大而又主持正义的国王，统治过许多土地辽阔的国家以及大洋中的岛屿。他的品德可与天神媲美。

那时候，天上最漂亮的仙女广延天女告别天神和乾闼婆，来到人间。很久之前，阿底提年长的儿子密特罗和伐楼那在天上难陀那林苑见到了广延天女。他们都爱上了她。强大的密特罗娶广延天女为妻，但仙女却倾心于伐楼那。密特罗知道广延天女背叛了自己之后，把她赶出天堂，并诅咒她命中注定将成为凡人的妻子，生活在人间。广延天女来到人间，遇到了洪呼王。她一见到国王就忘却了天上的琼楼玉宇，一心一意地爱着他。洪呼王被天女的姿容所震惊，一见钟情，请求这位天女作自己的妻子。广延天女说："这没问题，你可以每天用芦苇做成的杖打我三次，但你不能违反我的意愿和我交合，也不要让我看到你的裸体，这是我们天女的规矩。"洪呼王答应了。

他们幸福地生活了四年，广延天女完全忘却了天堂的优裕生活，身怀有孕。但是，对于乾闼婆和阿卜娑罗来说，没有广延天女，天堂也就失去了光彩。他们思念她。乾闼婆们议论，要想办法把洪呼王和广延天女分开，好让广延天女回到天界。

广延天女有两只羊羔，她爱惜它们如同亲生的孩子，让它们永远睡在自己的床头上。一天晚上，乾闼婆们潜入国王和仙女的寝宫，抓走了一只羊羔。广延天女被惊醒，发现少了一只羊羔时，她伤心地哭诉起来："哎呀！贼把我的儿子带走了，我好像没有保护人，没有丈夫！"洪呼王心想："既然我在这里，怎么能够说她没有保护人也没有丈夫呢？"第二天夜里，乾闼婆又来牵另一只羊羔，这次，洪呼王毫不犹豫立即从床上跳起来，持剑扑向盗贼，他心想，黑暗中妻子是看不见他赤身露体的。乾闼婆立刻抓住机会，放出闪电之光，把宫殿照耀得像白昼一样。广延天女看见了赤条条的丈夫，惊叫起来："我只能离开了！"

洪呼王抱着抢回的羊羔冲回寝宫，发现妻子已经不见了。国王伤心已极，到处游荡寻找爱妻，经过了许多国家，最后来到俱卢原野，在这里，他看到一个明净的湖泊，许多天鹅畅游其上。其实，这些天鹅是变化了的天女们，其中也有广延天女。她见到国王后对女友们说："这就是我所喜爱的那个人。"天女们看到国王愁眉不展，在湖泊前徘徊，对广延天女说："我们让他见见吧？"广延天女点头应允。天女们在国王

面前显露真容，洪呼王认出广延天女，苦苦哀求起来："我的爱妻，你为什么如此铁石心肠离我而去？让我们重归于好吧！我们一定坦诚相见，否则你我都会失去快乐。"

广延天女回答："我与你有什么好说的！我就像朝霞一样的走了，你回去吧！我如风一般，你是无法将我留住的！你没有遵守誓言，回家去吧。"

洪呼王十分悲伤，对广延天女说："如果你不跟我回去，我只好自尽或者消失，让自己去喂狗。"

广延天女说："别寻死觅活的，女人的心就和鬣狗一样无常。国王，回家去吧！"

话虽如此，广延天女看到洪呼王心碎的样子，还是心软了。她对洪呼王说："今年的最后一个夜晚，你再来到这里吧。我和你会在此共度，那时候我将生下我们的儿子，他现在正在我的腹中。"

一年过去了，国王旧地重游。他看到原是湖泊的地方耸立了一座金色宫殿。广延天女从宫中走出来说："今晚我与你待在一起，明天乾闼婆将会前来，满足你一个愿望，那时你就说'我想成为你们中的一员'。"

第二天早上，洪呼王按广延天女的建议对乾闼婆说："我要成为你们中的一员。"乾闼婆们回答说："要成为乾闼婆需要用圣火献祭，人间没有这样的火。"他们把天上的圣火放在一个火盆里，交给国王带回去。

洪呼王带着儿子和火盆走到森林里，累得走不动了，把火留在林中，心想："我回来再取。"他把孩子带回宫殿，又返身回去取火，没想到火盆不见了，曾是火的地方耸立着一棵无花果树，火盆则变成了另外一种大树。洪呼王从两棵树上各采一根枝条带回宫中。他用树枝相互摩擦得到了圣火。洪呼王以这种祭典获得了乾闼婆的本性。他又能与自己心爱的广延天女相会在一起。他们的儿子叫做阿逾娑，意思是长寿王。

然而，洪呼王到了年老的时候却财迷心窍，竟然发动军队抢夺婆罗门的财产。愤怒的婆罗门诅咒洪呼王，他因此而不光彩地死去了。阿逾娑继承了父亲的王位，传承了月亮王族的世系。

友邻王

广延天女和洪呼王生下的儿子名叫阿逾娑，阿逾娑的儿子叫做友邻。他不仅具有

刹帝利的一切勇气、武艺和力量，更有无上的美德，是以睿智谦逊闻名的贤王，统治大地期间，深得人民厚爱。

此时，在天界发生了一些意外事件，竟然最终将友邻王推上了天帝的宝座。

事情还要从天神和阿修罗之间的敌对讲起。阿底提的儿子陀湿多是因陀罗的兄长，天神的工匠，他创造了许许多多罕见的物品，为众神铸造兵器，建造天庭宫殿。但是他的妻子却是一位阿修罗族的公主。她生了一个长着三个头的儿子，名字叫做万相。她还为陀湿多生了一个女儿，也就是太阳神的妻子、云的女神娑罗尼尤。陀湿多之子万相，面目非常可怕。一张面孔如太阳，一张面孔如月亮，第三张面孔如同火焰；一张嘴吟唱吠陀颂歌，一张嘴喝酒，一张嘴吞噬周围的一切。他具有非凡的智力，曾经是个伟大的苦行者。祭主之前，天神的首席祭司就是万相。因为他是阿修罗的外甥，所以他吃里爬外，公开给予天神祭品，背地里也给阿修罗们祭品。

当时统治阿修罗的是底提的次子希罗尼耶格西布。他不满足万相只是私下里和阿修罗联络，偷偷找到万相的母亲，对他说："你儿子公开给天神们祭品，他们光明正大地接受，因此力量增长；我们偷着摸着接受祭品，结果力量被削弱了。让你儿子表明态度吧！不能这样下去了。"

万相的母亲于是劝说万相公开投向阿修罗一边，万相不愿意违逆母亲的意愿，就干脆投到希罗尼耶格西布那里，去做阿修罗的祭司。因陀罗担心他因刻苦修行将获得的威力。为使万相丧失力量，天帝招来一些最漂亮的阿布娑罗，吩咐她们说："你们快去勾引陀湿多之子，让他沉溺享受，忘记苦修。他令我感到十分害怕，恐惧不安。"天女们听从因陀罗的吩咐，来到万相的住处。她们以充满柔情蜜意的眼神和令人销魂的动作来引诱他。万相对面前卖弄风情、走来走去的天女毫无兴趣。他控制住自己的欲望，犹如涨潮时候的大海般宁静。

天女们徒劳无功，只好返回天宫，向因陀罗报告了自己的失败。仙女们走了以后，天帝陷入沉思。万相背叛了天神，但是不能杀死他，因为他是婆罗门出身，杀害婆罗门是最大的罪孽。可是天帝又不能把他拉到自己一方，思来想去，因陀罗找不到解决的办法，终于决定不惜一切代价也要除掉万相。他来到万相苦修的森林中，向他投出雷霆轰鸣的金刚杵。万相没有防备，倒在地上死去。看着他巨大的三头尸体，天帝自己也不寒而栗，由于苦行的威力，万相的尸体虽死犹生，依旧光芒四射，让因陀罗心

神不宁。他找来一个樵夫，砍掉了万相的三个脑袋。

陀湿多知道因陀罗干了这件事之后，大发雷霆，他眼睛发红地说："我的儿子一贯坚守苦行，没有缺陷，心地宽容，毫无罪过，竟然被天帝给杀死了。我要制造因陀罗的敌人，杀死骄傲的天帝，让世人见识见识我的威力。"他用苏摩酒和火制造了一个可怕的怪物——巨龙弗栗多。这条巨龙一出生，就声如雷鸣地对父亲说："您让我做什么？"陀湿多大喊："杀了因陀罗！"

弗栗多占据了人间和天国，天神们焦虑不安，纷纷向因陀罗呼吁，请他去战胜巨龙。因陀罗带领自己的军队，勇敢地冲向弗栗多，巨龙见天神袭来，顿时发出可怕的咆哮声，并从口里喷射火焰。天神们吓得夺路逃跑，只剩下无所畏惧的因陀罗只身向巨龙扑去。

弗栗多张开可怕的血盆大口，抓住天帝，把因陀罗囫囵吞了下去。湿婆派遣呵欠之神去巨龙那里，结果弗栗多打了个呵欠，忍不住张开大嘴，天帝趁机把自己缩小，从巨龙的肚子里面溜了出来。然后，勇敢的因陀罗又再度和弗栗多陷入死斗。他高高举起金刚杵，朝弗栗多狠狠砸去，杀死了弗栗多。

巨龙临死前发出一声惨叫，使天空震动。因陀罗自己也吓得够呛，头也不回地跑开了，也没敢确认弗栗多死了还是没死。他一气跨过了九十九条河，来到了世界的尽头，跳到湖里，藏在一节莲藕之中。

弗栗多和他的兄长万相一样，都是婆罗门。这样，天帝犯了杀害祭司的最严重的罪行。由于这可怕的罪行，因陀罗都不敢返回自己的天国。在很长一段时间里，他始终躲藏在莲藕里，修炼苦行，希望洗清罪孽。

没有天帝的统治，天界变得一片混乱。所有的天神都互相说："我们必须找一个人来替代因陀罗治理我们。"经过商议，大家一致认为当时统治大地的月亮王族国王友邻王德才兼备，是最合适的人选。于是，众神派出使者，去找友邻王，请他登上天界，代替因陀罗作为天帝统治天国。

友邻王诚惶诚恐地说："我只不过是一介凡夫，怎么有资格和能力统治长生不老的天神呢？"一开始，他并不同意。后来，梵天亲自把他找去，对他说："国王啊！我授予你甘露，以便让你具有和天神同样的力量。同时，我还要给你一个恩惠，任何人只要在你目光所及的范围内，就必须受你驱使。拥有甘露和我的恩惠，你就放心地

杀死魔龙

　　魔龙弗栗多张开可怕的血盆大口，把因陀罗囫囵吞了下去。湿婆派遣呵欠之神去巨龙那里，结果弗栗多忍不住张开大嘴打了个呵欠，天帝趁机把自己缩小，从巨龙的肚子里面溜了出来。然后，勇敢的因陀罗再度和弗栗多陷入死斗，他高高举起金刚杵，朝弗栗多狠狠砸去，杀死了弗栗多。

代替因陀罗统治天国吧！"

友邻王这才勉强答应下来，登上了天帝的宝座，头戴五十颗星辰所做的光环，真是辉耀四方、不可逼视。他目光所及之处，人人都要服从他的力量。一开始，友邻王谨慎地行使天帝的权力，即使成为了众神的首领，他依旧依照仪规，敬拜众神；作为一个统治者，他礼贤下士，规规矩矩，一丝不苟。然而，时间过去，流亡的因陀罗依旧没有任何音讯传来，友邻王觉得自己作为神首前途无量，便渐渐变得傲慢起来，抛弃了过去一切美德。他不再施舍，不再兢兢业业治理国土，被财富和权力冲昏了头脑，让自己沉溺在享乐中。他对治下的臣民态度也变得日益恶劣无礼，对仙人和提婆们颐指气使。天国人民愤懑不平，觉得自己真是选错了国王，但出于梵天的恩赐，没有人能起来反对友邻王日渐昏庸的统治。

到了后来，友邻王的行为越来越出格了。自从因陀罗逃亡之后，天后舍质独自一个人在王宫里生活。有一天，友邻王无意之间见到了天帝之妻娇艳的美貌，立即对她垂涎三尺。他找到舍质，用种种无礼荒唐的话语骚扰她，意欲占有天后。舍质不堪其辱，哭泣着跑出去，躲到了祭主那里。

友邻王知道舍质躲藏在祭主处，大发雷霆，仙人们规劝他放弃邪念，友邻王还振振有词："因陀罗自己也曾经霸占过仙人的妻子阿诃厘耶，我为什么不能享有他的妻子？过去，他做过许多非法、残忍、诈骗的事情，那个时候，你们怎么不规劝他？"他执意要舍质来服侍自己。由于害怕他目光的威力，天神和仙人们不得不来到祭主家里，劝说祭主把舍质交给友邻王。舍质一听，悲伤地痛哭起来。

祭主说："我曾经答应保护舍质，此时就不会食言。我绝对不会交出舍质。"

诸神说："我们也知道不应当屈从友邻王的淫威，但他能让视线之内的人都服从他，我们别无他法。导师啊，想个办法吧。"

祭主沉思片刻，对舍质说："没有办法，现在这个恶人正在权势顶端，只能暂时对他虚与委蛇。你恳求他，拖延一点时间，这段时间我们再想办法。"

舍质来到友邻王处，对他说："我希望您能再给我几天时间。我的丈夫不知道跑到哪里去了，不知道他出了什么事情，我于心不安。一旦知道他的下落，我就嫁给你。"

友邻王看着舍质的美貌神魂颠倒，听了这些话十分高兴，就同意了。舍质回到王宫中，急忙向黑夜女神拉德莉祈祷。黑夜女神派出神谕天女，跟随着神谕天女，舍质

越过许多王国和山林，寻找因陀罗，终于在一个池塘的莲藕孔里发现了逃亡的天帝。

舍质对丈夫哭诉友邻王的暴行，因陀罗安慰自己的妻子说："友邻只是一时得意，他任意妄为，很快就会遭到惩罚。美丽的女郎啊，下次他再来骚扰你的时候，你让他坐着仙人们抬着的轿子来见你。果报很快就会在他身上实现。"

舍质听了这话，回到天宫。友邻王果然又来纠缠她。天后对友邻王说："没有比坐仙人抬着的轿子更威严、更豪华的仪仗了。你坐在仙人抬的轿子上来找我吧！这样，我便会服从你的意愿。"

友邻王一听，大喜过望，他被情欲冲昏了头脑，便急急忙忙命令仙人们为他抬轿子见舍质。

恰好在这个时候，婆利古仙人去找投山仙人，对他说："大智者啊，我们凭什么要容忍友邻这个无赖神首如此这般胡作非为呢？"

投山仙人说："他的所作所为，我也看不下去了，可是他有梵天的恩惠，能够摆布进入他视线范围的所有人。这样一来，即使是仙人中的魁首也无法咒倒他，我们也无能为力。"

婆利古说："我可以变小身体，钻进你的发髻，这样他无法看到我，我们可以见机行事。"投山仙人一听，便高兴起来。他们依计而行，婆利古仙人刚刚藏进投山仙人的发髻，友邻王就急匆匆跑来了。他被欲望驱使，心急火燎地对投山仙人喊："快快，来为我抬轿子，我要坐着轿子去见美丽的舍质，这样她就会属于我了。"

投山仙人默不作声，和其他仙人一样，忍气吞声地扛起轿子，驮着友邻王往舍质王后的住处走去。婆利古仙人小心翼翼把自己藏在头发中，不让友邻王看到。友邻王想到很快就能得到舍质，急不可待，一个劲用驱赶大象牛羊的刺棒驱赶仙人。投山仙人心存正法，并不生气，但友邻王反而越发不耐烦，竟然用脚猛力踢德高望重的投山仙人的脑袋，大声喊："快走，快走！"

就在这个时候，藏身投山仙人发髻之中的婆利古仙人怒不可遏地对友邻王发出诅咒："该死的家伙，既然说'快走'，那你就变成一条蟒蛇到地上去爬着吧！"梵语中"快走"和"蛇"是同音的，诅咒一出口，趾高气扬的友邻王便瞬间委顿在地，连婆利古仙人在哪里都没有看到，就变成了一条蟒蛇，在地上蜿蜒爬行。

可是，凭着过去的苦行和美德，尽管变成了蛇，友邻王还保存着意识，他恳求仙

因陀罗和舍质

舍质对丈夫哭诉友邻王逼迫自己服侍他的暴行,因陀罗安慰自己的妻子说:"友邻只是一时得意,他任意妄为,很快就会遭到惩罚。"

宫廷贵妇

随着时间流逝,代替因陀罗统治天国的友邻王被财富和权力冲昏了头脑,不再兢兢业业治理国土,而是整日沉溺在与宫廷贵妇的享乐中。

人们为自己的诅咒定一个期限。看他话说得如此可怜，投山仙人动了恻隐之心，替友邻王对婆利古求情。婆利古也可怜起这位昔日的人中英杰来，于是说："你要变成蟒蛇一千年。一千年后，会有一位名为坚战的贤王诞生，他是你的后裔。当他遇上你的时候，你就能摆脱蛇形，重新升上天国。"

惩罚了友邻王之后，以火神阿耆尼为首的众神迎回了躲藏在莲藕中的因陀罗。因陀罗把杀害婆罗门的罪行分散给山川河流，再度变得洁净。梵天为他灌顶，天帝于是再度成为了天国的主宰。为了感谢把他迎回天国的众神，因陀罗分封八方，从此有了阿耆尼、苏摩等八位护世天王。

迅行王与天乘

友邻王登上天界后，他的儿子迅行王代替他治理大地。有一天，迅行王到森林中打猎，追逐一只野鹿追了很久，口干舌燥，急着找水喝。他发现不远处有一口井，就走到井旁往里面望。这一望不打紧，迅行王吓了一跳：井里没有水，倒是坐着一位妙龄少女。

这位少女就是阿修罗的导师太白仙人的女儿天乘。在云发离开她之后，她继续陪伴在父亲身边生活。有一天，她和一群女伴去池塘里洗澡，洗到一半，湿婆和妻子帕尔瓦蒂骑着白牛路过。少女们感到害羞，手忙脚乱地去抓衣服遮掩身体。慌乱中，天乘抓错了阿修罗王牛节的公主多福的衣服。两个姑娘争吵起来，多福就用力把天乘推进枯井里，看也不看一眼就回到阿修罗的都城去了。

天乘坐在井里正在发愁，突然看到一位年轻武士往井下望，于是急忙呼救说："我是太白仙人的女儿，请拉着我的手把我拉上去吧！"

迅行王拉住天乘的右手，把她从井底救了上去。然后他向她彬彬有礼地道别，回自己的国度去了。

天乘回到父亲家里，对太白仙人苏羯罗诉说了事情的全部经过。太白仙人听说之后，便怀着满腔愤怒来到阿修罗王牛节面前告状，牛节害怕得罪他，打发多福去侍奉天乘作为赔罪。心高气傲的多福没有选择，只好忍气吞声做天乘的奴仆。

几年之后，天乘又回到那口枯井所在的森林中玩耍，恰好迅行王为了猎鹿又来到

了这个地方。他看到天乘被侍女们簇拥着，姿容妙曼，闪闪发光，宛如星辰，心里觉得很惊奇。他走上前去，向她行礼，恭敬地问："美人啊，为什么我觉得你依稀面熟？"

天乘微笑着说："国王呀！几年前就在这个地方，你从枯井里把我救起来，你忘记了吗？请你按照约定，娶我为妻吧！"

迅行大吃一惊，对天乘说："我什么时候做过这样的约定？何况你是婆罗门，我是刹帝利，我如果娶你，就是逆婚。你应该嫁给同样出身的仙人才对，我配不上你。"

天乘说："当初你把我从井中救出的时候，拉了我的右手，按照正法，你已经是我的丈夫了。我既然已经被人碰过，岂能再让别的男人接触？我在世界上绝不选其他人做丈夫了。"

但是，迅行王害怕太白仙人发怒，还是不敢应允。天乘急忙差人去找自己的父亲。苏羯罗来到森林中，看到迅行王威武英俊，感到很满意，就对他说："我爱女选中你做她的丈夫，我就把她许给你。你要她做王后，至于种姓混乱引起的罪过，我就替你消除了。"

听了这些话，迅行王就接受天乘为自己的妻子。太白仙人送给女儿许多嫁妆，其中也包括作为女仆的阿修罗公主多福。

迅行王带着妻子回到自己的都城，过着天神般的快活日子。不久之后，天乘为他生下了一个儿子。可是此时多福再也忍受不住寂寞，她趁着天乘不注意，施展自己的魅力，偷偷勾引迅行王。

迅行王对多福说："太白仙人在把天乘交给我的时候就警告过我，不要上你的床。何况，我也不能容忍自己弄虚作假。"

可是，狡黠的多福满面笑容，说了一大番似是而非的道理，证明男人拒绝勾搭自己的女人是犯罪，迅行王听了，动摇起来，加上多福的确美貌惊人，就没顶住诱惑，和她勾搭成奸了。不久，多福生下一个漂亮的儿子，貌如天神，目如青莲。

天乘听说多福生了个孩子，就怒气冲冲地去质问多福是不是勾引了迅行王。多福撒谎说这个儿子是和一个路过的仙人生的，天乘相信了她的话，回到王宫去了。

几年之间，迅行王和多福生了三个儿子，和天乘则只生下两个儿子。天乘全不知情，直到有一天她和迅行王一同外出，在森林里看到三个貌如天神的孩子在无忧无虑地玩耍。她看到他们长得和迅行王似模似样，不由怀疑起来。这三个孩子看到迅行王，

跑到他身边拉着他的衣服叫爸爸。迅行王窘迫万分,不敢回应,三个孩子便哭着去找母亲了。天乘仔细一想,立刻明白了真相。她愤怒地去找多福,多福泰然自若地回答:"我可没有撒谎,迅行王是位王仙,也是仙人啊!你按自己的意愿选择他做丈夫,我也按照自己的愿望选择他做丈夫,这有什么错?"

天乘气坏了,对迅行王说:"你犯下了大错。"就流着眼泪飞奔着离开了他。迅行王很害怕,在后面追赶她,好言劝慰她,天乘全然不听,跑到父亲太白仙人那里,诉说自己所受的委屈。苏羯罗听了事情经过,也很生气,把国王招来对他说:"我已经警告过你,你却置之脑后,为了寻欢作乐做出越轨的事情来。你等着吧!衰老会立刻征服你,你会变得老态龙钟、手脚颤抖,再也没法寻花问柳。"

受到诅咒,迅行王果然立刻就变成了一个老人,失去了青春年华。迅行王急忙求情,苏羯罗说:"如果有人可以接受你的老年,和你互相交换,你就能继续享受青春。"

迅行王于是去找自己的儿子。他对长子雅度说:"儿啊,请你为父着想,接受我的衰老,把你的青春给我吧,一千年后,我再把青春还给你。"

雅度噘着嘴说:"老年人不能骑象,不能驱车,不能享受女色,我才不要接受你的老年。"

迅行王又接着问了自己的次子、三子和四子,得到的都是同样的回答。迅行王大怒,诅咒他们说:"你们是从我心中生出的,却轻蔑地对待自己父亲的不幸。你们和你们的后代都不能继承我的王位!"

他又找到自己最小的儿子补卢。补卢听了父亲的请求,很干脆地说:"爹爹,你就从我身上取走青春尽情享受吧。"迅行王大喜,宣布把补卢封为王储。他重新获得青春,尽情享受的同时也依照正法治理国家,用祭祀取悦天神,对待人民宽厚仁慈。一千年过后,他依照约定,把青春还给了补卢,之后退隐到森林中,修行严格的苦行。他整整苦修了一千年后,终于登上了天堂。

沙恭达罗

补卢继承了父亲的王国十数代之后,统治大地的国王是豆扇陀,他年轻、威武、英俊,具有种种美德,并且喜欢狩猎。有一年春天,豆扇陀又登上战车,来到森林里

打猎消磨时间。他顺道去拜访了摩哩尼河边上干婆仙人的净修林，此时正是春天，园中的树木花团锦簇，朵朵繁花几乎压弯了新生的鲜嫩枝条，枝头回响着鸟雀的啼啾和蜜蜂轻柔的和鸣。忽然，豆扇陀发现三个净修的女郎拿着水壶正在给幼嫩的花树浇水，便忙躲到了花丛里。

其中一位少女，粗糙的树皮衣遮不住她青春洋溢的身躯，双眼如鹿眼般澄净。女伴们拿她打趣，不时地叫她："喂！沙恭达罗！"

豆扇陀对沙恭达罗一见钟情，她的一投足，一举手都是那样优雅，英勇的国王几乎要为之窒息了。他心旌摇曳，犹豫着要不要立刻走出来和这几位美貌的姑娘相见；正在此时，花间飞出一只小蜜蜂，受沙恭达罗身上淡香的吸引，竟围着她打起转来。沙恭达罗急忙朝她那两位爱笑的女友求救。可她们却笑着说："我们俩怎么能救你呢？请豆扇陀来吧！因为我们的净修林正是由国王保护的。"国王一听，迅速地走出来，大声说道："我就是保护净修林的豆扇陀。谁敢对净修女们有如此无礼的行为？"

三位嬉闹的女郎因突然出现的国王吃了一惊，不知所措地转头看着国王。沙恭达罗惊恐地低下头，站在那里，一声不吭。她一看到英俊潇洒、温文有礼的国王，内心就一阵骚乱，这是她从来没有过的奇异感觉。这时她的好友们走过来请国王到树下的祭坛上歇一歇，沙恭达罗趁此机会，悄悄地转到草棚里为这位尊贵的客人端出献礼和鲜花。

看着娇羞含情的沙恭达罗，聪明的女友对国王讲述了沙恭达罗的身世。原来，众友仙人想要从刹帝利变成婆罗门，他修苦行的严酷程度让天神们都害了怕，于是他们就派了仙女弥那迦来引诱他，破坏他的道行。弥那迦生下女儿后，就把婴儿遗弃在小河边，返回了天庭。干婆仙人去河里沐浴时，看到了躺着的婴儿，鸟兽都不来伤害她，沙恭鸟还围在一起翱翔保护她，于是就把这个女孩子抱回家抚养，起名沙恭达罗。

沙恭达罗无声地为国王倒水赠花，国王热烈的目光在沙恭达罗的脸上逡巡不去。正在这时，林子外突然响起了一片嘈杂声。原来，是一只野象被跟随国王狩猎的士兵们驱赶，闯进了净修林。少女们一时间大惊失色，互相搀携着赶回茅屋中暂避；沙恭达罗走在最后，她欲行又止，含情脉脉地回头看了国王一眼，跟着她的好友们走了。国王也只得恋恋不舍地回头离去，指挥他的士兵们将这只不合时宜的大象引出法林。

沙恭达罗那一眼，令国王销魂，他无意回城了，就让随从们在离净修林不远的地

方驻扎下来。

夜晚降临，豆扇陀按捺不住，悄悄地离开自己的营地，走向那座和沙恭达罗初遇的由芦苇和蔓藤做成的亭子。他悄悄向亭子里望去，果然看到沙恭达罗斜倚在一块铺满了花朵的石头上，面有病容。两位亲密女友正在用荷叶为她扇风。

"从那天第一次看到国王起，沙恭达罗就郁郁寡欢。"一个女友说。

沙恭达罗咬着唇，红了脸，"因为从那以后，我总是想着他，就搞成现在这样子了。"

"谢天谢地！你爱的人真跟你配得上。"明白了真相的两女友放心了，她们撺掇沙恭达罗写一封情书，藏在花里，当作是剩下的敬神贡品，交到国王手里。

她俩找来一张绿绿的荷叶，沙恭达罗便把诗用指甲刻在上面。国王再也按捺不住自己，终于冲了出来，激动地说："爱情只使你发热，但却在不停地燃烧着我。"

"啊！爱情的果实这样快就成熟了。"二位女友满意地笑了，找借口离开。沙恭达罗急了，也想跟着走，被国王一把抓住。沙恭达罗连忙说："请您松手！我自己做不了主，这里到处都有仙人。"

豆扇陀说："好姑娘！有什么害怕的呢？仙人的女儿是用乾闼婆的方式结婚的，尊敬的干婆大仙是深通法典的，他不会生气的。"

沙恭达罗挣脱了他的手，用荷花须做成的镯子掉落在地上。她迈出了亭子，却听见国王在身后含笑吟道："好姑娘！你无论走得多么远也走不出我的心，就像黄昏时刻的树影拖得再长也离不开树根。"

听到这席话，沙恭达罗心中欢喜不已，却又不好意思再回亭中去，就躲到了路旁的花丛中，想听听国王还会说些什么。她看到国王弯腰拾起镯子，放在自己的胸膛上，那样子就如拥着自己心爱的姑娘一般。"哎，这不是她的荷花须镯子吗？呵，一碰到它真舒服啊！是它的力量使我在愁苦中把信心建起！"听到这深情的话语，沙恭达罗又转了回来。国王看到她，大喜过望，赶忙迎了上去。他们通过乾闼婆的方式偷偷结合了。

然而，没过多久，狩猎季节过去了，国王带着他的人马班师回朝。一对相爱的人依依不舍地离别，剩下的便是惆怅和长久的守望。

这天沙恭达罗坐在茅屋中，又在怔怔地出神，思念着她的心上人。脾气奇差无比的敝衣仙人恰好在这个时候走进茅屋来看望干婆和沙恭达罗。沙恭达罗丝毫没有觉察

沙恭达罗和豆扇陀

　　豆扇陀对沙恭达罗一见钟情,她的一投足,一举手都是那样优雅,英勇的国王几乎要为之窒息了。沙恭达罗一看到英俊潇洒、温文有礼的国王,内心也是一阵骚乱,这是她从来没有过的奇异感觉。

沙恭达罗的情书

　　坠入爱河的沙恭达罗日夜思念豆扇陀国王,郁郁寡欢,她的两位女友便撺掇她给心上人写一封情书,藏在花里,交给国王。她俩找来一张绿绿的荷叶,沙恭达罗便把情诗用指甲刻在上面。

到仙人正走进屋来。敝衣仙人向沙恭达罗行了礼,又连着问候了两声,可是沙恭达罗竟都没听到。敝衣仙人立即怒火中烧,拂袖而去。

正好这个时候沙恭达罗的两个女友回来,她们俩见敝衣仙人从茅屋中走出来,气得连迈步都有点发抖,一边走一边对还在发呆的沙恭达罗诅咒说:"你心里只有你那个人,别的什么都不想念,你那个人决不会再想起你来。"

两个女友失声叫道:"糟了!"她们俩迅速地放下手中的花,跪请敝衣仙人息怒。敝衣仙人说:"我的话既然说出去,就不能不算数。但是,只要她的情人看到他给她的作为纪念的戒指,我对她的诅咒就会失掉力量。"说完头也不回地走了。

女友们松了口气,相互说:"现在可以放心了。国王曾经把一只刻着自己名字的戒指套在沙恭达罗的手指上,说是作为纪念。希望就寄托在这只戒指上面了。"

国王离开后没几天,干婆仙人就回来了。他一进净修林,就觉察出了异样来。等进到屋中,见到业已有孕在身的沙恭达罗,一下子就明白了事情的缘由。作为父亲,他非常满意女儿的这门亲事。他热烈地拥抱了自己亲爱的女儿,又大声为她祝福,并且对她说:"我将择日找一些仙人陪着你,把你送到你的丈夫那里去。"沙恭达罗听到这番话,真是如释重负。

在沙恭达罗启程的那天,她和两位好友抱头痛哭,难舍难分。两位好友告诉沙恭达罗:如果那位国王迟迟疑疑一时想不起她来的话,就把镌着他名字的戒指拿给他看。

豆扇陀国王回到京城后,日理万机为他的臣民们辛勤工作。敝衣仙人的诅咒似乎发生了作用,国王完全不记得沙恭达罗。这一天,使者向他通报,净修林中的苦行者带着女人来了。

国王吃了一惊,走进招待厅,迎面看到了沙恭达罗。豆扇陀的心猛地一跳,为这姑娘的美暗暗赞叹着。沙恭达罗透过面纱,悄悄地望着自己日思夜想的心上人,可是看到他对自己并没有另眼相待,却又觉得无比蹊跷。难道这中间出了什么差错?

国王朝护送沙恭达罗来京城的干婆的两个弟子鞠了一躬,谦恭地说:"请问干婆大仙有何见教?"

干婆仙人的弟子回答说:"仙人说,由于双方同意,你已经娶了他的女儿,这件事情,他衷心喜悦地同意。这次派我们来,是护送你那已怀孕的妻子回到你的身边。"

国王脸上惊疑不定,过了好一会才说道:"这是怎么一回事呢?我以前同这位小

姐结过婚吗？我怎么全然想不起来有这么一回事？"

一听这话，沙恭达罗满怀柔情的心如同被一桶冷水劈头淋下，浑身就像掉进了冰窖里。

仙人拉过沙恭达罗，取下她的面纱说："不必害羞，这样好让君王认出你来。"沙恭达罗千巧百媚的娇模样让所有在场的人倾倒，犹疑的国王一面惊艳于沙恭达罗的美貌，一面却仍然不承认他们之间的婚约。"我想了再想，我实在想不起来曾同这位小姐结过婚。我怎么会是她的丈夫，她显然已经有了身孕，我怎样对待她呢？"

沙恭达罗听到这，脸色霎时一片死灰，她伤心地对国王说："夫君呀，以前在净修林里，你信誓旦旦，引诱我这个天真无邪的人，现在却用这些话来拒绝，这难道合理吗？"

豆扇陀大叫起来："住口，住口！你处心积虑想尽方法来诬蔑我的家声，毁坏我的名誉！"

"如果你真疑心我是别人的妻子的话，那么我就用一个标记来破除你的疑虑。"说着，沙恭达罗颤抖着举起右手，想要把当初国王为她赔礼道歉而赠送的指环展示给国王。可是，当她摸向戴着指环的手指时候，才发现她的指环不知什么时候已经脱落不见了。

沙恭达罗这一下欲哭无泪，国王盯了她一眼，轻蔑地哼了一声："女人真会急中生智呀！"

沙恭达罗仍抱着一丝希望："您忘记了吗？有一天，在蔓藤亭子里你用手去捧那些积聚在荷叶杯里的水，就在这时，有头小鹿走来了，你说：'这一个应该先喝水。'于是就给它水喝。但它却不从生人手里喝水。但我手里捧了水，它就信任地喝了。同时你笑着说：'所有的东西都信任自己的伙伴，你们俩都是林中的居民。'"

国王依旧没有半点反应，他冷笑道："我不会被你的甜言蜜语所迷惑。"

听了国王这话，沙恭达罗简直怒不可遏了，她上前一步，大声怒斥："卑鄙无耻的人！你以小人之心度君子之腹，谁还能像你这样披上一件道德的外衣，实在是一口盖着草的井！"

她咒骂自己的命运，失声痛哭。突然天女庙旁闪起了一道金光，样子像一个女人，把她高高举起，就一起消逝得无影无踪。原来，听到了沙恭达罗悲惨的哭诉，她的生

身母亲——天女弥那迦再也不忍心，降临凡间，带着女儿回天国去了。

众人都惊愕不已。过了良久，国王长叹一声，说道："现在想它还有什么用处呢？请休息吧！"他这样说着，便回转到后宫去歇息。

沙恭达罗走了，国王也恢复了他平日里繁忙的政务生活。这天，巡逻的士兵逮到了一个渔夫。这个渔夫明明穷困潦倒，可是手中居然有一枚刻有国王名字的宝石戒指，他想将它在集市上卖个好价钱。士兵们认为，这一定是渔夫偷来的，渔夫却争辩说，有一天他捉住了一条金色鲤鱼，刚剖开它肚子就看到这个宝石戒指。双方争执不下，士兵就把戒指拿去给豆扇陀看。

国王接过戒指，看到它的瞬间，几乎五雷轰顶：他记忆的大门打开了！那段完全被他遗忘的生活，呈现在脑海里。"沙恭达罗！沙恭达罗！"他深情地呼唤着爱侣的名字，痛悔自己一时糊涂，拒绝了沙恭达罗的到来，致使她至今下落不明。从那以后，国王的生活失去了平静：他食不知味，睡不安宁，日夜沉浸在对沙恭达罗的思念中。他仿照净修林里沙恭达罗住的房子，在王宫里也建了一座蔓藤凉亭，把他亲手画的沙恭达罗的画像搬到了这里。他时常躺在凉亭里，手里攥着那枚珍贵的戒指，思绪万千，满面愁容。

日子还是这样一天一天地流走了。天国发生大战，天帝派御者来请豆扇陀去助战，他使用平节箭帮助因陀罗打败了阿修罗，为天帝赢得胜利。豆扇陀完成了使命，乘天车回国。途经喷出像暮云一般金流的金顶山，那里有仙人摩哩质的苦行林，豆扇陀决定下车礼拜。

他步下天车，漫步走进这座仙境般的净修林，在苦行林中，国王偶然看到两个女苦行者看管着一个孩子。那孩子正在用手打一只小狮子，并把正吃着奶的小狮子拉向自己身边。

"张开嘴！喂，小狮子！张开嘴！我要数你的牙。"小家伙冲着狮子大声嚷嚷，那样子蛮勇可爱。国王一下子喜欢上这个淘气孩子，不由得羡慕起这个孩子的父母来。

"孩子呀！把这小狮子放了吧。我给你一件玩意儿。"一个苦行女继续劝说道。

"在什么地方？让我看看！"那孩子说着，伸出手来。国王这样近距离地看到他的手相，脸色都变了。只见那孩子的指头间联系着一幅薄薄的肉网，这分明就是一个转轮王才能具有的手相！

苦行女向旁边望了望,看到了国王,就朝他招招手:"先生!请你过来,把那个小狮子从这个顽皮的孩子手里解救出来吧!"

国王听到这话,就走上前来,微笑着抚摩这调皮的孩子,将他与小狮子分开。他痴痴地凝视着孩子,手轻轻地抚过他的后背。这时苦行女突然觉得奇怪起来:孩子和陌生人虽然没有关系,但是长得样子却很相似。

豆扇陀这时微笑着低下头,对孩子说道:"你爸爸在净修林里居住,他的乐趣就是保护牲畜。你却违反了净修林的规矩——"

"先生呀!这不是仙人的孩子。"

国王听到这儿,顿了一下:"那他姓什么呢?"

"他姓补卢。"

国王的脑子顿时像被一个巨浪席卷而过一般,一片空白。他强颜欢笑,对女苦行者说:"没错,补卢的后裔都会在统治大地多年后,隐居到林子里去修行。但是这个圣地是天仙修行的地方,并不是凡人们可以随便进来的。"

女苦行者回答说:"正如先生所说。这个孩子的母亲因为同天女有关系,所以才来到这座苦行林。"

国王的手指微微地颤抖起来,他站起身来,急切地问道:"那她是哪一位王仙的夫人呢?"

没想到这位苦行女的脸色竟一下子沉了下来:"他遗弃了自己的合法的夫人,谁愿意提到他的名字呢!"说着,她就过去牵起孩子的手,要回到茅屋中去。国王着急地想跟上去,却不知如何开口留下他们。他们才走了几步,突然国王看到戴在孩子手上的一个青草手圈松开滑落到了地上。他拾起它,说:"孩子手上的青草手圈掉了。"

苦行女急忙回头喊道:"不要动,不要动!——哎,你怎么竟拿起来了!"

"我为什么不能拿?"国王一边说着,一边将手圈重新套回到孩子的手上。

"哦,你不知道!这个名叫'不可克服者'的神草大有威力,是居住在这里的大仙摩哩质给孩子戴上的。如果掉在地上,除了他父母和他自己以外,谁也不能拾。若是拾了,它就会变成蛇咬他。——难道,你竟是沙恭达罗一直等候的人么?"苦行女迟疑地打量着国王。

"沙恭达罗?!孩子的母亲真是叫作沙恭达罗么?"国王的声音因为激动而变得

高昂而颤抖。

"是的。这正是我妈妈的名字。"孩子抬起头脆生生地说道。

国王一把抱起孩子，大声说道："儿子呀！你同我一起去使你妈妈高兴一下吧！"

"松开我！豆扇陀才是我的爸爸，你不是。我要去找我妈妈。"

"你反驳我也让我高兴！"国王一边说着，一边紧抱着他向茅屋大步走去。苦行女跟随着他们一同进了屋。

他们一起穿过厅堂，刚迈进屋后的小花园，就见沙恭达罗正提着一壶水在浇花。她穿着深灰色的衣服，头发束成了一条辫子，可是容貌依然明艳不可方物。孩子挣脱了国王的怀抱，向着母亲奔过去。"妈妈！妈妈，这里一个生人叫我'儿子'。"

沙恭达罗浑身一震，过了好一会而才慢慢转过身来，眼中已是泪水盈眶。朦胧中，只见她那日思夜想的豆扇陀正一脸愧疚看着自己。他缓步走上前来，双手扶住心爱的人，动情地说："亲爱的！我待你太粗暴了，但是粗暴已经转变成柔情。我希望你能原谅我。"

"妈妈，这是谁呀？"年幼的孩子仍不明所以，他轻轻扯着妈妈的裙角。

"孩子呀！你去问一问命运吧！"说完，沙恭达罗忍不住掩面转身。

国王就跪到了沙恭达罗的脚下。"亲爱的！我以前心里糊涂，遗弃过你，请你把不愉快的感觉从心头清扫掉。一时迷糊的人遇到喜事往往就是这样，就像一个盲人会怀疑投到他头上的花环是毒蛇而把它掷掉。"

沙恭达罗赶紧转身，将自己最亲爱的丈夫扶起。国王反握住她的手，将她拉向自己的怀抱。沙恭达罗因此触到了他手上的戒指。

"夫君，这不是你赠给我的那个戒指么？它竟然失而复得了！"沙恭达罗喜极而泣。

"是呀，正是奇迹般的找到了戒指，我的记忆才恢复了。"豆扇陀回答说，把那枚帮他恢复记忆的戒指重又戴到沙恭达罗的手指上。这对几经磨难的夫妻终于破镜重圆了。

德高望重的摩哩质仙人也来到了花园里，为这光彩照人的一家人祈福："好哇！陛下，你看到沙恭达罗给你生的这个儿子，心里高兴吗？你要知道，由于他英勇的天性，他会成为一个转轮圣王。他会成为世界的栋梁，去征服包括了七个大洲的世界。"

国王领着他心爱的家人一同出门，登上天车，回到自己欢乐的家园。豆扇陀和沙恭达罗生下的儿子命名为婆罗多，他的直系后裔后来则被称为婆罗多族。再后来，这个王族又被称为俱卢族，《摩诃婆罗多》中的各族英雄都诞生在这个王朝体系中，婆罗多族也成为了今日印度民族的先祖。至今，印度在梵文中的称谓，仍然是"婆罗多"。

第十五章
罗摩的奇幻旅程

　　印度神话中曾出现过三个罗摩，他们是大力罗摩、持斧罗摩和罗摩旃德拉。这三个罗摩都和毗湿奴有一点关系，都是他或多或少的化身之一。但一般人们说起罗摩，指的都是罗摩旃德拉，也就是《罗摩衍那》中的罗摩。

　　罗摩是毗湿奴的第七个化身，他在十首魔王罗波那横行大地时降下世间，为的就是诛杀这个十恶不赦的罗刹王。他的故事主要记载在古代印度大史诗《罗摩衍那》中，《罗摩衍那》书名的意思就是"罗摩的旅行"或"罗摩传"。

　　上古时代罗刹魔王罗波那凭借梵天的恩赐横行大地，他得到祝福不会死于任何神、阿修罗、半神手下，但是他过于傲慢，看不起人类，没有把人类算在自己的愿望里，因此大神毗湿奴下降到凡间，化身为阿逾陀王子罗摩。

　　当时统治大地的是太阳王朝（甘蔗王族）的国王十车王，他定都阿逾陀城，把国家治理得井井有条，繁荣昌盛。臣民拥戴他，好像光辉的群星围绕着太阳一样。国王年迈无子，大臣们便建议国王向天神求嗣。十车王采纳了众人的意见，举行了盛大的马祭典礼。

　　毗湿奴听到国王的祈求，就出现在祭火里，把自己化作一杯米乳，交给十车王的王妃们去喝。王后乔萨厘雅把粥喝了一半，生下一个英俊的儿子罗摩，为此，他有毗

湿奴一半的力量。罗摩的全名是罗摩旃德拉，意思是"美好如月的"（虽然名字里有月亮，罗摩实际上还是太阳王族的后裔）。

妃子吉伽伊喝了四分之一的米乳，生下儿子婆罗多，他有毗湿奴四分之一的力量。另一妃子弥多罗也喝了四分之一，生下两个儿子罗什曼那和设睹卢祇那，他们各有八分之一的力量。十车王这四个儿子都长得俊美潇洒，而且聪明睿智，品德高尚，但罗摩在他们中间最优秀。罗什曼那总是跟随大哥罗摩，就像设睹卢祇那喜欢和二哥婆罗多在一起。罗摩十六岁的时候，众友仙人特地把罗摩和罗什曼那领到净修林去教养，传授给他们箭术和作战的本领，以便将来他们能除妖灭怪。

邻近的毗提诃国遮那迦王也没有后代。有一天，他在犁地的时候，从犁沟里出现一个美丽的女婴。国王把她当作自己的女儿抚养长大，起名"悉多"。悉多成年后，遮那迦王考虑为悉多找一位真正的英雄做丈夫。他有一张家传神弓，相传是湿婆当年所拥有的，传给了众神，又落到了尘世。人间无人能拉开这张神弓。遮那迦王宣布，有谁能把他家祖传的湿婆弓拉开，便选他为婿。许多的国王和武士都来到毗提诃国的国都密提罗，想要得到悉多青睐。众友仙人带着罗摩兄弟也参加了比试。但是，与会的英雄豪杰当中只有罗摩一人能把弓拉满，然后因为用力过大，竟然把弓折断了，在座的人无不为之瞠目结舌，悉多也把自己的一颗芳心送给了他。遮那迦王遵照诺言，把悉多嫁给了罗摩，把自己亲生的女儿许配给罗什曼那。另外，他还把弟弟所生的一对女儿许配给了婆罗多和设睹卢祇那。

罗摩带着悉多回到故国，途中还打败了著名婆罗门武士持斧罗摩。人民看到他带回如此美丽的新娘，都感到万分欢乐。几年之后，十车王觉得自己年事已高，准备自行退位，立罗摩为王，因为他具备一切君主的品德。他精通正法，忠诚、正直又善良，沉着刚毅，爱护平民，在百姓中声望颇高。他的这些品德就像是太阳那样发出万道金光。老百姓听说罗摩将成为国君，许多人从四面八方涌到城里来，要亲自看看罗摩的灌顶大典。

然而，就在此时，小王妃吉伽伊在驼背侍女的煽动下，出于自私和邪恶的念头，去请求十车王改变立罗摩为君的主意。过去，吉伽伊在一次大战中，曾救过十车王的命。当时国王答应给她一个恩惠，将来无论吉伽伊提出什么请求，国王都得答应。吉伽伊提出，要立吉伽伊亲生的儿子婆罗多为王，把罗摩放逐到森林中去十四年。

当十车王听到吉伽伊提出的请求时，惊恐万状。他请妻子放弃这邪恶的念头，但吉伽伊却硬得像块铁。她说国王如果不照办，就是一个背信弃义的人。十车王难过加上气愤，不由昏倒在地。罗摩见此情景，不愿意使父亲陷于难堪的境地，便自动做出牺牲，一切都按吉伽伊提出来的那样办，自愿动身去森林。

罗什曼那十分爱自己的哥哥，他决定和罗摩一块去过流放的生活，悉多爱自己的丈夫，也要跟随去流放，以便和丈夫分担忧愁。尽管罗摩多方拦阻他们，但他们都说自己决心已定，没有别的选择了。

罗摩离开都城阿逾陀，全城百姓都出来相送，由于和有德的王子分别，许多人痛哭流涕，大骂吉伽伊鬼迷心窍，十车王年老昏聩。他们跟随在罗摩身后，送了一程又一程。罗摩渡过了恒河才离别了送别的人民。十车王由于受了这次刺激，不思茶饭，郁郁不乐，罗摩离开六天后便因为悲伤过度离开了人世。

吉伽伊所生的婆罗多王子当时住在祖父家。十车王死去后，吉伽伊把他召回来，叫他赶快继承王位。可是，当婆罗多知道罗摩因母亲遭到流放时，便大哭起来，对母亲说："你做了多么可怕的事情！你贪图财富，杀死丈夫，毁灭家族，叫我落下骂名！"母亲吉伽伊被儿子训得满脸惭色，无话可说。可是国不可一日无君，大臣们都请求婆罗多登基为王，他执意不肯，并且要把哥哥罗摩找回来。

罗什曼那在山林中见到婆罗多领着大队人马赶来，以为他想要来杀人灭口，勃然大怒，要上去迎敌。罗摩拦住了他，认为婆罗多不会是这样的人。果然，婆罗多看到罗摩已经变成了苦行者的装束，身穿鹿皮，手持弓箭，便跪在他面前，抱着哥哥的脚失声痛哭起来。他请求罗摩马上回去登基。罗摩接到父亲去世的噩耗万分悲痛，但他还是拒绝回阿逾陀都城。他拥抱了弟弟，对他说："我不能违背在父亲生前向她许下的诺言。"

婆罗多没能劝说动罗摩，只好把罗摩的鞋子带回去，他不愿意回到都城，就居住在一个小村落里，把罗摩的鞋子供在座位上，也学着罗摩穿树皮衣服，过着苦行生活，代罗摩管理国家，想等将来罗摩流放期满后，把王位归还给他。

罗摩为了避免百姓和婆罗多再次找上门来，便带领妻子、兄弟进入一片人迹罕至的森林，与那些穿树皮衣，吃根茎、野果为生的婆罗门仙人为邻。在林中，他们结识了金翅鸟王阇吒优私，鸟王是十车王生前的好友，他答应要尽一个父亲的职责、像对

仙人接待罗摩、悉多和罗什曼那

被流放的罗摩和妻子、兄弟进入一片人迹罕至的森林，与那些穿树皮衣，吃根茎、野果为生的婆罗门仙人为邻。在林中，他们结识了金翅鸟王阇吒优私。

待自己儿媳一般来照拂悉多。

有一天，林中来了一个罗刹女妖首哩薄那迦，她是罗刹王罗波那的妹妹。她见罗摩英俊漂亮，对他一见倾心，变成一个绝色美女，想要勾引罗摩。罗摩感到好笑，便随口开玩笑说他的弟弟罗什曼那比他更年轻英俊，想把首哩薄那迦打发走。女妖信以为真，便去找罗什曼那。罗什曼那可不像哥哥那么脾气好，他见首哩薄那迦纠缠不休，拔出刀子便割下了女妖的鼻子和嘴唇。女妖捂着脸，跑去找她的哥哥十首王罗波那。罗波那见妹妹那副狼狈样子，气得咬牙切齿，问妹妹是谁干下的好事。首哩薄那迦向哥哥哭诉自己的遭遇，把自己被割掉鼻子和嘴唇的事从头到尾说了一遍。末了，她要十首立刻为她复仇。为了打动好色的罗波那，她还说罗摩的妻子悉多长得像天仙一样漂亮，如果罗波那能杀死她的丈夫，那么，他便可以得到这位美人来增添后宫的光彩。

罗波那一听果然动心。他首先去找老罗刹摩哩遮。这个老罗刹过去在众友仙人的净修林里和其他罗刹一起为非作歹，被罗摩打败，出于怜悯，罗摩没有杀他，只是把他扔进了大海。摩哩遮逃得一命之后，再也不敢做坏事，在牛耳圣地修持苦行。罗波那找到他，命令他和自己一同去劫持悉多。摩哩遮知道罗摩的威力，害怕起来，劝说十首王不要招惹阿逾陀王子。没想到十首王听了摩哩遮的话，反而更加愤怒，骂道："如果你不跟从我，你就必死无疑！"

摩哩遮无可奈何，心想反正是个死，还不如死在罗摩这位英雄手中。他和罗波那飞到罗摩在林中居住的茅舍前。罗刹王命令摩哩遮变化成一头金鹿，样子逗人喜爱，头上的角是宝石的，身上斑斓的毛发也像是宝石做成的。果然，悉多一见这头金鹿，十分欢喜，她要罗摩把它捉来。罗摩想要满足爱妻，便让罗什曼那保护好悉多，自己追踪着金鹿一直往深林中跑去。摩哩遮施展幻术，罗摩总追不上它，他醒悟过来这是罗刹变化的，便搭上弓箭，把金鹿射倒。摩哩遮倒在地上，临死前，装着罗摩的声音，凄惨地喊道："悉多！罗什曼那！"罗摩一听，知道不好，便急急忙忙往回赶。

悉多听到森林深处的喊声，担心罗摩出了什么事，便催罗什曼那前去救援。罗什曼那说："哥哥让我保护好你，我不能随便离开。"悉多担心罗摩，哭哭啼啼，怀疑起罗什曼那的动机来。罗什曼那没有办法，只好到深林中去了，吩咐悉多不要随便走出他临走时画下的魔圈，这个魔圈能够保护悉多不受侵害。

罗什曼那一走，罗波那便把自己变成一个英俊的苦行者，出现在悉多的面前。悉

多一看对方是个仙人，便失去戒心，走出魔圈用野果招待他。罗波那不理会这一切，用一番甜言蜜语赞叹悉多的美貌，然后又说自己如何富有、家里如何舒适，他要悉多离开罗摩，不用再过清贫的苦行生活，只要跟着他，就会过着天后一般的日子。悉多听到这些荒唐的话，迎头骂了罗刹王一顿，说："女人喝过了蜜，怎么还会想要喝大麦酸粥？世界上哪里有这样的怪事？"罗刹王恼羞成怒，显出了本相，悉多吓得转身就跑，罗波那一步上前，扯住悉多的头发，强行把悉多抱上云车，飞向蓝天。

鸟王阇吒优私正在睡觉，听到悉多在半空中的呼救声，便飞上天空拦住了罗波那的去路。罗刹王大怒，与鸟王展开了凶猛的搏斗。鸟王砸碎了罗刹王的云车，罗刹王则割断了鸟王的翅膀，使他一个筋斗栽落到地上。罗刹王抱起悉多再次飞向天空。当他们飞过一座大山时，悉多看到山顶上有五只猴子，便摘下自己的首饰扔下去给猴子们，请求他们为自己报信。罗波那挟持悉多飞过了茫茫大海，降落到他的国土——楞迦岛。

罗摩射杀金鹿后，回程路上遇到了罗什曼那。他们回来不见了悉多，知道自己中了妖魔的调虎离山之计。罗摩十分着急，立刻和罗什曼那一同出发去寻找悉多。在路上，他们见到了奄奄一息的鸟王，他断断续续地讲了自己为了救悉多和十首罗刹王搏斗的经过。罗摩还来不及问罗刹王的去向，鸟王便气绝身亡。兄弟俩为鸟王举行了葬礼，继续赶路。他们遇到了拾到悉多首饰的猴王妙顶和哈奴曼，哈奴曼建议罗摩和妙顶达成同盟：罗摩凭借手中天下无敌的弓箭为妙顶夺回王位，而妙顶重返王位后，帮助罗摩寻找妻子。于是，妙顶和波林决斗的时候，罗摩躲在暗处，在两只猴子打得胜败难分之时射了波林一箭。波林命殒，妙顶得以重新登上猴王宝座。它派出猴子大军，让它们到四面八方去寻找失踪的悉多。

哈奴曼找到了印度大陆的南端。它从鸟王阇吒优私的弟弟商波底那里探听到悉多被劫持到了楞迦岛上，便摇身变成巨猴，纵身一跳，越过波涛汹涌的大海。到了楞迦岛，他钻进罗波那宫殿，在后花园找到了悉多。他亲眼目睹罗波那威逼利诱悉多，但悉多对罗摩忠贞不渝，宁死不从罗刹王。哈奴曼把罗摩的信物戒指交给悉多，放火大闹了一番楞迦城。之后，悉多也将自己的信物宝石托哈奴曼带给罗摩。他再度跳过大海，回去向罗摩兄弟和妙顶报告消息，把探路的情况一五一十讲了一遍。然后，猴王立即发军，和罗摩一同向楞迦进发。猴子们均奋力争先，个个摩拳擦掌，扬起的尘

悉多看到哈奴曼

　　哈奴曼为帮助罗摩寻找悉多，摇身变成巨猴，纵身一跳，越过波涛汹涌的大海，到了楞迦岛。然后变得非常小，在后花园找到悉多，把罗摩的信物戒指交给了她。

土遮天蔽日。

他们一路来到大地尽头，看着烟波浩渺的大海，猴子们不知如何是好，有的说要造船过去，有的要征用海边渔夫的船只，但罗摩知道这样一支大军没法用船运过海去。焦急之下，罗摩发了狠，对着大海威胁要把海洋用自己的箭矢烧干。海神伐楼那急忙现身，告诉罗摩可以让匠神陀湿多的儿子、能干的猴子那罗在海上架筑桥梁。于是，由那罗负责，大队的猴子在大海上造起桥来，它们搬材运料，熙熙攘攘，十分热闹，在海洋上愣是造起了一座宽十由旬、长一百由旬的大桥，直通楞伽岛。这座桥命名为那罗桥。

罗波那听到罗摩率领猴军要渡海的消息，召开会议，商讨对策。罗刹们都主张罗波那和罗摩开战。只有罗刹王善良的弟弟维毗沙那说："罗摩有正当的理由来攻打我们，自从哥哥把悉多抢来，楞伽城里出现了种种不祥的征兆，这都是因为哥哥违背正法的行为所致。罗摩和猴军是正义之师，一定会打败罗刹军队，毁灭楞伽城。王兄啊！你如果还珍视我们的人民，就送还悉多，和罗摩讲和，以免招来大灾难吧！"没想到罗波那听了这番话竟然勃然大怒，骂弟弟是敌人的喉舌，甚至威胁维毗沙那说，如果他不是自己的弟弟，他一定会动手杀了他。

听了这些刺耳的话，维毗沙那一气之下，离开了罗波那，带着自己的四个大臣，渡海投奔了罗摩。罗摩兄弟热情接待了他，把他灌顶为罗刹王。

海上架桥完毕，猴军蜂拥而过。罗刹王一面急忙派兵迎敌，一面叫了一个罗刹施展幻术，假造了一个罗摩的头颅，提去诓骗悉多。他谎说悉多的丈夫在渡海时已被杀死。悉多不知是计，哭得死去活来。一位同情她的罗刹女，暗暗把实情告诉了她。她才收住了眼泪。

攻城战开始了。罗摩派猴军统领尼罗攻打楞伽城东门，鸯伽陀率军攻打南门，哈奴曼攻打西门，他自己和罗什曼那攻打罗刹王亲自把守的北门。猴军像波涛一样喧哗，罗刹们也吼声震天。楞伽城墙上和壕沟里都爬满了猴子。他们用大树猛砸楞伽城门。开始，猴军略占上风，后来，罗刹王儿子因陀罗耆使出隐身术，发出一支支利箭，使人无法防范，结果罗摩兄弟均被射倒。战事急转直下，猴军败下阵来。罗刹王高兴得紧紧搂抱自己的儿子。接着，他命令罗刹女驾起云车，把悉多带到战场上去观看。悉多在空中看到猴军战败的惨景，还看到罗摩兄弟中箭躺在地上，已失去了知觉。悉多

罗摩架桥

　　罗摩和猴子大军为救悉多，来到大地尽头，看着烟波浩渺的大海，不知如何是好。此时，海神伐楼那现身，告诉罗摩可以让匠神陀湿多的儿子那罗在海上架筑桥梁。于是，由那罗负责，大队猴子在大海上造起了一座直通楞迦岛的大桥，这座桥被命名为那罗桥。

楞迦大战

攻入楞迦城后，罗摩和猴军与罗刹们展开了激烈的战斗，猴军像波涛一样喧哗，罗刹们也吼声震天。开始，猴军略占上风，后来，罗刹王儿子因陀罗耆使出隐身术，发出一支支利箭，使人无法防范，结果罗摩兄弟均被射倒。

放声大哭，她眼前一片漆黑，昏了过去。

罗摩兄弟被因陀罗者发射的蛇箭所伤，中了此箭，身子被大蛇紧紧缠住。在这生命攸关的时刻，罗摩真身毗湿奴的坐骑金翅鸟王迦楼罗飞来了。他是那迦们的天敌，大蛇一见立刻逃遁。金翅鸟用翅膀拂拭罗摩兄弟的面孔，他们便有了气息；再一拂拭，他们的伤口也愈合了。罗摩醒来，看到金光灿灿的迦楼罗，十分惊讶，问道："你是哪一位尊神？"迦楼罗说："我是迦楼罗。我曾是你的坐骑，也曾在你头上飞扬过，你忘记了吗？"罗摩不明所以，迦楼罗向罗摩说明他是毗湿奴的化身，然后向他行礼，回到天界去了。

新的战斗又开始了。哈奴曼表现得十分勇敢，他击毙了两员魔将。尼罗也击毙了一员魔将。十首罗刹王罗波那亲自出马，他用箭射倒了尼罗和罗什曼那。当他用箭射哈奴曼时，神猴把自己的身子缩得很小，使罗刹王箭射空了。哈奴曼跳起来，当胸给了罗刹王一拳，使罗波那跪倒在地上，身子不停地晃动。罗波那跳上云车，在空中飞腾，哈奴曼便叫罗摩骑在他脖子上，也飞在空中，对罗刹王展开攻击。罗波那招架不住，只好败退回到楞迦城。

形势对罗刹王不利，罗波那想起了他那个有神力、却被梵天促弄长睡不醒的弟弟鸠槃羯叻拿。罗波那便命令罗刹们快去把鸠槃羯叻拿唤醒，好让他上阵破敌。鸠槃羯叻拿酣睡得死沉，他直挺挺地躺在那里，罗刹们使劲呼唤，也无法把他唤醒。于是，他们抬来了大鼓，用力击起鼓来，还吹响海螺，仍然无法把他吵醒。罗刹们推他身子，用石头砸他，均毫无用处。最后，罗刹们牵来一千头大象，赶着象在恶魔身上踩踏。这时鸠槃羯叻拿感到浑身痒痒，才醒了过来。罗刹们便轮流不断地送上食物，让他吃个饱。同时告诉他，楞迦城受到罗摩带领的猴军围困，他的哥哥战败了，楞迦城危在旦夕。

鸠槃羯叻拿听了事情的前因后果，很不高兴地谴责哥哥强抢悉多，造成今日的局面。不过，他还是立刻要求参加战斗。罗刹王大喜，用好言鼓励了他一番。这恶魔一迈腿，便跨出了楞迦城墙，他高耸入云，发出了令人战栗的吼声。猴军听到这吼声纷纷后退，鸯伽陀大声呵斥，才稳住了阵脚。哈奴曼和鸯伽陀向恶魔进攻，均被他蛮力扫倒。成千上万的猴子爬上了恶魔那山岳一般的身躯。恶魔则像抓跳蚤似的，把猴子一个个抓过来，塞进他的大嘴里。一霎时，猴子被他吞吃了不少。猴王妙顶气愤不过，

冲上去战斗，也被恶魔生擒活捉。妙顶用牙咬，用爪子抓，好容易才从恶魔腋窝里挣脱出来。罗什曼那向恶魔发出七支利箭，均射中恶魔心窝，但他却毫不在乎。

罗摩射出了一支神箭，把恶魔的一条胳膊射断，痛得恶魔哇哇大叫起来。罗摩再搭上一支神箭，又射掉恶魔另一条胳膊。最后，他又射断了恶魔的双脚。恶魔张开大嘴，向罗摩反扑。罗摩又射出一支威力更大的箭，恶魔的脑袋便滚落到地上。这颗头颅像块巨石，砸碎了楞迦城门。猴军欢呼蹦跳起来。

罗波那听说弟弟被杀，十分恐慌，他决定和罗摩决一死战。他派出全部魔兵魔将，但一一被哈奴曼、鸯伽陀、尼罗等杀死和打败。罗刹王又派最信任的儿子因陀罗者出战。因陀罗者是罗刹中的第一勇士，曾经击败过天帝因陀罗，他名字的意思就是"战胜天帝者"。因陀罗者虽很不满意父亲劫持悉多招来战火，但是大敌当前，他依旧全心全意用在了杀敌上。

因陀罗者上阵后施展隐身术，射出像蝗虫一样的箭雨，无数猴子倒毙在尘埃中。罗摩兄弟也被射倒。主帅受伤，猴军处于一片混乱之中。熊黑的首领阇婆梵告诉哈奴曼说："喜马拉雅山中有一座药山，采回山上的药草，便能起死回生，治疗箭伤。"哈奴曼一听，便跳到空中，向喜马拉雅山疾飞而去。他找到了药山，可是怎么也找不着药草，仙草都钻进地里去了。哈奴曼焦急万分，他干脆捧起药山，飞回楞迦岛。罗摩兄弟和已被射毙的猴军，嗅到仙草的清香，便都活了过来。

猴军又向楞迦城发起了攻击。罗摩兄弟与因陀罗者展开了一场对射。但因陀罗者会隐身术，无法命中他。维毗沙那识破了侄儿的招数，告诉罗什曼那战胜因陀罗者的秘密。罗什曼那按照维毗沙那指示，先射杀了因陀罗者的四匹黑马，接着又射死了他那善于驾驭的车夫，逼得因陀罗者自己驾车。这时，罗什曼那便射杀了这个英勇的罗刹王子。

十首罗刹王听说儿子死了，又悲又怒，提着刀要去杀悉多解气，但被好心的罗刹女劝阻住了。罗波那亲自出阵，要为儿子报仇。他和罗摩各自施展本领，直杀得天昏地暗。罗刹王身躯高大，他的怒吼声如发狂的狮子。罗摩毫不畏惧，越斗越勇。战到后来，双方身上都插满了箭，像刺猬一般。罗摩射下了罗刹王的首级，使它滚落尘埃。但罗刹王胸膛里又长出一个脑袋来，罗摩张弓再次把它射了下来。可是，罗刹王又长出了新脑袋。罗摩射了一百次，罗刹王脑袋长了一百次，始终无法把他杀死。

罗波那被罗摩杀死

　　罗刹王罗波那和罗摩各自施展本领,直杀得天昏地暗。罗摩射下罗刹王的脑袋一百次,罗刹王脑袋长了一百次,始终无法把他杀死。最终,在天帝御者摩多梨的指点下,罗摩举起神弓,祭起梵天法宝,一箭便射穿了罗波那的胸膛,杀死了不可一世的罗刹王。

这时，天帝御者摩多梨驾驶着套着棕红色神马的天帝战车来到战场，停在罗摩身边，请他登上这辆常胜战车去作战。罗摩登上战车，愤怒地冲向罗波那，摩多梨提醒罗摩应祭起梵天法宝来对付罗波那。罗摩依言而行，他举起神弓，祭起法宝，一箭便射穿了罗波那的胸膛，不可一世的罗刹王倒地死了。空中的天神们大声欢呼，阵阵花雨飘洒而下，落到罗摩的身上和战车上。

罗摩率猴军进驻楞迦城。维毗沙那正式成为罗刹王，安抚战死的罗刹包括罗刹王的妻儿们。他们为罗波那举行了盛大的葬礼，罗波那的正妻、摩耶之女曼陀特哩陪伴丈夫上了火葬堆。

罗摩派哈奴曼去把悉多接来。悉多听到罗刹王已死，罗摩获胜，喜不自胜，沐浴更衣，来见罗摩。罗摩见悉多来了，他的欢喜、悲伤、愤怒也一齐涌上心头。他对悉多说："我是用战斗把你夺回来的，因为你是我的妻子，因此不应当待在罗波那的花园内终老。然而，我这样的人，又怎么能把一个受敌人玷污的妻子领回家门呢？你走吧！愿意上哪儿去，便上哪儿去！"

悉多万万没料到罗摩会说出这样的话，她浑身颤抖，伤心地哭泣起来。她抹着眼泪，对罗摩说："我所爱、所钟情的，在这世界上只有一个人，那就是你，罗摩。如果你怀疑我对你的爱，为什么你还要远渡重洋来救我？我此生都没有失过节，这千真万确。你怀疑我的贞洁，我又有什么办法呢？只有自焚能证明我的清白了。"

罗摩转过脸，不听她的话。悉多大声地悲啼起来，她让罗什曼那抱来一堆木柴，燃起了熊熊大火。纵身跳入火里，身影消失在烈焰之中，所有人看到这个情景，都忍不住大放悲声。

这时，奇迹出现了，火神把完好无损的悉多从火中托出来，她丝毫没有受到伤害，连头发都没有焦枯。阿耆尼对罗摩说："她是清白的。在罗刹王的王宫里，她坚贞不屈，并没有丢你罗摩的脸！请你收纳悉多，把她带回去吧！"

罗摩万分高兴，走上前拥抱了自己的妻子，对大家说："我就知道事情会变成这样，因为我从来没有怀疑过悉多的贞洁。不过，只有通过这种方式，我才能让大家知道，她从身体到言行都纯洁无瑕，现在全世界都和我一样明白她的清白了，她的名声和我的名声就能得到保全。"悉多理解罗摩的苦衷，原谅了他。

此刻，恰好罗摩流放十四年的期限已满。于是，他同猴王妙顶、神猴哈奴曼、罗

刹王维毗沙那及众猴军，乘坐十首罗刹王的云车，返回阿逾陀城。全城百姓都出来欢迎他。在这十四年中，婆罗多克勤克俭、尽心尽力地治理国家，王座上一直供奉着罗摩的鞋子。他自己浑身涂泥，只吃果实与根茎。罗摩很是感动，他把弟弟紧紧地搂抱在怀里。然后，他会见了母亲和众大臣。他原谅了在自己面前忏悔的吉伽伊，像对待自己母亲一样善待她。

人们选了个好日子，让罗摩灌顶为王。猴王妙顶、罗刹王维毗沙那、神猴哈奴曼参加了所有的庆典，然后，才一一辞别回去。罗摩也都厚赠了他们，衷心感谢他们的支持与帮助。罗摩登基后，国泰民安，风调雨顺。他和悉多的爱情也欢乐融洽。

但是过了几年，罗摩问大臣，外面的百姓都在谈论什么？大臣们支支吾吾，最后才鼓起勇气说，外边的人们都在议论悉多，她在罗刹王宫里居留的时间那么久，天晓得是不是保住了贞洁？国王还和这样的女子整天待在一起，是多么宽容啊，简直近似愚蠢。

罗摩十分苦恼，他请来了三个弟弟，对他们说："我是一国之君，百姓的议论我不能不管。人人都这样说，让王室的威信遭到破坏，臣民会用怀疑的目光看待国家颁布的法令。为了在百姓中的声望，现在只有把悉多遣出宫廷，遗弃在恒河岸边了。"他要罗什曼那去执行命令，罗什曼那心里很不痛快，但国王的命令又不能不执行。他带着悉多来到恒河岸边，悉多还不明真相，欢欢喜喜，问弟弟要带着她去哪里。罗什曼那再也忍不住，对她说："哥哥抛弃你了！"便把嫂嫂放在河边，头也不敢回地跑回了京城，一路走一路流泪。

悉多这时已怀了孕，她只身一人在荒野之中，又悲伤又惊恐，放声哭泣起来。幸好，一位在林中修行的蚁垤仙人听到了她的悲啼声，便把她收留下来，像对待亲生女儿那样对待她。

罗摩赶走了悉多，自己也没有得到快乐，日日夜夜，他思念悉多，孤独寡欢。他忍着极大的痛苦专心治国，以自己的才干和工作精神使国家很快地振兴起来。罗摩的国家成了理想之国，被人们称之为"太平盛世"。

一群婆罗门仙人遭到恶魔后代罗婆那的侵害，他们前来请求罗摩帮他们铲除恶魔。罗摩便派四弟设睹卢祇那出征。当他路过蚁垤仙人居住的净修林时，还特地去看望了嫂嫂。就在那天晚上，悉多生下了一对孪生子。蚁垤仙人为他们起名为俱舍和罗婆叫。

蚁垤仙人

蚁垤仙人编写了《罗摩衍那》的故事，故事中说："只要在这大地上，青山常在水长流，《罗摩衍那》这传奇，流传人间永不休。"

设睹卢衹那杀死罗婆那后，建造了一座叫摩图罗的城池。罗摩便把他封作那里的国王。

罗摩为祈求国泰民安，举行盛大的马祭典礼。邀请了四方客人，其中有猴王、罗刹王。蚁垤仙人乘此机会，带了悉多生的两个儿子前来。在会上，蚁垤仙人命两个孩子唱他编写的《罗摩衍那》的故事。罗摩在听故事时，已听出这两个歌童是他亲生的儿子，他回想起和悉多的恩情，便请求蚁垤仙人将悉多领回来。悉多来了，罗摩要她当众表白自己的贞操，他便收留她。悉多心中充满痛苦，她对罗摩说："你一再怀疑我的贞洁，要到什么时候才是尽头？"说罢，她双手合十，向生出自己的大地祈求说，如果她是贞洁的，请母亲来把她接走。话音刚落，大地裂开，大地母亲升出地面，把悉多紧紧搂在自己的怀里，她们沉入地下从裂缝中消失了。罗摩这时才知道，自己错待了悉多，可是悉多再也不会回来。

永远失去了悉多，罗摩悲伤不已。他下令制造了一座和悉多一模一样的金像，日夜放在身边。他派婆罗多和自己亲生的二子征服了美丽的乾闼婆国，派罗什曼那和他的两个儿子远征迦罗波特国。他把罗什曼那的儿子分封在外地，把自己的两个儿子立为南、北二王。

罗摩统治王国多年，国家繁荣兴盛，人民生活安乐。

当得到死神通知，说他的大业已经告成，要他回到天宫复位时，罗摩辞别了百姓，离开了阿逾陀城，走向萨罗逾河畔，投身入水。他的三个弟弟也随他一同抛弃了凡体，升入天庭。兄弟四人复化为毗湿奴大神，天神们都来向他道贺。

罗摩的故事千百年来被广为传颂，他和悉多都被视为印度传统道德的典范。他们的传说还被搬上舞台演出，深受观众欢迎。这正好应了《罗摩衍那》的作者蚁垤仙人两千多年前说过的那句话："只要在这大地上，青山常在水常流，《罗摩衍那》这传奇，流传人间永不休。"

第十六章
持斧罗摩

　　持斧罗摩是毗湿奴的第六个化身。他和毗湿奴几乎所有其他的化身都不同，他是一个有着武士气质的婆罗门，为了把骄傲蛮横的刹帝利从大地上消灭而出生。他的故事将两大史诗从时间上串联了起来（他曾向罗摩挑战，同时也是《摩诃婆罗多》中老武士毗湿摩的劲敌和太阳神之子迦尔纳的师父），颇具传奇色彩；虽然他是毗湿奴的化身，但他本人却是湿婆的崇拜者。从他身上可以看到湿婆的诸多特性，不但他野蛮的外表打扮（一个持着湿婆赠与的巨斧、绾着苦行者高髻、只穿戴兽皮的男人）和湿婆很类似，而且他所表现出的那种愤怒的复仇者性格也和湿婆的本质更加接近。因此，与其说他是毗湿奴的化身，还不如说他更像是湿婆的化身。

　　持斧罗摩的出生颇具传奇色彩。持斧罗摩出生在声名显赫的婆利古仙人家族里，他的祖父是仙人哩阇迦，祖母是曲女城国王、月亮王族支系出身的伽亭王的女儿萨蒂耶婆蒂。由于一个误会，萨蒂耶婆蒂生下了一个身为婆罗门、做起事情却像武士的儿子——食火仙人迦摩陀迦尼，虽然是一个婆罗门，食火仙人却像刹帝利一样习武，喜欢练习射箭，年轻时甚至还曾企图射落太阳，吓得太阳神不得不以凡人形象出现，赠送他阳伞和鞋子求他手下留情。成年后，食火仙人娶了国王哩奴的女儿哩奴迦做妻子，他们先后生下了五个孩子，最小的一个即是毗湿奴化身的持斧罗摩。持斧罗摩很像父

持斧罗摩

持斧罗摩很像父亲食火仙人，是一个心如铁石、行动坚决的人；虽然是一个婆罗门，但也具有武士的各种素质。在熟读《吠陀》和各种经卷的同时，他也熟谙各种武艺，他使用斧头和弓箭的技艺，大地上没有任何一个刹帝利武士能比得上。

亲，是一个心如铁石、行动坚决的人；虽然是一个婆罗门，但也具有武士的各种素质。在熟悉《吠陀》和各种经卷的同时，他也熟谙各种武艺，他使用斧头和弓箭的技艺，大地上没有任何一个刹帝利武士能比得上。

持斧罗摩修行了很长时间的苦行，以求得湿婆手中的武器。湿婆被他感动，出现在他面前说："我可以把这些武器给你，这些武器会把不配持有自己的人烧成灰烬。你首先需要净化自己的灵魂，让自己变得更加强壮，成为配得上这些武器的强者才行。"于是，持斧罗摩修习了更加严酷的苦行，磨炼自己的武艺。有一天，因陀罗的车夫下凡来，请持斧罗摩上到天界，帮助众神诛杀阿修罗。持斧罗摩欣然前往，在天国的战场上建立了赫赫功勋。湿婆认为持斧罗摩已经足够强大，于是高兴地把自己的武器都送给了持斧罗摩，其中有一把明亮锋锐的斧头，持斧罗摩因而得名。

食火仙人和妻子带着儿子们隐居在森林里修炼苦行。食火仙人通过苦行获得了圣牛须罗毗，无论他们想要什么，神奇的须罗毗都能为他们提供。有一天，持斧罗摩的母亲哩奴迦为了沐浴，前去泉眼打水。在返回的路上，她看到一对爱侣在池塘中嬉戏调情，不禁心有所动。回家之后，她的丈夫食火仙人察觉出她的动摇，看到她已经失去圣洁的光彩，不禁勃然大怒，要求儿子们将她杀死。除了持斧罗摩，四个儿子没有一个答应他的要求，食火仙人更加愤怒，狠狠地诅咒这几个儿子，把他们都变成了白痴。

轮到持斧罗摩时，他毫不犹豫地立即挥斧砍下母亲的头颅。食火仙人看到这情景，终于消了气，对他的小儿子感到满意，便让持斧罗摩请求一个恩惠。持斧罗摩放下斧头，拜倒在父亲身前含泪说："请您宽恕母亲，使她即刻纯洁无瑕地复活，请您宽恕我的兄长，让他们恢复理智吧！"食火仙人深受感动，满足了儿子的愿望，一家人再度和和美美地生活在一起。

然而，宁静的日子没有持续多久。有一天，当时统治大地的国王千臂阿周那（和《摩诃婆罗多》里的阿周那不是一个人）来到净修林里。这位国王来头可不小，他出身于月亮王朝的雅度族支系。青年时代，他侍奉着大威能的仙人达陀陀哩耶，这位仙人是阿陀利仙人和阿那苏耶的儿子，月神苏摩的弟弟。他身上集中了梵天、毗湿奴和湿婆三者的力量。达陀陀哩耶受到阿周那的礼遇，高兴地给他恩惠：让这位国王走上战场时能够呈现千臂的形象，领导军队作战战无不胜，但是，如果有朝一日他忘记了对婆罗门的尊重，便必死无疑。阿周那得到仙人护佑，征服了大地，他前来拜访食火

仙人时，已经统治大地整整八万五千年了。

持斧罗摩的母亲哩奴迦一人在家，她按照礼仪热情接待了阿周那国王。她不断用来自须罗毗的食物和饮料招待千臂阿周那，没想到源源不断的丰饶食品和礼供反而引发了阿周那的贪欲，他想要得到这头能够满足主人一切愿望的神牛。他对食火仙人的妻子说："喂，圣洁的夫人，这样的奶牛怎么能够由一个婆罗门拥有呢？只有刹帝利才能够保护它，并且最大限度地好好利用它的神奇。你把这头牛给我吧！我会给你相应的报偿的。"

哩奴迦当然不会答应。但是，千臂阿周那自恃武艺高强，完全不把女主人的抗议和恳求放在眼中。他强行掳走了神牛，不仅如此，还推倒了食火仙人家周围的树木炫耀武力。

没过多久，持斧罗摩回到家中，见家里一片混乱，母亲无助地倒在地上抽泣。问明原委之后，持斧罗摩勃然大怒，拔出斧头、带着弓箭全副武装一路飞奔，追上了正赶着牛往京城走的千臂阿周那，两人之间好一场大战。最后，持斧罗摩砍掉了阿周那的所有手臂，杀死了这个贪婪的国王，把牛带回了家。

但事态反而变得更加严重了。国王的儿子们听说父亲死在一个隐居的仙人手下，立刻发动了大军，浩浩荡荡冲着隐修林而来。此时只有食火仙人一人在家，被复仇之火烧得失去理性的刹帝利王子们就对这个手无寸铁的老人下手，残忍地杀死了他。

持斧罗摩回家之时，看到父亲的尸首，悲愤得仰天怒吼。他发誓，要用手中的斧头将傲慢的刹帝利种姓从大地上根除。从此，这位仙人之子就成了一个无情的刽子手，他先是杀进都城，杀死了阿周那的儿子们，之后又接连和刹帝利之间爆发了二十一次惨烈无比的战争，每一次持斧罗摩都屠戮了不计其数的刹帝利。大地血流成河，刹帝利的血甚至形成了五个血湖。持斧罗摩精疲力竭，残存的刹帝利心惊肉跳。他业已升入天堂的祖父哩阇迦也看不下去了，出现在孙子面前说："够了，持斧罗摩！所有的国王和所有的武士都被你杀干净了，你已经实现了你的誓言。停手吧！"持斧罗摩此刻也感到心灰意懒。他放下了斧头，不再杀戮，隐居到了摩亨陀罗山中。不过，在此之前，他也已为自己毫无慈悲的屠杀感到愧疚，就问仙人们如何赎清自己杀生的罪孽。众友仙人对他说："最大的功德莫过于施舍土地给婆罗门了。你把大片的土地施舍给穷困无地的婆罗门吧！这样，你就能得到洁净了。"

然而，持斧罗摩孑然一身，哪里有什么地产可供施舍。他怀着愁绪，来到了大地的尽头、今日印度最南端的科摩林角，看着白浪滔天的大海，坐下来修习苦行。很久之后，海洋之王伐楼那出现在他面前，问他想要什么东西。持斧罗摩说："我想请大海后退，让新的土地露出水面，这样，我就有土地能够施舍给婆罗门了。"伐楼那说："那好吧！你拿起你的斧子，能扔多远就扔多远，我就退出你斧子所到的距离。"持斧罗摩抡起他的战斧，使足了力气从水面上扔出去。战斧飞出了不可思议的距离，落地时竟然离持斧罗摩站着的地方四百里之远。而伐楼那也就按照约定，把海洋向后退去四百里露出了大片土地。这就是今天印度西海岸康坎地区的由来（康坎从马拉巴延伸至泰米尔语地区，包括孟买等地，其中喀拉拉邦占其主要部分）。持斧罗摩把这些土地送给六十四个婆罗门家族，洗清了自己的罪孽。因此，他也被尊为喀拉拉邦的奠基者。直到如今，那里的人民还把那片土地称为"持斧罗摩之地"。

持斧罗摩活得很长。当年他向父亲要求让母亲复活时，父亲十分高兴，祝福他永生不死。因此，他成为了世界上的八个"钦兰吉维"之一，也就是肉体凡身成为不老不死的人。持斧罗摩就像他所崇拜的湿婆那样，手持弓箭和斧头，身披兽衣，长时间地在森林中修炼苦行。

在持斧罗摩还活着的时候，毗湿奴的第七个化身——太阳王族的王子罗摩旃陀罗在阿瑜陀城降生了。这位年轻王子干的第一件惊人大事就是在悉多的选婿典礼上折断了湿婆的神弓。消息传到持斧罗摩耳中，他感到怒火中烧，认为此事是对湿婆的不敬和对他本人的侮辱，就从隐居之地出来，直奔阿瑜陀城，向罗摩挑战。两个毗湿奴化身之间开始了一场精彩的角力，但也许罗摩身上的毗湿奴特质更多一些，最终他击昏了持斧罗摩。持斧罗摩醒来之后，心甘情愿地承认罗摩比他更为高强，再度回到了山中。

也有人说，持斧罗摩和黑天、罗摩都不同，只能算毗湿奴的阿毗娑化身，意思就是无形化身；仅仅是当持斧罗摩在发誓杀掉所有的刹帝利时，毗湿奴的精神进入他的灵魂。他不是毗湿奴以自身下凡形式出现的人格化身，当他完成杀戮所有刹帝利的任务的时候，毗湿奴的精神也就离开了持斧罗摩，他再度成为了凡人。由于这个缘故，持斧罗摩无法战胜罗摩，也没有得到人们的广泛崇拜。

这位强硬的老仙人又继续活了很长时间，罗摩回到了天界，他还活着；人间改朝换代，他还活着；毗湿奴的第八个化身黑天降临大地，他还活着。虽然岁月流逝，但

持斧罗摩杀死千臂阿周那

千臂阿周那趁持斧罗摩的母亲哩奴迦一人在家时，强行掳走了神牛须罗毗，持斧罗摩得知后勃然大怒，追上阿周那，两人之间好一场大战，最后，持斧罗摩砍掉了阿周那的所有手臂，杀死了这个贪婪的国王，把神牛带回了家。

持斧罗摩大战刹帝利

持斧罗摩杀死阿周那后，被复仇之火烧得失去理性的刹帝利王子们杀死了食火仙人，持斧罗摩看到父亲的尸首，悲愤地仰天怒吼。他发誓，要用手中的斧头将傲慢的刹帝利种姓从大地上消除。从此，这位仙人之子就成了一个无情的刽子手，他先是杀死了阿周那的儿子们，之后接连和刹帝利之间爆发了二十一次惨烈无比的战争，屠戮了不计其数的刹帝利。

他火爆的脾气并没有改变。有一次，他决定把所有财产都赠给婆罗门，包括地产、牲畜和财宝。仙人婆堕遮的儿子德罗纳听到消息，也跑来想分一杯羹，没想到来得晚了一步，持斧罗摩已经把财产都分光了。为了补偿德罗纳，持斧罗摩把自己的所有武器、法宝和武艺都传给了他，于是德罗纳也成了一位以勇武和武艺著称的婆罗门。后来，德罗纳成为了《摩诃婆罗多》中英雄般度五子的武术教师，把来自持斧罗摩的武艺向王子阿周那倾囊相授。此外，《摩诃婆罗多》里最伟大的英雄毗湿摩年轻时候也曾向持斧罗摩请教过武艺，作为叔祖，他把这些武艺也传给了阿周那。持斧罗摩对刹帝利的仇恨由一个名为阿周那的国王而起，最后他却成了另外一个名为阿周那的王子的师祖，这是他无论如何没有想到的。

持斧罗摩又回到自己的山林里修炼苦行。多年后，有一天，森林里来了一个年轻人，容貌英俊，举止果断，穿戴着金色盔甲。他自称名为迦尔纳，是一个婆利古族的婆罗门后裔，想要向持斧罗摩学习武艺。持斧罗摩考察了他一番，认为这个年轻人的臂力、谦恭和对老师的顺从都令人满意，于是高兴地收他为徒，把自己在弓箭上的心得和使用威力无穷、一击必杀的梵天法宝的方法都教给了迦尔纳。

有一天，持斧罗摩觉得困倦，就把头枕在迦尔纳膝盖上睡午觉。他正在熟睡的时候，有一条食肉的爬虫爬了过来，一口咬在迦尔纳身上。迦尔纳害怕惊醒师父，于是忍住疼痛，一声不吭，一动不动。持斧罗摩醒过来，看到弟子大腿上血流如注，却还在朝自己微笑，不由起了疑心。他对迦尔纳说："说实话吧，孩子，你不是婆罗门吧？一般的婆罗门根本不能忍受这样的痛楚。你到底是谁？"

迦尔纳的脸红了起来。过了半响，他才低声说："对不起，我欺骗了您，我其实不是婆罗门，也不是刹帝利，我是车夫的儿子。可是，我听说您只收婆罗门或者奉行苦修的刹帝利为弟子，只好隐瞒了自己的身份。"

原来，迦尔纳是般度族贡蒂王后少女时期和太阳神苏利耶生下的私生子，阿周那王子的哥哥。生下这个孩子后，贡蒂十分害怕，就把孩子的摇篮放在河流里任其漂流，结果这孩子就被一对身份微贱、没有儿女的车夫夫妇捡去做养子。迦尔纳不知道自己的身世，一直以为自己也是个车夫种姓的人。当时般度族和俱卢族彼此敌对，迦尔纳是俱卢族首领难敌的朋友，为了帮助他，便特地前来向持斧罗摩求教。

持斧罗摩明白真相后十分愤怒。他说："车夫之子啊，梵天法宝使用的方法，你

是用欺骗的手段得到的。为了这个缘故，将来你命到危急之时，想要使用这个法宝，就会忘记它的口诀。"

迦尔纳听了，一言不发地向持斧罗摩鞠躬，然后难过地离开了摩亨陀罗山。

持斧罗摩再度独自一人了，他留在寂静的山林中。

人们传说，这位老仙人依旧等待着。时间流逝，岁月过去，但他仍然活着，直到劫末。在那个时代，持斧罗摩，这位伟大的婆罗门武士，将等来自己最后一个弟子——毗湿奴的最后化身，诛灭一切邪恶的白马武士迦尔吉。他将把自己所有的武艺传给迦尔吉，而后者将使用这些力量，为大地驱除黑暗，带来光明和新生。

第十七章
黑天

黑天是毗湿奴的第八化身，为了战胜他邪恶的舅舅暴君庚斯而降生，但他在凡间的意义远不仅限于此。在毗湿奴的所有化身中，黑天最富于奇异诱人的魅力，甚至连他的名字"Krishna"，也有"富于吸引力"的意思。如果说罗摩代表至高的道德模范，黑天就是人生下的神。他身上体现了林林总总的可能性，超越任何凡人想象疆界的神奇和复杂。他是一个武艺超凡的英雄，也是拥有永不衰老美貌的风流多情的浪子；他是一个传播至高真理的哲学家，也是一个天才的军事战略家。他是王子和战士，也是牧童、音乐家、孩子。他同时具有儿童的顽皮狡黠、武士的勇猛无敌、政治家的深沉心机、智者的悲悯和至高灵魂的深不可测。他被所有英雄崇敬，被敌人憎恶，也被人间少女、妇人、女神狂热地爱慕。

据说在世界的第二个时代结束和第三个时代开始的时候，人口不断繁衍，终于到了让大地女神不堪重负的地步。她逃上天界，向众神哭诉，于是天庭决定在大地上展开一场前所未闻的战争，减少人口——这就是后来《摩诃婆罗多中》描述的令所有国家卷入的俱卢之野大战。为了达到这个目的，天神们纷纷让自己的化身下降到凡间。

当时，大地上统治着摩图罗国的国王名为优者罗舍那，意思是"猛军"。他出身于婆罗多族的旁系雅度族，是一位贤良仁厚的君主。他有一位美丽的王后，但两人

膝下无子。有一天，王后到森林中散步，被一个路过的阿修罗看到了。这个阿修罗被王后的美色吸引，化成优者罗舍那的样子强暴了王后。王后回宫后发现自己已经怀孕，十分害怕，没敢把真相告诉优者罗舍那。十个月后，阿修罗和王后的儿子庚斯诞生了，优者罗舍那不知底细，把这孩子当成自己的亲生儿子，百般疼爱。然而，当庚斯长大之后，他邪恶的本性就日益暴露出来，他成为了一个狡黠、残暴、凶狠的怪物，逼着父亲退位，自己登上了王座。他残酷无情地压迫自己的人民，肆意发动战争，征服了世界的各个部洲，犯下无数罪行。摩揭陀国的国王妖连也是个勇武凶狠的君主，他把女儿嫁给庚斯，两人狼狈为奸。

庚斯犯下的种种恶行令大地颤抖。四处漫游的那罗陀仙人实在看不下去，就来到毗湿奴的天界，劝说毗湿奴下凡铲除这个恶人。毗湿奴沉思良久，说："好吧！"就把自己的一根黑色头发拔下来，同时从身下的龙王舍沙身上取下一根白色毛发，放入凡间，托生庚斯的妹妹提婆吉一家。

庚斯的妹妹提婆吉嫁给了富天，庚斯从来看自己这位品德高尚的妹夫不顺眼。有一天夜里，那罗陀仙人来到庚斯的梦中，警告他说："你的好日子不多了，不久之后，提婆吉生下的孩子就会要你的命！"

庚斯十分害怕，他派人把提婆吉和富天夫妇看管起来，监视提婆吉的生育。提婆吉每生一个孩子，他就赶到现场，把这孩子当场杀死，丝毫不顾及提婆吉和富天的痛哭哀求。就这样，庚斯接连残杀了提婆吉的六个儿子。不久之后，提婆吉又一次怀孕了，这第七个孩子正是舍沙的化身大力罗摩。毗湿奴施展神力，把提婆吉腹中的孩子悄悄转移到了富天另外一个妻子卢醯尼胎中，从而逃过了庚斯的毒手。富天把卢醯尼托付给自己的好友、牧牛人难陀照顾。不久之后，卢醯尼在难陀那里生下了大力罗摩。

庚斯一直以为提婆吉的第七胎流产了，但稍后提婆吉再次怀胎时，他感到十分恐惧，干脆把富天夫妻彻底关押在大牢中。提婆吉分娩当晚，王宫中充满了魔法，诸神降临庚斯的王宫，欢呼毗湿奴的化身降生为富天之子黑天。黑天一出生，捆绑囚徒的绳索便自动脱落了，所有的守卫都陷入神秘的沉睡。富天抱着孩子逃离了王宫，急匆匆把婴儿送到牧人的居所，把黑天和难陀的妻子耶输陀刚生下的女婴掉了个。第二天，庚斯来到牢房，一如既往地举起婴儿，不顾妹妹苦求将她砸死，没想到这女婴其实是受了诅咒必须下凡化为人身一次的沉睡女神。在庚斯把孩子往地上摔的同时，女神挣

黑天和大力罗摩在养母家

年幼的黑天和大力罗摩在养母耶输陀家时，经常顽皮捣蛋，搞恶作剧，但即使是在恶作剧中，年幼的黑天也不断展现出种种奇迹。他像所有小孩一样趴在地上吃泥土玩，正巧被耶输陀看见，黑天狡辩说自己什么也没有吃，耶输陀生气地掰开他的嘴，却大吃一惊：他在黑天张开的嘴巴里看到了整个宇宙。

脱了肉体束缚，浮现在空中哈哈大笑，告诉庚斯说："你的邪恶暴行即将得到惩罚，提婆吉的第七个儿子和第八个儿子已经逃脱了你的毒手，不久之后，他们就会来结束你的统治！"惊恐万分的庚斯这时才知道事情不妙，他装模作样地向妹妹请求原谅，但一转身来到王宫后就发布了一道残忍的旨意，命令杀死全国的婴儿。

于是，牧人难陀夫妻和卢醯尼不得不带着大力罗摩和初生的黑天离开故国，一直逃往俱鸠罗。在那里，他们终于得以暂时脱离庚斯的势力范围，过上平静的日子。但是不久，庚斯就知道黑天隐身在牧人们之中，他不断地派出妖魔杀手，想要趁黑天成年之前杀死他。其中有一个女妖，她化装成一个美丽的牧牛姑娘，装作疼爱黑天的样子，把他抱起来给他喂奶，想要毒死他。没有想到还是一个婴儿的黑天就已经具有了种种不可思议的魔力，他不但没有中毒，反而吸干了这个女妖的精髓，她倒在地上现出原形死去，令牧民们都惊骇不已。

小时候的黑天是一个十分调皮可爱的孩子，他经常和哥哥大力罗摩一起四处顽皮捣蛋，搞恶作剧，偷糖果和牛奶。牧牛姑娘都跑到黑天养母耶输陀那里投诉他，她们说："亲爱的耶输陀，你为什么不好好管束顽皮的黑天。他和大力罗摩把我们存好的酸乳酪和黄油偷去，拿给猴子吃。我们当场抓住他们时，他们只是展开迷人的笑脸说：'为什么要说我们偷东西？我们家又不缺黄油和酸乳酪！'真是拿他们没办法。倘若他们偶尔找不到收藏好的黄油和酸乳酪，就把我们的婴孩弄哭叫，然后拔足逃走。"耶输陀听罢所有投诉，正想惩戒一下孩子，一眼看见黑天坐在自己旁边，一副可怜相，便心软地微笑起来，不忍心惩罚他了。

即使是在恶作剧中，年幼的黑天也不断展现出种种奇迹。他像所有小孩一样趴在地上吃泥土玩，正巧被耶输陀看见，黑天狡辩说自己什么也没有吃，耶输陀生气地掰开他的嘴，却大吃一惊：她在黑天张开的嘴巴里看到了整个宇宙。

庚斯从来没有放弃谋杀黑天的企图，但这企图也从来没有得逞过。黑天和大力罗摩经常在游戏中就挫败了庚斯的杀手。有一天黑天跑到一个池塘游泳，庚斯的朋友五头蛇王迦梨耶藏在深潭中，缠住了黑天，想要淹死他。没想到黑天一点也不害怕，他被大蛇拖来拖去，还高兴地哈哈大笑。人们听说黑天被大蛇缠住了，急忙跑到池边，耶输陀看到这情景，急得哭了起来。大力罗摩生气地冲黑天喊起来："别玩了，你把妈妈都惹哭了！"黑天一听，立即挣脱了迦梨耶的束缚，提起蛇王的脑袋在它的尾巴

上兴高采烈跳起舞来。结果迦梨耶被踩得哇哇大叫，他的妻子们急忙出来向黑天讨饶。黑天放过了它，让迦梨耶住到大海里去了。

　　黑天逐渐长大，成为了一个俊美的少年牧童。他肤色黝黑，好似雨云，头上戴着孔雀翎，穿着黄绸衣服，一边在草地上漫步，一边吹着心爱的牧笛，一举一动都具有惊人的优雅。他的笛声具有魔力，当他在月明之夜悠悠吹起牧笛时，所有的牧女一听到便不能自已，忘记手边的活计，自动聚集在他身边，听着他悠扬动听的笛声翩翩起舞，一直舞蹈直到天明。所有跳舞的牧女心中都会升起渴望，想和黑天一起跳舞，他于是变出无以数计的幻影，和每个牧女都相互拉着手，于是每位姑娘都觉得自己幸福得不得了。

　　在所有的牧女中，黑天最钟爱的初恋情人叫做罗陀，是一个美丽而可爱的姑娘。所有的牧牛姑娘中，唯有罗陀，黑天是用自己的真身和她共舞的。他们像所有凡间情人一样，在河流里泛舟，在森林中躲雨，在月下起舞，在黄昏荡秋千。他如此具有绅士风度，情愿给他深爱的罗陀洗脚；有时候为了游戏，他们甚至互相换着穿衣服，然后取笑对方。他们偶尔也会吵嘴，怄气，嫉妒，但他们是如此痴情，最后总是和好。后世的诗人为他们的爱情谱写了许多优美而温情的不朽篇章。

　　大力罗摩和黑天从小就形影不离，无论玩耍还是降魔都在一起，因为本来他们的灵魂就是一体的。不过，大力罗摩的性格和黑天完全不同，他肤色洁白，脾气刚烈、正直、暴躁，他不像黑天那样心机深沉，也不太喜欢和女孩子们在一起，他喜欢喝酒，以犁作为武器。有一次，他喝了太多的酒，就对着远处的亚穆纳河喊道："喂，河神，我走不动路了，你流到我这里让我洗个澡吧！"亚穆纳河无动于衷地向前流着。大力罗摩生气了，他抓起犁来，跑到河道里，用力犁来犁去，河水决堤，四处漫流，河神只好出来向大力罗摩道歉。这样的大力罗摩，只有对弟弟才会显露出难得的温情。他们走在一起，就像天空中的乌云和白云，看起来无比赏心悦目。

　　有一年，牧民们正在准备因陀罗的祭典，黑天笑嘻嘻地对所有人说："你们这是在干什么呀？天上的那个因陀罗脾气反复无常，令人讨厌，我们明明依靠居住的牛增山提供食物和产出，这片土地本身要比因陀罗神圣。我们不要再崇拜天帝了，把祭典献给养育我们的牛增山吧！"牧民听了，就把所有祭品都献给了山。因陀罗知道后大发雷霆，在黑天的家乡降下倾盆大雨，想要淹没这地方给这些不知好歹的放牛人一点

黑天和牧女们

黑天的笛声具有魔力，当他在月明之夜悠悠吹起牧笛时，所有的牧女一听到便不能自已，忘记手边的活计，自动聚集在他身边，听着他悠扬动听的笛声翩翩起舞，一直舞蹈直到天明。

黑天降服蛇王

有一天黑天跑到一个池塘游泳，庚斯的朋友五头蛇王迦梨耶藏在深潭中，缠住了黑天，想要淹死他。没想到黑天被大蛇拖来拖去，还高兴得哈哈大笑，最后，他提起蛇王的脑袋在它的尾巴上兴高采烈地跳起舞来。迦梨耶被踩得哇哇大叫，他的妻子们急忙出来向黑天讨饶。黑天放过了他，让迦梨耶住到大海里去了

教训。但黑天一点也不发愁。他让哥哥把所有的牧民和牛群都带到牛增山下，然后竟然轻轻地一手举起了大山，当做伞盖遮，保护了所有的人和牛。因陀罗玩命倾泻暴雨，连下七天，依旧拿躲在山下的黑天没办法，只好现身认输，承认黑天的力量。因陀罗将黑天加冕为"群牛之主"，并且恳求他将来如果遇到自己的儿子阿周那，要给予他友情和帮助，黑天慷慨允诺。

庚斯见派去的杀手一个接着一个都有去无回，日益担忧，于是派出使者到俱鸠罗，说是最近要举行一次神弓祭，届时有盛大的摔跤比赛举行，让牧民们都到京城里来进贡，想要把黑天诓进自己的势力范围加以杀害。黑天一听，跃跃欲试地对大力罗摩说："哥哥，我们长那么大，还没见过都城啥样呢，这是一次好机会，不如我们去都城开开眼界吧！"他和大力罗摩软磨硬缠了难陀和耶输陀一番，养父母拿他们没办法，只好同意他们去了。

兄弟二人高高兴兴地牵着手上路了。来到京城，街市上的妇女们都被这对俊美的牧童吸引住了目光，她们纷纷跑出家门，把各种名贵的绸缎、珠宝、衣服和香膏献给黑天和大力罗摩。两人对礼物一概来者不拒，在身上胡乱一缠，继续高高兴兴往前走。他们来到王宫大门口，守卫见他们穿着很华贵，还以为是哪里来的王子，没加盘问就把他们放进了大门。他们在宫殿里好奇地四处溜溜达达，指指点点，最后跑到了放祭祀用的神弓的地方。黑天见神弓巨大无比，金光闪闪的很好玩，就拿起来随意比画，没想到他用劲一拉，竟然把这把大地上没人能拉得动的神弓给崩断了。

神弓崩断，发出惊天动地的巨响，远处的人都被震倒在地。黑天也被吓了一大跳，把断弓一扔，就像闯了祸的小孩子一样，慌慌张张拉着大力罗摩飞一般逃离了现场。

看守弓的人急急忙忙去向庚斯报告，说："有两个牧童打扮的少年跑进来把弓弄断了。"庚斯一惊，心下自忖："看来，那个命中注定要杀掉我的孩子已经来到摩图罗了。我该如何是好？"他叫来驱象人，把一头以凶猛著称的大象放在第二天举办仪式的摔跤场外，吩咐驱象人看见牧童就踩死。

第二天，黑天和大力罗摩与赶着牛群来的养父母会合，一起去摔跤场。守门的大象一见他们，就像一座崩塌的大山一样冲过来。可是黑天和大力罗摩毫无惧色，他们笑嘻嘻地拉住大象，扯它的耳朵和尾巴，大象攻击他们，他们就灵活地闪躲，最后大力罗摩干脆扯下大象的牙，把它活活打死了。然后，兄弟俩绕过大象的尸体，趾高气

扬走进了庚斯的摔跤场。

庚斯见两人安然无恙，暗自心惊。他强行压住心中不安，宣布："既然牧民都来到这里，那么将由我的力士和牧民里派出的代表摔跤。"他指派手下两个最凶残、最厉害的力士上场，点名要黑天和大力罗摩做代表和他们作战。牧民们大声抗议，难陀说："这两个孩子肢体柔弱，怎么可能是大力士的对手？"庚斯不予理睬。黑天和大力罗摩对望一眼，还是笑嘻嘻地、毫不害怕地走进场。一个接一个，那些庚斯倚重的杀人无数的大力士，都被黑天和大力罗摩轻易挫败，这两个少年纤细的身体里好像集中了全宇宙的力气。

庚斯看着自己的力士被大力罗摩和黑天打得四肢破碎、脑浆迸出，气得七窍生烟。他怒不可遏，站起来大声吼道："卑劣的牧民！占用我的土地，偷走我的财富，还在背后反对我！你们统统被放逐了！我要没收你们所有的财富，还有牧民的头领难陀，你要为你儿子的行为付出代价，来人啊！把他脑袋给我砍了！"

就在这当儿，庚斯突然觉得眼前掠过一道黑影。站在台下的黑天听到他要动手杀养父，再也忍受不了了，他跳上放着王座的凉台，揪着庚斯的脖子，把他拖了下来。庚斯的王冠滚落在泥土里，他拼命挣扎，把铁拳向黑天身上打去，可是黑天的胳膊就像铁门闩一样紧紧压住他，让他动弹不得、呼吸困难。黑天把庚斯摔下地来，拖着四处走，这个暴君就这样没了性命。

庚斯一死，屈从在他统治下多年的人民都因为得到解放大声欢呼起来，庚斯的党羽四处逃窜，他的王后逃到了父亲妖连王那里。被囚禁的老王和黑天的父母都被放了出来。优者罗舍那跌跌撞撞来到黑天面前，流着眼泪说："请你接受摩图罗的王冠吧！我的纵容造就了庚斯这样的怪物，我无颜再见我的人民了。"可是，黑天却又把王冠戴到了老王头上，请他继续统治摩图罗，让这个国家恢复从前的富饶和平和，自己和大力罗摩蹦蹦跳跳地找自己亲生父母去了。富天和提婆吉看到自己的孩子平平安安长大，出落成这样美丽壮健的少年，悲喜交加，抱着两个儿子不停地落泪。

杀死庚斯宣告黑天少年时代的终结，他从牧童变成了雅度族的年轻王子。他和大力罗摩都没有回到长大的家乡，富天把他们送到优禅尼一位德高望重的仙人那里。在那儿，黑天和大力罗摩学习了所有典籍知识和作为王子应当了解的政治知识和军事指挥本领。

黑天杀死庚斯

黑天听到庚斯要动手杀养父，跳上放着王座的凉台，揪着庚斯的脖子，把他拖了下来。庚斯的王冠滚落在泥土里，他拼命挣扎，把铁拳向黑天身上打去，可是黑天的胳膊就像铁门闩一样紧紧压住他，让他动弹不得，呼吸困难，黑天把庚斯摔下地来，拖着四处走，这个暴君就这样没了性命。

他们学到的东西不久就派上了用场。庚斯的遗孀跑到父亲摩揭陀王妖连那里，哭着请求他给丈夫报仇。妖连也不是一位简单人物，他的父亲娶了一对双胞胎王后，两人一人生了一半孩子。一位女妖把两半身体连起来，竟然成活，他于是得名妖连。妖连是湿婆的信徒，勇武蛮横不亚于庚斯，而且他还有个很邪恶的习惯，喜欢人祭，他已经俘虏了许多国王，打算凑齐一百个就全部杀死献给湿婆。他听说女婿竟然被一个放牛的小孩杀死了，点起大军，浩浩荡荡杀往摩图罗。黑天和大力罗摩学成归来，立即组织人民抵抗妖连的入侵。付出了巨大的牺牲之后，妖连的军队被打败，他本人被大力罗摩打伤，只好退回摩揭陀。可是，妖连实力雄厚，不久就恢复了元气，再度发动战争，侵扰摩图罗的国土。他一连十八次攻打摩图罗，黑天和大力罗摩也就挫败了他十八次。然而，尽管黑天他们每次都能取胜，付出的代价也都很大，无数士兵和普通人民在残酷战争中失去性命，田地和建筑遭到破坏，大地也变得伤痕累累。

黑天于是和父亲、大力罗摩在一起商量说："我们没有必要和妖连打消耗战，他不爱惜人民，我们却视若珍宝。我们迁走吧！到一个妖连势力无法达到的地方去过宁静的生活。"

于是，黑天带着族人离开了摩图罗，来到大海边，他选定一处吉祥富饶的土地，召唤天国的匠神陀湿多下到凡间，为雅度族的人民建造了一座壮美坚固的新城市。这座城市面朝大海，有许多用象牙和大理石装饰的美丽城门，于是得名多门城。黑天和家人就在城市中定居下来，过了许多年平安幸福的生活。

妖连王如此强大，自然也有许多势力依附他。他手下的大将名为童护，还有一个朋友叫做宝光，是具威王的儿子。宝光有个妹妹，叫做艳光，是吉祥天女在人间的化身，她早就对黑天的事迹有所耳闻，在心里产生了对这位少年英雄的热烈爱情，发誓非他不嫁。宝光知道妹妹的心思，可他是妖连的盟友，哪里肯成人之美。他和童护是朋友，两人私下里商定，由童护娶艳光为妻。

艳光听说哥哥要把自己嫁给童护，急忙让使者去多门城通知黑天，请他来救自己。婚礼仪式举行当天，宝光护送艳光去童护家，半路上遇到一个神庙。艳光执意要下车去拜神，宝光心想她也跑不了，就同意了。艳光独自走进神庙，黑天已经在里面等着她了。他领着她从神庙后门走，登上自己的战车，向多门城奔去。

宝光等了半天不见妹妹出来，觉得不妙，冲进神庙一看，艳光早没有人影了；再

往远一看，艳光正在黑天的战车上，一脸幸福娇羞地抱着自己意中人呢。

宝光和等着艳光的童护都气得目眦尽裂，率着大军一路追赶黑天和艳光。恰好大力罗摩听说黑天独自一人去抢艳光，觉得不放心，就带着军队赶来支援黑天。兄弟二人在半路会合，轻而易举打败了宝光和童护，带着艳光扬长而去。在多门城，艳光和黑天举行了盛大的婚礼。

在摩图罗的邻国，有位叫做娑陀罗吉陀的国王，他和雅度族是世交。他崇拜太阳神，苏利耶为了褒奖自己的奉献者，就把一颗神奇的宝石送给了他。这颗宝石佩戴在善良人的身上，能散发出阳光般美丽的光辉，而且能每天自动产生黄金。娑陀罗吉陀得到这颗宝石，高高兴兴地戴上它，来到多门城，想向朋友黑天炫耀一下。他戴着宝石走进城门的时候，城里的居民都以为是苏利耶下凡了，跑到王宫对黑天说："太阳神亲自来拜访您呢！"

黑天跑出王宫，看到是娑陀罗吉陀，便非常热情地招待他。席间，黑天称赞了宝石几句，然后随口说道："听说这宝石要是带在心地邪恶的人身上，就会为主人带来不幸。话又说回来了，外公优者罗舍那儿的宝库里也没有这样的宝藏，如果这宝石佩戴在他身上，那会是什么光景呢？"

黑天是无心之言，娑陀罗吉陀却听出一身冷汗，他对黑天的话产生了误会，以为黑天在觊觎他的宝石，要他把珍宝献给摩图罗之王优者罗舍那。他再也无心留下做客，匆匆告辞回家，左思右想，觉得宝石在自己手上不再安全了，就把宝石送给了弟弟波罗湿那。很不巧，波罗湿那并不是个良善之辈。他戴着宝石，四处炫耀，结果有一天走到森林里，被一只狮子扑杀了。狮子把宝石含在嘴里四处漫游，遇到了曾经帮助过罗摩攻打楞迦的老熊王阎婆梵，阎婆梵杀死这只食人狮，发现它嘴里有块宝石。老熊王对于身外之物不怎么在意，就把宝石带回家给自己的孙子当玩具玩。

波罗湿那突然失踪后，娑陀罗吉陀怎么找也找不到弟弟，坐在集市中间号啕大哭："黑天贪图我的宝石，杀死波罗湿那，把宝石抢走了！"他这么一闹，流言便四散开来，人人都说黑天也被物欲迷心，成了杀人越货的抢劫犯。

黑天听到这些传言，默不作声，悄悄离开了多门城。他来到波罗湿那生前经常游逛的地方，仔细调查，沿着踪迹来到森林，发现了波罗湿那被狮子撕碎的残破尸体。黑天在他身上没有找到宝石，又沿着狮子的痕迹继续寻找，最后终于一路找到了阎婆

梵居住的洞窟。

黑天摸着黑走进洞里，走了很长一段，看到一头小熊，正在咿咿呀呀地摆弄宝石。黑天一走近，小熊看到陌生的人类，吓得哇哇大哭起来。

孙子的哭声惊动了在洞窟深处沉睡的熊王阇婆梵。他冲出来，看到一个穿着黄衣的青年正站在孙子身边，弯腰去拿那块宝石，便怒吼着朝黑天扑了过去。黑天见阇婆梵犹如一块黑色乌云扑面压来，知道熊王活了很长很长时间，道行深厚，也不敢怠慢，拿出全副精力和阇婆梵搏斗起来。

这一场人熊大战可真是匪夷所思，在黑暗的洞窟里，谁也看不清谁，就忙着拳脚相加，抱腰摔跤。搏斗整整持续了二十一天，阇婆梵打得疲惫不堪，他心中产生了疑惑和畏惧，为什么一个凡人能够支持如此之久，还能占据上风？

就在此时，一缕天光照亮了老熊王的眼睛。他看着眼前和他搏斗的这个青年，突然认出他就是很多很多年前那个曾经率领着自己和猴军攻打罗刹的人；眼前这个人，原来和自己曾最最崇敬热爱的罗摩，是同一个人。

老熊王知道自己是和谁为敌了。他停止了战斗，被怀旧之情所包围，心中感慨万千，向黑天深深行礼，黑天含着微笑看着他。阇婆梵甘愿认输，把宝石交给了黑天，为了表示歉意，把自己的女儿阇婆梵提也嫁给了黑天。

黑天带着新妻子和宝石来到娑陀罗吉陀的家中，说明原委。把宝石还给了娑陀罗吉陀，娑陀罗吉陀知道自己误会了黑天，非常不好意思，于是把女儿萨底耶婆摩许给黑天为妻。

有一个阿修罗，名叫那罗迦修罗，是大地女神的儿子，生得十分强壮可怕。他四处抢掠年轻女子，把她们关在自己黑暗的地下宫殿里，数目达到一万六千之多。他非常贪婪，行为卑下，甚至把众神之母阿底提十分珍视的那对来自乳海的宝石耳环都抢走了。阿底提化身成凡间母亲，来到黑天身边向他哭诉那罗迦修罗的所作所为。黑天听后，就带上自己的神盘，骑上金翅鸟去那罗迦修罗的堡垒，向他挑战。经过激烈的大战，那罗迦修罗被黑天杀死了，黑天便高高兴兴地走进他的密室中寻找阿底提的耳环。等他找到耳环准备出去的时候，发现这里关押着许多女孩，黑天好奇地问她们这是怎么了。其中一个女孩说："伟大的英雄！谢谢你杀死了邪恶的那罗迦修罗，把我们从囚禁和奴役中解放出来，可是我们原本都身世清白，被这个坏人抢来，按照习俗，

宝石故事

　　黑天的无心之言让邻国国王娑陀罗吉陀误以为他在觊觎自己的神奇宝石。宝石被自己的弟弟弄丢后，娑陀罗吉陀在集市中哭诉黑天是杀人越货的抢劫犯。黑天不动声色地暗自调查，最终找到宝石，解除误会，娑陀罗吉陀为表歉意，把女儿萨底耶婆摩许给黑天为妻。

我们已经算被玷辱了。父母不会接受我们,也没有人会娶我们这样的人为妻。你让我们如何在世上立足呢?"

黑天立即明白过来,他看着这一万六千个可怜的姑娘,大声说:"我娶你们为妻!"

他说到做到。他让金翅鸟把这些姑娘带回家,然后举行了婚礼。在这场举世罕见的婚礼上,曾经在牧人的月下出现的奇迹再次出现了:每个姑娘都觉得自己握着黑天的手,他只在对自己微笑。

前前后后,黑天一共娶了一万六千一百零八位妻子,但在所有妻子中,他依旧最爱艳光。岁月流逝,黑天不停地降服妖魔,为人民谋福利,雅度族也日益繁荣昌盛。他也有了自己的子嗣,艳光生下了他的太子明光,明光的儿子是无碍。但黑天得到雪山神女帕尔瓦蒂的恩宠,岁月无法征服他,他一直拥有惊人的青春美貌,外表永远都是那个甜甜微笑着的雅度族年轻王子。

许多年前,巴利被毗湿奴击败,流放地底世界。而他的长子波那是千手的阿修罗王。波那为人聪颖,也大方,一诺千金。很久以前,湿婆在盛会中起舞,波那以千手替他击鼓伴舞,湿婆为了报答,答应波那成为他城池的守护者,波那于是雄霸一方,数次战胜过天神。

波那的女儿霞光,正值青春妙龄,和黑天的孙子无碍在梦中一见钟情。霞光有位女友,懂得法术,这位女友运用幻力把黑天王宫里的无碍用法力带到了霞光的宫中和她秘密相会。两位年轻的爱侣躲在波那不知道的地方尽情享受欢乐,然而没多久,纸包不住火,霞光偷偷藏了一个情人的事实还是被波那知道了。波那往霞光宫中冲去,在那里他看见霞光与无碍正坐在一起,喁喁细语。无碍完全继承了祖父和父亲明光的漂亮外表,莲花眼、手臂修长、一头卷曲蓝发,与霞光堪称天作之合。波那有点惊讶,他并不知道这位青年的身份,也深知女儿不可能找到一位比他更漂亮的女婿,然而,他就是不能遏止自己女儿贞洁遭到破坏的愤怒。

波那想要抓住无碍,无碍找不到任何武器,只有随手拿起一根铁棒,把前来捆绑他的众士兵打得倒地不起,然后夺路而出。但波那武艺超群,懂得如何用蛇索捕追敌人,无碍刚刚奔出皇宫便被擒回。波那把无碍关起来,想要杀掉他。

黑天和家人正在为无碍的神秘失踪着急,那罗陀仙人翩然而至,把无碍被抓的前因后果告诉了黑天。听到这个消息后,黑天立即带大军赶到波那的城池下,要波那交

出无碍。波那当然不干，双方立即开战。黑天用利剑和神锤杀死阿修罗王的随身侍卫，而波那施展他的千手所长，同时拾起了五百张弓、两千支箭，但黑天毫不费力便把他每张弓一折为二，接着打碎了他的战车，砍掉了波那的九百九十八条手臂。听到消息，狂怒的湿婆赶到战场保护自己的崇拜者，和黑天正面冲突起来。这是自远古以来，宇宙间两位最有威能的大神第一次面对面单挑，所有天神都纷纷跑来看热闹。湿婆向黑天投出各种兵器，黑天也掷出相应的法宝；湿婆祭起兽主法宝，黑天便以梵天法宝应对；湿婆投出风属性的法宝，带出猛烈飓风之际，黑天就以高山反击，阻挡飓风之势；湿婆以烈火进攻时，黑天则降下大雨。直至最后，湿婆投出本身的武器三叉戟，黑天便立刻以妙见神轮与之抗衡。看到湿婆怒火更甚，黑天放出催眠法宝。这个法宝能让敌人疲惫不堪，没多久，湿婆果然倦得停了下了战斗。梵天赶紧来到战场，对两人说："停止战斗吧！大地已经无法承受你们两个搏斗产生的负担了。讲和吧！"湿婆和黑天听了，各自放下武器。湿婆拥抱了黑天，对他说："波那是我挚友，我也希望他快乐。你喜欢波那的曾祖父钵罗诃罗陀和他的父亲伯利，想必你也会喜欢波那本人的，饶过他吧。"

黑天也诚心诚意回答道："我知道他是伯利的儿子，因此绝对不会杀他。我曾答应钵罗诃罗陀，不会再杀他们家族的阿修罗。只是他太狂妄，所以我砍掉他九百九十八手臂作为惩戒。"

波那默不作声，在黑天跟前行礼道歉。他随即让人释放了无碍和女儿霞光，两人来到黑天面前，得到他和湿婆的共同祝福，从此幸福地生活在一起。黑天带着军队重返多门城。臣民们在城中每一角落插上旗幡与花环，打扫了大路，还洒满了檀香和水，所有居民在亲戚朋友的陪伴下，隆重地欢迎黑天得胜回来。

所有人都会爱上黑天，哪怕憎恨他的人，最终也无法停止对他的思念。他的魅力，对于爱他的人是甘露，对恨他的人是麻醉剂，无论哪一种，都会变成无法遏制的渴望。后来，黑天在俱卢之野的婆罗多族大战中为阿周那王子担任御者。他为了解除阿周那心中的疑惑，对他揭示了自己的宇宙面貌，他是这样说的："我是所有灵性世界和物质世界的根源，一切智慧都起源于我。我是宇宙之父、之母、支柱和始祖。整个宇宙的秩序受我控制。我是超灵，居于众生心中。我就是时间。我是创造，也是毁灭。我是万物之根基，是息止之地，是永恒的种子。"

黑天的宇宙化身

黑天向阿周那揭示了自己的宇宙面貌，他说："我是所有灵性世界和物质世界的根源，一切智慧都源于我。我是宇宙之父、之母、支柱和始祖。整个宇宙的秩序受我控制。我是超灵，居于众生心中。我就是时间。我是创造，也是毁灭。我是万物之根基，是息止之地，是永恒的种子。"

黑天战湿婆

黑天砍掉了波那的九百九十八条手臂，狂怒的湿婆赶来保护自己的崇拜者，和黑天正面冲突起来，这是自远古以来，宇宙间两位最有威能的大神第一次面对面单挑。两人不分胜负，最终在梵天的劝说下，两人讲和。

可是这话太抽象。也许黑天和自己妻子的对话更能说明问题。有一次，黑天半是玩笑半严肃正经地对艳光说："人们不知道我是牧牛童或是王子，是牧人难陀之子或是富天之子。我没有固定人生目标，人们便称我为浪子。一个人应以有一个妻子而满足，但你看，我一连娶了一万六千多个妻子。我从乡村来到都市，不知如何作为一位有教养的丈夫来取悦妻子。哪个女子倾心于我，到头来余生都是在痛苦中度过。很多牧牛姑娘为我所吸引，但我随心所欲地离开了她们，令她们整天痛哭度日。我的性格不稳定，不是可靠的丈夫，对我眷恋的唯一结果是得到空白一片的生命。你只是道听途说，误信我有崇高的品格，便选择了我为夫。以本性而言，我对家庭生活、妻子、儿女、富裕都没什么兴趣。所有的王族，包括你的兄长都是我的敌人，为了教训他们一顿，我才答应依照你的意愿把你掳去，你在婚前已爱上我，其实我却不爱你。即使如此啊，即使如此，为什么，艳光，你还会爱着我呢？"

艳光当然给出了自己的回答，但是并没有必要写出。为什么会为黑天所着迷，所有爱他的人心中，都有自己独一无二的答案。他的一生都在冒险，战无不胜，当他离开人间，他的族人陪他的肉体死亡，他的城市也沉入水中，为他殉葬。但在人们心目中，他永远都在月下吹响他神奇的笛子，牧女们围绕着他在月光中跳舞。

第十八章
摩诃婆罗多

《摩诃婆罗多》是古代印度最伟大的两部史诗之一,名称的意思是"伟大的婆罗多",以列国纷争时代的印度社会为背景,叙述了婆罗多族两支后裔俱卢族和般度族争夺王位继承权的斗争。它纷繁错杂,长达十万颂,除了主要的情节,还有许多插话、传奇和哲学思想的叙述穿插其中,从而使得《摩诃婆罗多》成为了一座神话、宗教和寓言的伟大宝库。

故事的起源是恒河女神的下凡。为了拯救被诅咒的、必须坠落凡间一世为人的八位婆苏,她和婆罗多族的国王福身王结合,但她每生下一个婆苏转世的孩子,就毫不留情把他们扔进河里,让他们回归天国;福身王不明就里,强行救下了最后一个孩子,起名为天誓。恒河女神带着天誓离开了福身王。天誓从小就跟着太白仙人和极欲仙人学习经卷,跟着持斧罗摩学习武艺,可谓文武双全。

自从妻子离开之后,福身王一直郁郁寡欢。有一次,他外出散心,突然看到有个容貌美丽形体强健的少年,手持弓箭朝恒河射箭,游戏般的动作竟然截断了整条河流。福身王万分惊讶,恒河女神就在此时出现,对他说:"这孩子就是你的儿子天誓。我已经把他养育成人,你接受他吧。"说罢便回了天庭。

福身王非常高兴,带着天誓回到都城象城,把天誓封为太子。四年之后,福身王

遇到一位名叫贞信的美丽渔女，对她一见钟情。但贞信的父亲坚持，除非贞信将来生下的孩子能继承王位，否则他不会把女儿交给福身王。福身王不愿意为此剥夺天誓的继承权，但又忘不了渔女，日夜长吁短叹。天誓是个孝顺的孩子，听说此事，为了促成福身王的幸福，找到渔女的父亲说："我不要王位，请你把女儿嫁给我父王吧！"

渔夫说："你虽然不要王位，将来你的孩子长大了，也会逼迫我女儿的后代交出王位的，这怎么能让我放心呢？"

天誓大声说："那么，我将修持梵行，终身不婚！尽管我不会有儿子，天上的不朽世界将会是属于我的！"在古代印度，人们对后代看得非常重要，如果没有后代，甚至祖先都无法升上天堂，在天誓为父亲牺牲了个人幸福发誓的瞬间，诸天神降临人间，朝天誓抛撒鲜花，对他说："你就是毗湿摩（发下怖誓的人）！"

从此，毗湿摩终身守节，忠心耿耿地守护了婆罗多族一辈子。

福身王虽然抱得美人归，但始终觉得自己亏欠了儿子，不久就带着愧疚病逝了。贞信为福身王生下了花钏和奇武两个儿子，毗湿摩尽心尽力地辅佐这两位幼弟。勇武的花钏在福身王死后即位，但不久就在战场上死在了一个乾闼婆手中。奇武继承了王位。不久之后，奇武到了婚娶的年纪，毗湿摩为自己的弟弟四处寻找合适的妻子。他听说迦尸王有三个女儿都很美貌，就前往迦尸的都城，以刹帝利的方式打败了国王，把三个姑娘带回去给弟弟做媳妇。这个时候大公主安巴突然开口了，她对毗湿摩说，自己已经爱上了沙鲁瓦王，两人已私订终身，请求毗湿摩把自己放回去和沙鲁瓦王团聚。毗湿摩通情达理地同意了。没想到安巴回到沙鲁瓦王身边后，曾在公主争夺战中被毗湿摩打败的沙鲁瓦认为接受一个业已被抢走的女子是对自己的羞辱，冷酷无情地把安巴拒之门外。安巴没有办法，又去找毗湿摩，想让他娶自己，但毗湿摩发过终身不娶的誓言，只能拒绝安巴。安巴回到迦尸城，她父亲也嫌弃她，不让她回家。她想要投靠到仙人们居住的隐修林中，仙人们却害怕会有觊觎安巴美色的刹帝利前来破坏隐修林的安宁。不幸的安巴无家可归，在森林里哭泣流浪，她心想："我一切不幸的来源都是毗湿摩。如果没有他抢走我这回事，我现在也不至于落魄到这个境地。可我是一个弱女子，他却是如今天下第一武士，我又怎么能向他复仇呢？"

这个时候，在森林里的持斧罗摩恰好遇到了安巴。他听安巴诉说自己的遭遇，对这位公主产生了怜悯之情，决定为她打抱不平。他带着公主去找毗湿摩，要求毗湿摩

对这个女孩负责。尽管毗湿摩很尊敬持斧罗摩,但依旧不肯接受安巴。持斧罗摩说得火起,对毗湿摩说:"如果你不肯照我的话做,我今天就杀死你和你的大臣。"毗湿摩很恭敬地请求持斧罗摩宽恕,但却坚持不肯让步,他接受了持斧罗摩的挑战,两人跑到俱卢之野,在那里硬对硬地打了一仗。毗湿摩驾着他的白色战车,而持斧罗摩徒步作战。他们使用各种法宝,运用各式武器,白天打完,夜晚休息,就这么接连打了整整二十三天。两人对对方的招数了解得很清楚,持斧罗摩抛出梵天法宝,毗湿摩也抛出梵天法宝,两个法宝彼此对撞,谁也没有受到伤害,喷发出来的火焰和热力却让前来观战的天神们吃了不少苦头。到了最后,他们谁也没法战胜谁,都打得遍体鳞伤、精疲力竭,恒河女神和保护持斧罗摩的婆利古家族的祖先一起来到战场,劝说他们住手,两人才罢休。

持斧罗摩把安巴叫来战场,苦涩地对她说:"我不能战胜毗湿摩,你只能找其他人帮忙了。"愤怒的安巴独自离开,来到森林里独自修炼苦行,多年之后终于博得了湿婆的欢心。湿婆许诺她下一世转生为男子,可以杀死毗湿摩。而复仇心切的安巴听闻之后,立刻就燃起了一堆火,自己跳进火中,了结了悲惨的一生。后来,她果然由女变男转世成为木柱王之子束发,在俱卢之野的大战中杀死了毗湿摩。

奇武娶了两个王后,但还没有生育。贞信本想让毗湿摩继承王位,并娶妻生子,可是毗湿摩坚决拒绝。没有其他办法,贞信只好请自己和破灭仙人生的私生子广博仙人来借种生子。安毕迦王后与广博仙人同房时因为害怕广博仙人的丑脸,一直闭着眼睛,结果生下的持国是个盲人。安波莉迦王后则被吓得面无血色,结果生下的般度也面无血色。贞信请广博仙人和长媳妇再生一个儿子,安毕迦王后不愿再上仙人的床,就把一个女奴打扮成自己的模样送去给广博仙人,于是生下了身份微贱但正直聪慧的维杜罗。

持国长大后,娶了健陀罗的公主甘陀利。甘陀利为了和失明的持国同甘共苦,就把自己的眼睛也给蒙了起来,她先后为持国生了一百个儿子,长子名为难敌,次子名为难降,后来难敌成为了俱卢族的领袖。

由于持国是个盲人,就由般度继承了婆罗多族的王位。般度娶了贡蒂和玛德莉两位公主。有一天,般度出去打猎,看到一对鹿正在作乐,便一箭将公鹿射死。没想到,这两只鹿是一对仙人夫妇变的,死的仙人诅咒般度只要与女人作乐就必死无疑。般度

只好将王位让给持国，然后带着两个妻子到森林里修炼苦行。

贡蒂是黑天父亲富天的姊妹。她少年时代从敝衣仙人那里学会了一种"求子咒"，只要她愿意，就可以让任何一位天神下凡，和她生下孩子。出于好奇，她曾在结婚前偷偷用了一次，结果召唤来了太阳神苏利耶，生下了与太阳神一样英武、一出生就穿戴金色盔甲的迦尔纳。贡蒂害怕了，就将迦尔纳放在一个篮子里，放到恒河中。随波逐流的迦尔纳被身份低微的车夫升车救起，并养大成人。

后来，贡蒂看般度因没有子嗣非常着急，就将"求子咒"告诉了般度和玛德莉。在般度同意下，贡蒂分别与正法之神阎摩、风神伐由、天帝因陀罗生下了老大坚战、老二怖军和老三阿周那。玛德莉则与黎明之神双马童生下了孪生兄弟无种和偕天。这五个孩子被称为般度五子。他们都从父亲那里继承了神性和不同的个性。正法之神阎摩的儿子坚战个性正直谨慎，心地宽容；怖军像父亲伐由一样力大无穷、勇猛过人、脾气暴躁，由于食量很大，也被称为"狼腹"；老三阿周那是天帝的儿子，从各方面都是刹帝利的典范，坚决果敢，英勇绝伦，是武士中的武士。无种和偕天则和双马童一样容貌俊美，大地上无人能比。

不久之后的一个春天，般度因为无法摆脱欲望的诱惑，强行要和玛德莉交合，结果一命呜呼。玛德莉认为是自己害死了丈夫，悲痛之下登上火葬堆陪伴丈夫自焚而死。贡蒂只好带着般度五子回到王都投靠叔伯祖父毗湿摩。毗湿摩先请了慈悯大师做家庭教师，继而又请来持斧罗摩的弟子德罗纳大师教导般度五子和持国百子武艺。

经过一段时间修炼，王子们的强弱逐渐显现出来。其中阿周那和德罗纳之子马勇是德罗纳最得意的弟子。持国的长子难敌和怖军都擅长使用铁杵，坚战长于车战。无种与偕天则是用剑高手。怖军在和持国百子游戏的时候，经常凭着力量欺负他们。虽然怖军当时还是个孩子，这些举动里也没有恶意，但从小难敌和弟弟们就因此对般度五子记恨在心；还没有长大成人的时候，心地狭隘的难敌就几次想要谋杀怖军，却被健壮得可怕的怖军一次又一次躲过去了。

弓箭术大师德罗纳出身婆罗门，少年时代曾是般遮罗国的木柱王的朋友，木柱王答应德罗纳，自己继承王位后一定会为德罗纳在朝中谋个职位。可是等到德罗纳从持斧罗摩那里学成出师、去找做了国王的木柱时，木柱王却嫌弃起这个穷朋友来，翻脸不认人，把德罗纳赶出自己的国家。德罗纳带着儿子马勇流亡到象城，被毗湿摩聘请

为王室教师，他把一身本领都教给阿周那。阿周那为了报答他，带兵俘虏了木柱王，逼他在德罗纳面前道歉。木柱王甚感屈辱，同时又很倾慕阿周那的英武，回国后修炼苦行，天神于是赐给他一个注定会杀死德罗纳的儿子猛光和注定会嫁给阿周那的女儿黑公主。

岁月流逝，般度五子和持国百子业已成年。在一年一度王子间的比武大会中，阿周那技压群雄，表演了精湛的弓箭术和武器技巧，得到了大家的一致赞赏。难敌和他的弟弟们则嫉恨不已。

就在此时，一个英俊年轻的陌生武士走进会场，向阿周那挑战。他把阿周那做过的所有事情都做了一遍，而且做得和阿周那一样好；这个人正是太阳神之子、身裹天生神甲的迦尔纳。看到有人给阿周那难堪，难敌大喜，冲上去拥抱迦尔纳，对他的力量和技巧赞不绝口。

阿周那觉得受到了侮辱，愤怒地要求和迦尔纳真刀真枪单挑。迦尔纳骄傲地接受了阿周那的决斗挑战。两人披挂整齐地站上校场，贡蒂一见迦尔纳就把他认了出来，难过得立即晕了过去。就在迦尔纳和阿周那举起长弓即将动手的时候，阿周那说："我不杀无名之辈。你先把自己的父母和家族报上来吧！"

听到这话，迦尔纳羞愧得俯下脸去，因为他不知道自己的生身父母是谁。难敌看出迦尔纳有难处，为了让他具有挑战阿周那的资格，立即走进校场，为迦尔纳灌顶，册封他为蛊迦王，让他坐在宝座上。

就在此时，迦尔纳的车夫养父升车穿着破旧的衣服，颤巍巍地走进校场来寻找自己的儿子。迦尔纳一看到他，就从宝座上跑下来，俯首在父亲面前行礼。升车抱住迦尔纳，眼泪滚滚地滴落在儿子刚刚因为灌顶而淋湿的头上。

怖军见状，大笑起来说："车夫的儿子！你不配死在阿周那手下，你还是去赶车吧！你也配不上做蛊迦王，贱种！"迦尔纳听到奚落，嘴唇不由得哆嗦起来。

难敌愤怒地站起来说："勇士的出身，江河的源头，都是不明确的。对于一个刹帝利来说，还有什么比力量更重要？迦尔纳武艺超群，他凭什么不配做国王？这样的人杰应当统治大地，而不是一个蛊迦国！"全场都为难敌的话鼓起掌来，迦尔纳充满感激地看着难敌，从此，他的生命和友情都交付给了他。

不久后，难敌想要谋害般度五子，便以视察赛会的名义，将般度五子和贡蒂骗到

了象城，让他们住在一座易燃的紫胶宫中。半夜，难敌的奸细放火烧宫，幸好坚战事先得到过维杜罗的警告，察觉出了难敌的阴谋，事先找人挖了一条地道，从大火中逃出了皇宫。在隐姓埋名的逃亡途中，怖军为民除害，击杀了食人的罗刹钵迦，杀死妄图抢夺母亲贡蒂的魔王希丁波，并且娶了希丁波的妹妹罗刹女希丁巴为妻，后来希丁巴为他生下了一个罗刹与人的混血儿子——瓶首。

般度五子一路流浪来到了般遮罗国。恰好此时，木柱王希望通过比武招亲为女儿黑公主选一个丈夫，举办了一个盛大的典礼。各国的王子和大武士都前来观礼，般度五子化装成婆罗门也去参加。比赛的内容是拉开一张坚硬的弓，让射出的箭通过小环射中靶心；但许多成名英雄都无法拉开那张大弓。迦尔纳走上前去，轻而易举拉开了弓，当他拉到一半的时候，黑公主高傲地站起来说："我是不会嫁给一个车夫之子的。"迦尔纳闻言，长叹一声，扔掉了拉到一半的弓。

此时，以婆罗门打扮出现的阿周那站了出来，他沉着地拉开了弓，熟练地上弓弦，然后毫不犹豫地挽弓搭箭，命中靶心，利落漂亮地赢取了黑公主和她的心。国王们看到一个年轻婆罗门得到了公主，都很不服气，气愤地大喊大叫拿着武器冲上来，般度五子披着婆罗门的衣服，挫败了以难敌、妖连、迦尔纳、童护、沙利耶为首的众多英雄，把黑公主带回了家。

一到栖身之处，阿周那就兴奋地对贡蒂说："妈妈，我们得到了不起的宝物了。"

贡蒂不知道他带回来的是黑公主，随口说了一句："那么就和哥哥弟弟五人一起分享吧。"母命不可违，于是黑公主就成为般度五子共同的妻子。在典礼上，大力罗摩和黑天认出了般度五子，为了确认他们的身份，他们悄悄跟着般度五子来到他们居住的草屋，与他们相见。黑天就此和阿周那结下了牢不可破、超乎一般的友谊。

般度五子与黑公主成婚后，得到了般遮罗王国和黑天统治的雅度族支持，地位猛增。这桩婚事暴露了他们的身份，难敌知道五兄弟没死，大为恼火。他和迦尔纳、他心地邪恶的舅舅沙恭尼来到持国王面前，商议如何对付般度五子。但是，毗湿摩、德罗纳和维杜罗这些德高望重的老臣都反对和般度族公开翻脸，劝老王要奉行正道，不要像儿子难敌一样因嫉妒和贪欲迷失心窍。一番争执后，持国决定听从毗湿摩和维杜罗的提议，迎回般度族，并且将国土的一半交给了坚战。

坚战定都天帝城。古代天帝城是一座荒芜的都城，般度五子抵达时城市已经变得

破败不堪，但他们带领人民把这个原来荒芜的古代都城建造成了美妙绝伦、道路宽阔的宏伟新城。持国分给般度族的国土原本是较为贫瘠的一半，但坚战和五个兄弟以法治国，几年之后就将领地建设成全印度最富庶的地方。

毗湿奴化身的黑天对般度族充满友爱，时常为他们出谋划策。有一次，黑天邀请阿周那到自己统治的多门城中过节，节日中，阿周那爱上了黑天的妹妹妙贤。在黑天怂恿下，阿周那将妙贤抢回了天帝城。婚后，妙贤为阿周那生下了般度五子后代中最出色的年轻勇士激昂。此时，黑公主也为般度五子各生了五个儿子。

坚战统治国家十二年，天帝城的声威越来越强大，国库充足，人民安乐。有一次，阿周那偶然在森林大火中救了曾为阿修罗们建造三连城的摩耶。这位阿修罗的建筑师为了报答阿周那，就为般度族建造了一座壮丽神奇的大会堂。在这座会堂中，云游四方的那罗陀仙人建议坚战举行王祭。坚战征求了黑天的意见，黑天告诉般度五子，要举行王祭，得要战败残暴强大的摩揭陀国国王妖连才能服众。于是怖军、阿周那、黑天三人化装来到摩揭陀国。怖军与妖连单挑，经过十三天的战斗，怖军终于在黑天的帮助下将妖连撕成两半。

妖连之死震惊了整个印度。坚战派四个兄弟率军征服周围的国家，所有国家都主动向坚战王称臣。最后，坚战招集所有的国王，在天帝城的大会堂中举行了盛大的王祭。坚战很敬重黑天，便请黑天做王祭的首席客人，接受王祭献礼。可是在王祭当天，桀骜不驯的车底王童护和黑天起了冲突，他大骂黑天："这里是国王待的地方，黑天这小子不过是个放牛的贱人，他吃了庚斯的食物，却又杀了庚斯，自己给自己加冕，根本不配享有首席来宾的荣誉！"他还侮辱了劝说他不要与黑天作对的毗湿摩。黑天因为童护的母亲是自己的姑母，所以对这些恶毒言辞一忍再忍。但当童护大笑着对黑天说"你妻子艳光公主原本是许配给我的，无论你高兴不高兴，都不能拿我怎样"的时候，终于越过了黑天忍耐的极界，他猛然站起，用毗湿奴神盘切下了童护的脑袋。国王们看到童护被当场杀死，震慑得无话可说，再也没有人敢与坚战为敌，王祭顺利进行。

难敌也来参加了王祭。在天帝城看到般度一族统治的土地如此繁荣昌盛，嫉妒就像有虫子噬咬着他的内心一样。大会堂的地面是水晶做成的，难敌路过时以为这是个水塘，就挽起了衣服打算淌过去；意识到自己错了之后，他闷闷不乐四处转悠，来到一个清澈的池塘前时，他又以为这是一片水晶地，就直冲着水面走去，结果跌入水中，

搞得狼狈不堪。看到这情景，坚战之外的所有般度族人都忍不住大笑起来。难敌出尽洋相，回到象城，被嫉恨搅得寝食难安，痛苦不堪。难敌的军师沙恭尼向他献计，据说坚战喜欢玩掷骰子，却又不甚擅长；而沙恭尼正好精通此道，懂得各种赌博手段和花招，完全可以用赌博的办法把坚战的一切夺取过来。于是，两人磨着持国，要持国让坚战来参加赌局。持国知道儿子没安好心，但软耳根的他经不起难敌纠缠，最后自己也在权力和财富面前动摇了，就派信使前往天帝城邀请坚战。

坚战没能拒绝赌博的诱惑，来到象城。在赌局中，沙恭尼代表难敌出战，他轻而易举把坚战玩弄于股掌之上。坚战先是输了金钱和财宝，仆人和军队，继而将整个国土和人民都输了出去，而且一输再输后，赌红眼的坚战还一个接一个地把几个兄弟押上赌桌，和自己一起输给了沙恭尼，最后一咬牙，甚至把心爱的黑公主也当成了赌注。结果，般度五子和黑公主都成了难敌的奴隶。般度五子一无所有，连身上的衣服都输给了难敌。难降粗暴地把不明就里的黑公主拽住头发拖到会堂上，还要当众侮辱她，把她衣服剥掉。黑公主哭叫怒骂，坚战只能痛苦地呆站在原地。迦尔纳在一边说风凉话，说般度五子是空心芝麻，要黑公主趁早改嫁，难敌还哈哈大笑着朝黑公主露出大腿。怖军气得发抖，他对着难降和难敌咆哮："该死的难降，你敢这样对待黑公主，我将来一定会撕裂你的胸膛喝你的血；难敌，如果我今后不用铁杵打烂你的大腿，就让我怖军死后进不了祖先的天堂。"他发誓将来要在战场上杀掉持国的一百个儿子。

这句话一说完，种种不祥的征兆就出现在了会堂周围，让在场的人无不震惊。一直沉默的持国也忍不住了，他终于开口平息事态，安慰侄媳，把坚战赌输的一切又还给了般度族，放他们回天帝城。

难敌十分不满，在持国面前大吵大闹，认为父亲完全是放虎归山。软弱的持国王在儿子面前再度动摇了，他不得不派人把坚战他们叫回来，再次设下赌局。坚战明知这是圈套，但面对挑战而不迎战是刹帝利的耻辱，他只得再次回到赌桌前。这一次哪一方如果输了，就必须到森林中流放十二年，第十三年必须隐姓埋名地度过，一旦被认出，就必须再流放十二年。沙恭尼再度在赌博中使用了花招，毫无悬念地赢了坚战。般度五子和黑公主不得不放弃王位，把母亲贡蒂委托给毗湿摩和维杜罗照顾，自己则披着羚羊皮，踏上了凄苦坎坷的流放之路。他们离开的时候，坚战由于感到无比羞惭，用衣服遮住了脸。阿周那一边撒沙一边走，怖军挥动双臂，表示要以武力报复。偕天

摩诃婆罗多中坚战赌博一幕

代表难敌出战的军师沙恭尼在赌局中轻而易举地把坚战玩弄于股掌之上。坚战先是输了金钱和财宝,仆人和军队,继而将整个国土和人民都输了出去。一输再输后,赌红眼的坚战还一个接一个地把兄弟几人连同自己一起输给了沙恭尼,最后甚至把心爱的黑公主也当成了赌注输了出去。

和无种都用泥土把自己美好无比的身体涂抹起来，免得被人认出。

对这场赌博，黑天并不知情，他正忙着与入侵自己国土的邻国沙鲁瓦王交战。打败来犯者后，他才知道般度五子已经遭到流放。黑天急急忙忙赶去见他们，竭力安慰黑公主，黑公主的哥哥猛光也来看望妹妹，激动地表示要把她受到的屈辱全都讨回来。此时，黑公主、怖军和坚战之间发生了分歧，性格激烈的黑公主坚持要坚战用武力夺回王国，怖军也支持她，咬牙切齿地发誓要用难降的血洗黑公主的头发。尽管黑公主和弟弟的怒火燃烧得如此旺盛，坚战还是忧郁地叹了口气，决定遵循约定，执行赌约，在森林中度过十二年。

为了排解心中的忧伤，般度族按仙人的指示，开始在各个圣地间巡行朝拜。各地的仙人都赶来陪伴这个不幸的家庭，安抚他们，讲古代故事给他们听，告诉他们正义必将得到胜利，忍耐和宽容会得到报偿。

阿周那为了取得将来复仇的武器，独自离开前往喜马拉雅山修行。有一天，阿周那在林中射杀了一只野猪，同时一个山中猎人的箭也射中了野猪。猎人和阿周那为了野猪的归属，争执起来，最后大打出手。奇怪的是，勇武无敌的阿周那竟然完全不是那个猎人的对手，他射完了箭，折断了宝剑，猎人依旧毫发未损，还哈哈大笑着夺走了阿周那的弓，把他勒得紧紧的。就在阿周那以为自己必死无疑的时候，那猎人竟然笑着退开了。

原来那猎人就是湿婆，他正与妻子帕尔瓦蒂在喜马拉雅山游乐。湿婆被阿周那不屈不挠的精神感动了，就将自己最强的武器"兽主之宝"借给了阿周那。得到湿婆的武器后，天帝亲自下凡来迎接爱子，阿周那坐在天帝的飞车上来到天国，帮助父亲和阿修罗作战，同时学习更强大的战斗方法，整整五年后才回到了自己兄弟和妻子的身边。

天帝因陀罗知道整个大地上就武艺而言迦尔纳是唯一能威胁阿周那的人。因此，他变成一个婆罗门来向迦尔纳要求施舍身上天生就裹着的铠甲和耳环。迦尔纳为了实践武士的道德，慷慨地用刀把长在自己身上的神甲割下来送给因陀罗。看到迦尔纳鲜血淋漓的模样，天帝也不禁动容，他显出真身，把一个叫做"力宝"的神奇标枪送给迦尔纳。不过，这支百发百中的标枪只能使用一次，之后就会被天帝收回。

难敌听说般度五子现在住在森林里，睡在泥土地上，依靠打猎为生，便幸灾乐祸

地想要亲自去瞧一瞧他们受苦的样子。他带着军队，耀武扬威地前往般度族住的地方，没想到半路招摇过头，得罪了在此度假的乾闼婆王奇军。乾闼婆王的军队把难敌的军队打得大败，难敌也被俘虏了。这事情传到般度兄弟耳朵中，坚战不计前嫌，坚持让不情愿的弟弟们把难敌给救出来。奇军知道坚战是个品德高尚的人，不想和他为敌，就把难敌放了。难敌想到自己居然是被仇敌所救，羞愧难当，差点绝食自杀。迦尔纳赶来安慰他，发誓自己一定会在战场上打倒般度五子，难敌这才打起精神来。他不但不反省自己的行为，对坚战有所感激，反而认为这是对自己的极大羞辱，对般度五子的仇恨越发深刻了。

十二年之期快到了，有一天，为了追一只鹿，般度五子来到了传说中有魔鬼居住的夜叉湖。走到夜叉湖时兄弟四人口渴极了，一个接一个去喝魔池的水，结果全部倒在湖边死去。坚战也来到了魔池边，看到弟弟们没有生气的躯体，又难过又奇怪。此时湖边响起一个声音，对坚战说："我是守护这个湖的夜叉。想要取水，得要回答正确我的问题。你的弟弟们急着喝水，没有理会我，所以才会死去。"

坚战说："那么我来回答你的问题。夜叉，你问吧！"

"谁使得太阳升起？谁是它同行者？谁使它落山？它住在哪里？"

"梵天使得太阳升起，众神是它同行者，正法使它落山，它住在真理之中。"

"什么比大地更重？什么比天还高？"

"母亲比大地更重，父亲比天还高。"

"哪个词是正法？哪个词是声誉？哪个词是天国？哪个词是幸福？"

"勤勉是正法，施舍是声誉，真理是天国，戒行是幸福。"

"什么是世上最高正法？"

"仁慈。"

"人舍弃了什么可以得到一切人的爱？人放弃了什么就没有忧愁？人放弃了什么可以变得富有？人抛弃什么就有快乐？"

"人舍弃了骄傲可以得到一切人的爱，人放弃了愤怒就没有忧愁，人放弃了欲望可以变得富有，人抛弃贪婪就可以得到快乐。"

"什么是人？什么人拥有一切财富？"

"只要有善行的声誉在，就可被称为人。爱和憎，苦和乐，过去和未来，一视同

仁，这样的人就拥有一切财富。"

坚战的回答令夜叉很满意，它说："我可以让你死去兄弟中的一人复活，你希望把这个机会给谁？"

"无种。"

夜叉很惊奇地问道："人们都说你喜欢怖军，整个般度族都要依靠阿周那的武力，为什么要让庶出的无种复活？"

坚战答道："仁慈是最高正法，我愿意实行仁慈。我有两个母亲，我对她们一视同仁。我活着，贡蒂就还有儿子，无种复活，玛德莉不至于绝后，这样才公平。"

听了这话，夜叉大喜，他原来是正法之神阎摩所化，特地来考验儿子。坚战通过了他的考验，让这位天神父亲十分高兴。他给坚战三个恩惠，坚战希望他让四兄弟全部复活，在接下来隐姓埋名的十二个月里能安然度过。阎摩一一答应。最后坚战希望自己能永远征服贪、嗔、痴，让心里常驻真理，正法之神说："你天生就具备这些品质，你就是正法。"说罢消失了。

经过商议，般度五子决定到摩差国国都水没城国王毗罗吒的王宫中度过最后一年。坚战陪国王玩骰子，阿周那化装成教习歌舞的太监，怖军做厨师，无种和偕天照顾牲口，黑公主则去做王后的侍女。王后的哥哥空竹是这个国家的军队元帅，是一个粗暴贪婪好色的人，他看上了黑公主的姿色，频频骚扰黑公主。黑公主只好向怖军哭诉。怖军说："你放心好了，你把那个家伙骗到没人的地方去，剩下的事情我来解决。"于是，黑公主假意同意和空竹约会，让他半夜摸黑到舞厅里等自己。空竹喜滋滋地前往，却遇上了扮成黑公主的愤怒的怖军。两个大力士在夜里一阵缠斗，最后空竹被怖军活活打死，四肢被塞进身体里，活像一个肉球。

远在象城的难敌此刻正在为派出的探子找不到般度五子而苦恼，听说了这件事情，大叫："我知道空竹，这片大地上能像这样杀死他的除了怖军没有别人。"此时十三年之期将至，难敌派出善佑率领的三穴国大军去侵扰摩差国，国王毗罗吒带着大军前去迎敌，不料这却是调虎离山之计，由毗湿摩、德罗纳和迦尔纳率领的难敌大军趁着摩差国国内空虚，兵临国都城下。毗罗吒的儿子优多罗在内宫的女眷面前吹嘘自己可以一个人赶走敌军。黑公主建议他带上阿周那作为御夫，两人乘着战车来到战场。从小娇生惯养的优多罗一看难敌大军的阵势，顿时吓破了胆，跳下战车就往后逃，阿周

那一边笑一边追上太子，把他揪上战车，命令他负责驾车，而自己则负责打败敌人。隐姓埋名十三年的阿周那拿出在天宫习得的武艺，施展出惊人的威力，独自一个人把名将云集的难敌大军打得落花流水，毗湿摩、德罗纳和迦尔纳全都败在他手下。难敌受了重伤，认出打败自己的人就是阿周那，气得龇牙咧嘴。战斗结束，阿周那宣布十三年时间已到，回到摩差国国都，和兄弟们一起向国王披露了自己的身份。国王大喜，把女儿至上公主嫁给了阿周那与妙贤的儿子激昂，般度族又得到一位盟友。

此时，般度族认为，十三年已至，自己按照赌约要求完成了流放，因此应当将国土还给他们了。而难敌则宣布：由于十三年还没有过完，阿周那就和他们在战场上相遇并且被认出，所以般度族应当再被流放十二年。

双方的争议无法解决，一时间，印度次大陆上的政治气氛骤然紧张起来。坚战和黑天、大力罗摩、木柱王及毗罗吒在一起商议，最后坚战决定接受岳父木柱王的建议，一面派出和平使者到象城和谈，一面通知所有的盟友积极备战。难敌也开始开动战争机器，于是所有国王都集结军队，或投向般度族，或投向难敌的俱卢族，整个印度大地上所有国家的王子和知名武士都卷入了战争之中。

阿周那去多门城拜访黑天。几乎在同一时间难敌也来到了多门城。他们到达黑天住所的时候，黑天正在床上睡觉，难敌急不可耐地站在黑天床头，阿周那则站在床尾恭敬地等着黑天醒来。黑天睡醒，首先看见站在脚边的阿周那，便笑着向他打招呼。难敌大声抗议，说自己和般度族都是黑天亲戚，因此应当获得相等的支援。黑天于是将自己的力量分成两份，一份是由成铠率领的雅度族军队，另一份则是黑天自己，但他发誓不会在战场上拿起武器作战。由于黑天先看到了阿周那，便由他第一个挑选。阿周那毫不犹豫地选择了不参战的黑天，而难敌则暗自窃喜，他以为自己不但得到了强大的黑天军队，也得到了足以与黑天匹敌的大力罗摩。没想到大力罗摩对亲族之间的杀伐感到十分憎恶，拒绝为任何一方出战。

大战的阴云笼罩在大地之上，所有人都对即将爆发的战争可能产生的可怕结果忧心忡忡。坚战做了最大的让步，他提出只要难敌一方给自己五个村庄就可不开战，甚至一向主张武力复仇的怖军都觉得亲族残杀的前景太黑暗，请求黑天尽量顺从难敌的意愿，哪怕忍气吞声也要争取和平，不要让婆罗多族在战争中毁灭。黑天被委派为般度族的使者出使象城，向难敌和持国提出般度族的要求，作为和平解决矛盾的最后努

力。他得到了毗湿摩、德罗纳和维杜罗的热情欢迎。然而，难敌和他手下的人充满敌意地对待黑天，甚至想要谋杀他，却被黑天用神力轻易挫败。在大会上，对般度族提出的和平解决方案，难敌态度粗暴地完全否决，并且声称"我连针尖大小的地方也不会给般度族！"尽管黑天和毗湿摩做出了种种努力，斡旋谈判还是以失败告终。

黑天离开象城的时候，迦尔纳前去相送，黑天和他私下交谈，将迦尔纳的身世秘密告诉了他，劝他离开难敌，回到他真正的兄弟那里去。黑天还向迦尔纳保证：只要他回到般度族一边，他所有的兄弟都会承认他为嫡长子，坚战会把王位和国土让给他，阿周那和怖军也会热情真诚地张开手臂迎接他。迦尔纳感谢黑天的好意，但他说："贡蒂抛弃我，车夫抚养我。我享受了难敌的财富，不能背信弃义。"尽管如此，他对过去做出的伤害般度五子的事情和说过的话感到愧疚。他还要求黑天对两人的谈话保守秘密，因为坚战一旦知道真相，就会毫不犹豫把王位让给他，而他则会把国土交给难敌。黑天答应了他，怀着遗憾回到坚战军中。

无种和偕天的舅舅沙利耶是摩德罗国的国王。他率军参加般度军。可是狡猾的难敌却在沿途殷勤设宴盛情款待沙利耶的军队，沙利耶非常开心，他不明就里，以为这些招待都来自外甥。当他知道这是难敌为他做的一切时，虽然心不甘情不愿，却不得不加入难敌一方，因为武士必须知恩图报，报答善意款待。他派出使者来到坚战军中，告诉坚战自己投入俱卢族的苦衷。在俱卢军中，坚战最害怕的就是唯一能打败阿周那的迦尔纳，作为补偿，沙利耶答应会暗中和迦尔纳作对，在战场上尽力保护阿周那。

大力罗摩来到坚战军中，他看到大战在即，闷闷不乐，他痛斥交战双方，说他们为了利益，鬼迷心窍，不惜对亲人和朋友开战，他越说越气，最后甚至拿起武器犁来，想要在般度族和俱卢族毁灭彼此之前先把他们毁灭掉，最终被黑天劝住。大力罗摩心中郁郁，独自离开大营去参拜圣地了。

战争就要开始，迦尔纳像往常一样，来到恒河边祈祷。贡蒂悄悄来到他身边，掀起他衣角遮挡阳光。迦尔纳见到贡蒂感到非常诧异，他向贡蒂请安："车夫罗陀和升车之子向您致敬。"贡蒂泪流满面地对迦尔纳说："迦尔纳，罗陀不是你母亲，升车也不是你父亲，你并非赶车的贱民，你父亲是太阳神苏利耶，我就是你的生身母亲。你应该站到你亲兄弟那方。"

迦尔纳看到贡蒂的泪眼，也觉得十分痛苦。然而他却毫不犹豫地回答说："你抛

弃了襁褓中的我，从此我的声名和荣誉俱毁。你虽然是我母亲，对我造成的伤害却比任何一个敌人都大。你现在为了利益才来向我说明真相。如果我现在加入般度族，谁不认为我是出于害怕？我的父母永远是赶车的人，我也永远是一个车夫之子。持国之子始终尊敬我，我怎能不报答他？不过，既然已经知道真相，那我就不会在战场上杀害其他兄弟，但阿周那必须死。无论如何，到了最后，你仍然会有五个儿子。"

战前，毗湿摩给难敌分析般度军和己方的情况，列举双方军中的武士和大武士。难敌听后信心倍增。可是说到难敌军第一勇士迦尔纳时，毗湿摩却这样说："迦尔纳只能算半个武士，因为他太狂妄自大。他要和阿周那交手的话，必死无疑。"德罗纳也同意这种说法。两位老将的话激怒了骄傲的迦尔纳，他当场表示，只要毗湿摩还活着自己就不会上战场。

会战即将开始，大军对阵在俱卢之野上，种种征兆显示这会是一场异常血腥残酷的战争。般度大军分为七支。七位大军元帅分别是木柱王、毗罗吒王、猛光、束发、善战、显光和怖军。其中黑公主的哥哥猛光被任命为大元帅。黑天因为发誓不作战，便为阿周那担任御者，为他驾驶战车。相对，难敌也率领十一支大军进入俱卢之野。难敌军也是人才济济，大元帅是毗湿摩，各军元帅也个个都是英雄豪杰：其中包括德罗纳、慈悯、沙利耶、成铠王、迦尔纳、马勇、胜车、沙恭尼、广声等成名英雄。

这时，般度军中出现一阵骚动，坚战竟然脱下铠甲，放下武器，跳下了战车，双手合十地穿过两军之中的空地。四个兄弟也紧跟其后，惶然不已，以为爱好和平的坚战想要临阵投降。但黑天却笑着说："坚战王只是依照古代礼节，在开战之前去征求长辈和老师们的祝福罢了。"曾将般度五子抚养长大、教给他们吠陀知识和战斗技艺的师长们，包括毗湿摩、德罗纳、沙利耶和慈悯等人，此刻都在为俱卢族作战。他们虽然反对战争，并且心和道义都在般度族这边，但食君之禄，忠君之事，不得不拿起武器与昔日学生战斗。

坚战走到毗湿摩身边，向毗湿摩行了最庄重的礼节——触足礼，然后说道："老祖父，我就要向您开战，请您表示同意，我想从您这里得到祝福。"

毗湿摩难过地说道："我祝福你，般度之子！多么遗憾，人是财富的奴隶，俱卢族已经用财富将我捆住。除了战斗，你想要什么？"

坚战又说："您是天下无敌的武士。大战之中，我们要如何才能打败您？"

俱卢之野上的大战

印度大陆上的国王纷纷集结军队，或投向般度族，或投向难敌的俱卢族，几乎所有的王子和武士都卷入了战争之中。大军对阵在俱卢之野上，种种征兆显示这会是一场血腥残酷的战争。

而毗湿摩也毫不犹豫地回答："任何武士都不能打败我、杀死我。只有女人我不会对其出手。束发曾是女儿身，因此我不会伤害他。"

坚战又以学生的身份向德罗纳和慈悯施礼，以外甥的礼节向沙利耶施礼。黑天趁机找到迦尔纳，建议他既然拒绝在毗湿摩活着的时候出战，不妨来到般度族一边先为他们战斗，等毗湿摩死了再回俱卢军。迦尔纳再度拒绝了。

战争开始，战鼓声、螺号声与马嘶、象吼、战士的呐喊声连成一片。面对俱卢族占绝对数量优势的大军，般度族排定了雷杵阵容。看到对方军队中满是自己的亲戚、朋友，阿周那突然感到万分沮丧，他对这场战争的合法性产生了怀疑。他眼里含着泪水对黑天说："小时候，我趴在泥土里玩耍，由于不懂事，抓着毗湿摩的裤脚喊：'爸爸，爸爸。'他抱起我说：'我不是你的爸爸，是你爸爸的爸爸。'我怎么能向他下手呢？我所有弓箭技艺都来自德罗纳师父，他爱我胜过爱他亲生孩子，他的儿子马勇也待我如同兄长。如今我要对这些人展开杀戮，这实在太可怕了。黑天，请你告诉我该如何是好？"于是，黑天开导阿周那，教导他不要为身体的忧伤迷惘，因为灵魂不生不灭；不要为结果而行动，抛弃对成果的执着，服从刹帝利天职，安心投入战斗。他们这番对话就是著名的《薄伽梵歌》，古代印度哲学集大成的篇章。阿周那听从黑天的劝说，再度拿起武器。

然而，在这一天的战斗中，毗湿摩接连击毙般度族勇将优多罗和白净，般度军出师不利，损失惨重。

第二天，怖军杀死敌方大将闻寿及其子。双方打得难分难解。阿周那和毗湿摩战成平局。这一天的战斗中，般度族占据优势。

第三天，俱卢族使用大鹏阵容，般度族排出半月阵容。怖军射伤难敌，俱卢族溃败，士兵逃跑。难敌指责毗湿摩向着般度族一方，作战不力。毗湿摩对难敌说："般度族站在正义一方，无论我有没有尽力，他们都将胜利。不过，我会证明给你看我的实力。"他大显神威，般度军无法抵挡他，落了下风。阿周那面对老祖父，依旧犹豫不决，无法全力战斗，黑天勃然大怒，一时竟然忘记了自己不参战的誓言，跳下战车，拿起一个车轮，挥舞着就要去杀死毗湿摩，阿周那只得抱住黑天大腿，拼命将他拖回来，发誓自己会奋勇杀敌。随后，他们登上战车，阿周那实践自己的话，把俱卢族军队杀得大败。

《薄伽梵歌》

俱卢之战开始前，看到对方军队中满是自己的亲友，阿周那突然感到万分沮丧。于是，黑天开导他说：不要为身体的忧伤迷惘，因为灵魂不生不灭；不要为结果而行动，抛弃对成果的执着，服从刹帝利天职，安心投入战斗。这番对话就是《薄伽梵歌》，古代印度哲学集大成的篇章。

第四天，阿周那和毗湿摩战成平局，怖军被难敌射伤，从昏迷中醒来后，他杀死了持国百子中的八个。老将福授王出战，射昏了怖军。怖军的儿子罗刹混血儿瓶首顶替父亲的岗位，施展幻术击败了俱卢族。

第五天，束发出阵，毗湿摩果然一反常态，不愿和他交战。

就这样，双方你来我往，战斗中各有伤亡和胜负。到了第七天，难敌仍然不断责备毗湿摩，要他杀死般度族兄弟，毗湿摩感到十分为难，但依旧表示会尽力而为。在这一天的战斗中，德罗纳杀死了激昂的岳父、摩差国的国王毗罗吒，毗湿摩重创坚战，但依然避免和束发作战。

到第八天，怖军杀死了持国的八个儿子，继而又杀死了九个，瓶首大战难敌，再度施展罗刹幻术取胜。难敌对自己兄弟的死感到很恼火，这天夜里，他请求毗湿摩让迦尔纳出战，顶替毗湿摩。毗湿摩再度保证自己会全力投入战斗。第二天，他果然如同天神附体，在大战中杀死般度族一万四千名战士。般度军被老战士一个人杀得大败。黑天看到这个情景，再度发怒，想要亲自杀死毗湿摩，被阿周那拉住。到了夜里，般度五子悄悄拜访毗湿摩，请教杀死他本人的办法。毗湿摩说："只要让阿周那躲在束发身后向我射箭，我就无计可施。因为束发前身是公主安芭，曾是女子，我不会向他出手。"

第十天，般度族果然把束发放在阵前，并让阿周那和怖军配合他。猛光命令所有军队冲向毗湿摩。毗湿摩杀死般度军无数士兵，手持弓箭，没有哪个国王敢于逼视他。束发在阿周那和怖军的帮助下终于冲到毗湿摩阵前。对于束发的攻击，毗湿摩竟然不躲也不闪，也不向束发发射一支箭。他觉得，自己死亡的时辰终于到来了。这位英勇的老战士这样想着，依旧决定接受命运安排。他不再攻击阿周那，阿周那射断了毗湿摩的标枪和所有的弓，毗湿摩拿起剑和盾，想要跳下战车步行作战，然而阿周那又摧毁了他的盾牌。众多的般度族战士就这样围攻毗湿摩。毗湿摩身上插满了利箭，就在夕阳余晖中，头朝东方，从战车上落了下来。

战斗的喧嚣骤然而止，太阳变得暗淡无光，大地也在不停悲鸣。所有人的心都和毗湿摩一起倒下了，俱卢族和般度族的士兵都因为悲伤背过了脸。德罗纳听说这消息，悲痛地从战车上晕倒跌下。双方将领都放下武器，卸下盔甲，毕恭毕敬地来到他身边致敬。因为全身中满利箭，毗湿摩身体并没有触地。他卧在箭床上，这是一个刹帝利

武士垂死时能享有的最高荣誉。

毗湿摩对站在面前的武士们说："我的头悬着很难受，给我个枕头吧。"有人拿来几个垫子，可是毗湿摩拒绝了。阿周那从自己的箭囊中取出三支箭插入土中，用锋利的箭头支撑毗湿摩的头。奄奄一息的毗湿摩笑着对阿周那说："这才是我所需要的枕头。"他拒绝了医生的救治，决意在太阳北行时离世，和这些穿透他身体的箭一起上火葬堆。

般度族和俱卢族共同设立岗位，守护垂死的老英雄。国王们纷纷前来向毗湿摩致以最后的敬意。毗湿摩觉得口渴，有人拿来食物和饮料，他拒绝了。又是最懂老祖父心思的阿周那，挽弓射箭，射击大地，于是从泥土里喷出清泉，落到毗湿摩口边。

夜幕降临，迦尔纳悄悄一个人来到战场上，匍匐在箭床前请求毗湿摩的原谅。毗湿摩打发走卫士，用一只手臂犹如父亲拥抱儿子那样拥抱迦尔纳。他说："你一直怂恿难敌和般度族作对，我担心你造成家族分裂，才一直对你说话粗声粗气。好孩子，你是一名高尚的勇士，你回到同胞兄弟身边吧！现在还来得及。"

但迦尔纳摇了摇头。事已至此，他已经不能反悔了。

毗湿摩倒下后，迦尔纳推举德罗纳为大元帅，于是战争重开。难敌要求德罗纳活捉坚战，德罗纳听到不用杀害坚战后很高兴，还以为难敌想要打败般度族后就和般度五子和谈，没想到难敌心里的如意算盘其实是要抓住坚战后逼迫他再次赌博，再将般度族流放一次。德罗纳答应了活捉坚战的要求，但要难敌引开阿周那。

德罗纳挂帅的第一天，开战以来一直没有露面的迦尔纳披挂出阵，德罗纳率军奋勇冲杀，可是就在即将杀到坚战面前时，阿周那从阵中冲杀出来，击退了俱卢军。俱卢军不是对手，只好全军撤退。回到营中，德罗纳对众人说道："只要有阿周那在，我们就不可能活捉坚战。"为此三穴国的国王善佑自愿担任敢死队，将阿周那引开。

德罗纳挂帅的第二天，也就是大战的第十二天，敢死队将阿周那和黑天的军队引向远离坚战的地方。趁此机会，德罗纳再次冲向坚战，般度族军队看出德罗纳企图，奋勇堵截他，无数战士为了保护坚战死于德罗纳战车轮下。德罗纳多次发起冲击，都被般度族击退了。俱卢军派东光国的国王福授率领象军冲向坚战，情况正危急，阿周那及时歼灭敢死队赶回，和福授王展开激战。福授王使出必杀的毗湿奴法宝向阿周那扔去，黑天挡在阿周那身前，收回自己施与的这个法宝，把它变成了胸前的装饰物。

18 世纪细密画《毗湿摩之死》

毗湿摩在众多般度族战士的围攻下，在夕阳的余晖中，头朝东方，从战车上落了下来，因为全身插满利箭，毗湿摩身体并没有触地，他卧在箭床上，这是一个刹帝利武士垂死时能享有的最高荣誉。

阿周那趁机杀死了年老的福授王和他那头著名的巨大象王。

第十三天，难敌在战斗前埋怨德罗纳没有兑现活捉坚战的誓言。德罗纳说："我已经说过，不把阿周那从坚战身前引开，我无法接近他。你得要想办法拖住阿周那才行！"于是，敢死队再次向阿周那挑战，把他引到战场远处，德罗纳则率领排成莲花阵的俱卢军向坚战冲来。怖军、善战、束发、木柱王、猛光等战将都挡不住德罗纳的冲击。就在这紧要关头，坚战将激昂叫到身边："你是般度家新一代最优秀的战士，现在只有你能攻破这个阵，阻止德罗纳的攻击。"激昂说："我父亲教过我破阵的方法，可是我不知道进去之后如何冲出阵外。"坚战说："没关系，只要你攻破阵形，我们就跟在你身后掩护你。"于是，年轻的激昂拿起武器，英勇地投入战斗。他率军冲破了俱卢人的前阵，先后战胜了难敌、难降和迦尔纳，勇不可当地一路闯入敌阵，引起一片混乱。坚战和怖军想要跟上去支援，但信度国王胜车迅即指挥军阵重新合拢，将般度诸将隔在了阵外。激昂身陷重围，却毫无惧色，在阵中来回冲杀，俱卢族这边诸多名将，竟然没一个拿他有办法。难敌的儿子罗奇蛮来战激昂，才一个回合就被激昂挑下战车。

难敌死了爱子，愤怒异常。他命令迦尔纳、马勇、德罗纳、慈悯、伟力、成铠六员大将一同围攻激昂。迦尔纳看准一个机会，一箭射死了激昂的车夫。成铠则射死了激昂的马。战车损毁，激昂跳到地上，拿着刀和盾继续战斗。德罗纳射断了激昂的刀，迦尔纳射碎了激昂的盾牌，于是激昂举起地上的车轮，愤怒地朝德罗纳冲过去，流淌的鲜血将他的战袍染成一色，像黑夜一样美丽。他杀死了马勇的车夫，摧毁了难降的战车。难降的儿子和激昂站在地面上搏斗起来。他们互相用铁杵击中对方，一起倒地。激昂爬起来稍微慢些，难降的儿子先站起来，将铁杵砸在激昂脑袋上，杀死了他。

虽然打败了激昂，但俱卢军一点胜利的喜悦感都没有。六个长辈围攻一个还未成年的孩子，在那时是最卑劣的行为。

此刻，双方鸣金收兵，追击敢死队的阿周那疲惫不堪地回到大营。当听到激昂的死讯时，阿周那悲痛得泪流满面，晕倒在地。醒来之后，他发誓要让俱卢族围攻杀害激昂的行为付出代价，他决意在明天日落之前杀死信度王胜车，否则就跳入大火自杀，因为如果不是胜车堵住了般度军的去路，激昂就不会陷入重围战死。他这样发誓后，愤怒地吹响自己的天授螺号，黑天也吹响了五生螺号，复仇神音震撼着整个宇宙。

第十四天的战争开始了。阿周那率军站到了阵地的最前沿。他以风卷残云之势，迅疾地突破了德罗纳、难耐和难降的阻截，沿途击毙了俱卢多员大将，闯入俱卢军内部，将俱卢军杀得七零八落。难敌见状大惊失色，要求德罗纳回援后军。可是德罗纳当场拒绝了。为了给难敌鼓劲，德罗纳交给难敌一件刀枪不入的神铠，让他穿上去对付阿周那。难敌赶上阿周那，一开始两人战得难分难解，不过阿周那很快就看出了这件盔甲的弱点，便幻化出无数支小箭，射入铠甲缺乏保护的结合部，难敌疼痛难忍，逃走了。

坚战担心阿周那寡不敌众，先后派遣萨谛奇和怖军去支援阿周那。怖军突破德罗纳的阻截，杀入敌阵，面对俱卢族的围攻，一口气杀了持国十一个儿子，最后与迦尔纳相遇。怖军咆哮着扑向迦尔纳，并击毁了迦尔纳的弓和战车。迦尔纳只好跳上儿子牛军的战车。怖军看迦尔纳失利，越战越勇，将赶来支援的持国的十四个儿子全部杀死。这个情景激怒了迦尔纳，他像死神一样扑向怖军，击杀了怖军的御手与战马，击飞了怖军的长矛和宝剑。但他并没有杀死怖军，因为他曾经答应过贡蒂除了阿周那，绝对不会杀其他的兄弟。

此时德罗纳冲到了坚战面前，两人好一番激烈大战，但德罗纳毕竟是坚战老师，技高一筹，击毁了坚战的战车。坚战跳下地来，德罗纳驾车追击，双方大军都发出惊呼，大喊："德罗纳要抓住坚战了！"幸好偕天及时赶来，坚战跳上了弟弟的车，逃脱了德罗纳的追捕。

夜幕即将降临，阿周那找到了信度王。阿周那狂怒地冲上去，冲破迦尔纳、马勇等人布下的防御阵形，一箭射下信度王的头颅。此刻夕阳正好落山，阿周那实践了自己的诺言。

这一天的战斗十分残酷。通常，人们在太阳落山后就会鸣金收兵，然而这一天的争斗实在太狂热了，双方点燃大火继续在黑夜中厮杀。面对作战凶猛的迦尔纳，般度军队纷纷溃逃。阿周那决定和迦尔纳决一死战，却被黑天拉住了。黑天说："怖军的儿子瓶首是罗刹，罗刹本就是夜间行动的妖魔，现在正是他发挥最佳状态的时候，让他去和迦尔纳作战吧！"

瓶首面对俱卢军，充分发挥自己的优势，时而隐身在黑暗之中，时而飞上天空，时而施展幻术。在他的打击下，俱卢军大片大片地被消灭，眼看就要全线崩溃。听到自己军队的狂呼乱叫，迦尔纳怒不可遏，一时间竟然忘了因陀罗送给自己的那支"力

阿周那杀死信度王

夜幕即将降临，阿周那找到了信度王。阿周那狂怒地冲上去，冲破迦尔纳、马勇等人布下的防御阵形，一箭射下信度王的头颅。此刻夕阳正好落山，阿周那实践了自己的诺言。

宝"标枪只能使用一次，拿起来就向空中投去。隐身的瓶首被击中，掉落在地上死去。听到瓶首阵亡的消息，般度军都十分悲痛，怖军差点气疯了，坚战也不禁掉泪。只有黑天突然大叫大笑起来，猛力拥抱阿周那。原来，他早就知道迦尔纳这支标枪是专门用来对付阿周那的，现在既然用掉，那么阿周那就不可能再受到迦尔纳打击了。拥有耳环、铠甲和标枪的迦尔纳是不可战胜的，现在丢了这一切的他已经如同凡人一样了。

黑天在世上最珍爱的人就是阿周那。失去阿周那，即使有比三界统治权更宝贵的东西，黑天也不愿意享有。为了保护阿周那，黑天可以使出任何手段。正因为如此，他接连用计诛灭妖连、童护等会对阿周那产生威胁的人，甚至不惜用己方瓶首的性命去换阿周那战场生还的机会。

怖军处在愤怒之中，也不顾黑暗，继续挥军前进。对方的元帅德罗纳也神勇奋起，重整军队和般度军继续血战。夜晚过去了四分之三，曙光逐渐浮现，狂热的战斗却依旧在进行。德罗纳勇不可挡，在战斗中杀死了老将木柱王。看到德罗纳大肆杀戮，般度军无人能敌，黑天对阿周那说："德罗纳这样勇猛，就算是因陀罗也无法战胜他。管他什么正法，使用计谋取胜吧！德罗纳唯一的牵挂就是儿子马勇，如果马勇死了，他必定心如死灰。我们撒谎对他说马勇死了吧！"

坚战一开始并不同意，但德罗纳的英勇令般度军开始溃退。已经气疯了的般度五子都赞同黑天的计策，坚战才勉强同意。怖军用铁杵打死了一头叫马勇的大象，然后对着在最前线战斗的德罗纳高声吼道："我杀死马勇了！"德罗纳听到这话，心中一惊，仿佛闪过一道晴天霹雳，他伤心地大声呼唤坚战："坚战，我的好孩子，这是真的吗？"因为坚战这一生从不撒谎，德罗纳相信他即使为了三界王权也不会说假话。

黑天看到坚战犹豫不决，着急地低声对他说："有时撒谎比真话好，我实话告诉你，如果德罗纳再这样作战半天，般度军就会全军覆灭。"

坚战知道黑天说的是实话，于是鼓足勇气横下心大声回答德罗纳："是真的。"但出于自责，又用小得只有自己才能听到的声音说："是大象马勇。"

话音刚落，坚战战车的车轮轰然落地。过去，他的战车总是悬离地面，离尘世四指之遥，不染俗世尘埃，但如今，这位被称为法王的国君也跌落欺骗者的尘土之中。

怖军来到呆若木鸡的德罗纳身边，指着他骂道："不杀生是婆罗门最高正法，可是你却不知廉耻地协助这场无意义的大屠杀。"德罗纳原本听到儿子死去，就已经失

去生存欲望，此刻听到怖军的谴责，顿时觉得万念俱灰，放下了武器，走下战车，在战场上打坐。猛光趁机上前，不顾双方将士的劝阻，一剑砍下了德罗纳的头颅。

马勇知道父亲被般度族使用非正当的手段杀死，狂怒不已，发誓要报仇雪恨。他从前和父亲一样，一直喜欢般度五子。即使父亲爱得意学生阿周那不亚于自己，他也从不妒忌。大战以来，他虽然为俱卢军作战，内心却站在般度族一边，为此也曾多次被难敌指责过作战不力。但如今，杀父的仇恨已经洗去了所有的善意和友爱，马勇红了眼般大肆杀戮般度族军队，大军在黑天的庇佑下才逃过一劫。

德罗纳战死后，迦尔纳出任了俱卢军的元帅。第一天大战，双方战成平手，迦尔纳对难敌说："阿周那如今比我高明，是因为他有黑天做御者。我也需要一位出色的御者。沙利耶就很不错。"难敌便用尽浑身解数劝说沙利耶同意，沙利耶非常生气，他提出一个条件：做迦尔纳的御者可以，但是他有权对迦尔纳任意畅言，无论说的话是赞美还是嘲笑。

第二天，迦尔纳前往战场，一路上，沙利耶一边驾车，一边对他恶语讥讽，把迦尔纳比作不自量力的乌鸦，扰乱迦尔纳的心思，迦尔纳果然被激怒，不示弱地张口还击，两人就这么拌着嘴皮子上了战场。激战开始，双方都伤亡惨重，迦尔纳把坚战打成重伤，为了恪守对母亲的誓言，没有伤他性命。坚战退回大营之后，埋怨阿周那没有尽力打倒迦尔纳，阿周那勃然大怒，他说："正是因为你不能戒掉赌习，我们才会被迫走上战场，如今你却待在黑公主的床上对我指手画脚。罢了！今日不是迦尔纳死就是我亡。"坚战闻听，心里十分难过，他从床上起身对阿周那说："你说的没错，我是一个沾有恶习的罪人，是我害了大家。我把王位让给怖军，这就到森林去苦修。"闻讯赶来的黑天看到这一幕哭笑不得，好不容易才劝得两兄弟和解。阿周那后悔地伏在长兄面前为自己的尖刻话语请求原谅，坚战扶起弟弟放声痛哭起来。阿周那再次发誓一定要和迦尔纳决一死战，然后重登战场。

此时，怖军击倒了难降，他抛出铁杵，把难降抛到离战车十丈远的地方，难降盔甲和肢体破碎，躺在地上痛苦地扭动。怖军心头燃烧着复仇之火，从战车跳到地上，举起宝剑一剑破开了难降的胸膛，痛饮他的鲜血，实践了当初黑公主被辱时自己发下的可怕誓言。看到他饮着热腾的鲜血哈哈大笑，对阵双方都战栗不已，迦尔纳更是又惊又怒，浑身颤抖。他看到阿周那向自己进发，便毫不犹豫迎了上去。两个宿敌就像

德罗纳之死

德罗纳听到儿子马勇战死的消息，顿时失去了生存欲望，加上怖军的谴责，使他万念俱灰，随即放下了武器，走下战车，在战场上打坐。猛光趁机上前，不顾双方将士的劝阻，一剑砍下了德罗纳的头颅。

是日月相撞在一起，彼此怒目相向，爆发出了惊人的气势，甚至连天神、半神和精怪们都纷纷聚集在一起，在云上观看，猜测谁胜谁负。他们之间的大战令懦夫胆寒，既凶猛可怕，又残忍美丽。

此刻，马勇抓住难敌的手，最后一次规劝他道："持国之子啊，停战吧，许多人已经牺牲，如果迦尔纳和阿周那之间死了任意一个，这次大战就不可挽回了。"难敌痛苦地说："你言之有理，但怖军杀死难降后所作所为你也看到了，事已至此，哪里还有什么和平可言？"

迦尔纳和阿周那仍在继续搏杀，他们就像两团浓云互相奔涌，阿周那祭起梵天法宝，迦尔纳也把从不落空的那迦宝箭向阿周那射去。眼看势头不好，黑天猛压战车，把车轮压入泥土，马匹也不由跪了下来，于是原本瞄准阿周那头颅的利箭擦着阿周那脑袋而过，只射下了阿周那的头冠。阿周那死里逃生，连射数十箭，射碎了迦尔纳的盔甲。就在两人激战正酣的时候，迦尔纳的战车突然陷入泥土里动弹不得。迦尔纳急忙跳下车来，用力拉车轮，却无论如何拉不动。看到这情景，迦尔纳气得直流眼泪，他对正挽弓搭箭瞄准自己的阿周那说："稍等片刻！按照武士的正法，只要我还在拉车轮，你就不能袭击没有还击能力的我！……"

阿周那果然犹豫起来。就在这时，黑天冷笑一声说："好啊，迦尔纳，你现在倒想起正法来了。你怂恿难敌折磨般度五子的时候，你的正法在哪里？你命令难降侮辱黑公主的时候，你的正法在哪里？你和一帮子人围攻还没成年的激昂的时候，你的正法在哪里？……"

这些话语点燃了阿周那心头的怒火，他再不管什么正法不正法，举弓便射。迦尔纳想要用从持斧罗摩那里学来的法宝抵御，头脑里突然一片空白，这正应验了持斧罗摩对他关键时刻忘记咒文的诅咒。阿周那射出一支威力无穷的利箭，迦尔纳的头颅应声而落，就像带着血色光环的夕阳落下地平线。太阳神之子这一生充满了不幸和磨难，最后还是惨死在自己的亲兄弟手下。

迦尔纳战死，般度军终于展开了全线攻击。此时，俱卢族已经损失了差不多所有大将，持国的百子也被怖军杀得所剩无几。慈悯劝说难敌此刻不求和更待何时，难敌却认为现在求和无异于求饶，即使坚战出于怜悯赐给难敌安身之所，曾经是大地之主的他也无法接受苟活的下场。今时今刻，唯有奉行刹帝利正法，奋战到底才是唯一之

路。难敌任命沙利耶为大元帅。

俱卢之野上最后一天的战斗展开了。连一向温厚的坚战也披甲上阵，亲自战斗。然而此时双方力量对比已经发生转变，俱卢族无法再抵御般度的军队。一番惨烈搏杀后，俱卢军最后一名大将沙利耶也死在了坚战的长矛之下。无种和偕天也杀死了卑劣的沙恭尼，报仇雪恨。俱卢军失去了所有大将，溃不成军，难敌拥有的十一支大军在十八天的残酷战斗后，终于全部覆灭。

难敌孤身一人从战场上逃走，跳进一个池塘，躲了起来。般度五子四处寻找，在池塘边发现他踪迹，便用语言讥讽难敌。难敌无法忍受，手持铁杵跳出水塘，要求进行一对一的决斗。坚战答应难敌，只要难敌取胜，就把王国交给他。于是，难敌和怖军用杵单挑搏斗起来，两人都武艺精湛，难分胜负。见到两人不分上下，黑天对阿周那说："难敌可是使杵的绝佳好手，除非击打他大腿，否则他是不可击败的。"阿周那于是朝决斗中的怖军使眼色，用手拍打大腿。怖军会意，抡起铁杵向难敌大腿击去。难敌没有提防，惨叫一声倒在地上。此刻大力罗摩参拜圣地归来，正好看到这一幕，他见到怖军使用非法的手段打败难敌，愤怒地举起犁要杀死怖军，黑天急忙拦住他说："兄长！你忘了吗？当初黑公主受辱的时候，怖军就发过誓言要打断难敌的大腿，当时你也赞同啊！"大力罗摩长叹一声，扔下武器离去。虽然没有参战，但这场杀戮亲族的战争，已经让这个正直的大力士心力交瘁。

般度五子抛下奄奄一息的难敌离去。临走时，难敌大声喊道："黑天！你这个卑鄙小人，一再唆使般度五子使用卑鄙手段，接连杀死了老祖父、德罗纳老师和迦尔纳。你们这样的行径，竟然妄称正义，何其可笑。你们说我是阴险小人，但我活着的时候统治大地，死也是为了维护我的名誉光明正大地战死，还有什么比这更好的结局？"就在此时，天上降下了花雨，尽管难敌一生罪恶累累，被嫉妒和欲望所苦，但他临死时的表现，的确担得上堂堂王者之名。

俱卢族此时只剩下马勇、慈悯和成铠三人存活，他们四处寻找，在般度族走后找到了垂死的难敌。马勇发誓自己会为难敌和德罗纳报仇雪恨，难敌在咽下最后一口气时祝福了马勇。

当晚，马勇把自己作为祭品献给湿婆，从毁灭神手中得到了一把利剑，他带着慈悯和成铠夜袭般度大营。熟睡中的般度军失去抵抗能力，马勇一口气杀死了还在梦中

的般度元帅猛光、束发、黑公主的五个儿子以及所有的般度军将士。

般度五子恰巧当晚没有回大营。听说全军被杀的消息，他们满怀悲愤追击马勇，在跋吉罗提河边找到了马勇。黑天诅咒马勇会因为罪行落入永生的折磨中，他将浑身烟尘漫游在大地上，忍受病痛摧残而无法死去，直到劫末。

持续多日的俱卢之野大战就这样在悲惨的余音中告终。阵亡者达到十六亿之多，交战双方的军队全部覆灭，般度族只剩下般度五子、黑天和萨谛奇，俱卢族只剩下马勇、慈悯和成铠。消息传到持国那里，失去所有儿子的盲眼国王悲痛万分，他带领国内的妇女，前往战场哀悼。般度五子迎接他，依次接受他的拥抱。轮到怖军时，黑天看出势头不妙，把一尊铁像塞到老国王手里。持国无法克制胸中的悲愤，竟然用力碾碎了铁像。同样的，坚战向甘陀利王后致意时，王后愤怒的目光从蒙眼布条下面透出，竟烧焦了坚战的脚指甲。

打扫战场的时候，坚战终于从母亲贡蒂那里得知了迦尔纳的真实身世。坚战想起从前听到迦尔纳出言侮辱自己和兄弟们时总是怒火填膺，可是看到迦尔纳的脚时就会气愤全消——因为那双脚和母亲的一模一样。他失声痛哭，禁不住责备母亲为什么隐瞒真相，在兄弟们和黑天的劝说下才勉强鼓起精神，登上王位。

付出无比沉重的代价后，失去所有亲朋好友和儿子的坚战终于得到了满目疮痍、荒凉寂静的大地。坚战在所有人中最奉行正法，却又无法以正法为手段获取王权。为了取得战争胜利，他不断被迫在道德原则上让步，最后得到了王国，却永远失去精神上的满足和快乐。

此时，激昂的遗孀至上公主生下了遗腹子继绝，这个孩子成了继承婆罗多王族唯一的根苗。

贞信和破灭仙人生的私生子广博仙人目睹了大战的全部过程，他花了三年时间，把这部记述大战的史诗《摩诃婆罗多》编撰成文，并让象头神犍尼萨记录下来，流传于世。

坚战继承王位之后，对退位的老王持国和王后甘陀利以礼相待。但怖军始终不能原谅持国对儿子难敌的纵容。他在坚战不知情的情况下，频频对老国王口出恶言。持国忍受了十五年后，决意退居森林中苦修。维杜罗、持国的车夫全胜和贡蒂决定陪同持国夫妇一同前往。贡蒂在最前面引路，蒙着眼睛的甘陀利把手搭在贡蒂身上，而持

细密画中的《摩诃婆罗多》

　　贞信和破灭仙人生的私生子广博仙人目睹了俱卢之野大战的全部过程，他花了三年时间，把这部记述大战的史诗《摩诃婆罗多》编撰成文，并让象头神犍尼萨记录下来，流传于世。

国则把手搭在甘陀利身上，三个老人就这样蹒跚着排成一行，前往森林。不久之后，维杜罗去世；又过了两年，三位老人全部死在森林大火之中。

大战结束三十六年之后，黑天统治的雅度族日益骄奢荒淫，也遭到了毁灭。有一位仙人来多门城拜访，闲得无聊的雅度族人就把黑天之子山巴扮成怀孕女子，戏弄仙人。仙人预言山巴将会生下毁灭全族之物，不久后，山巴竟然真的生下一根铁杵。惊慌的雅度族人把铁杵磨成粉，扔进大海，却被海浪推到沙滩上，长出一片灯芯草。雅度族人来到海滩上饮酒作乐，筵席之中，成铠和萨谛奇起了冲突，开始彼此指责大战之中对方的过失。言语争执演化成斗殴，雅度族人随手拔起灯芯草，那些草竟变成铁杵，全族人就这样在海滩上用铁杵自相残杀，陷入混战，全部毁灭。

黑天看到这情景，意识到自己归天之时已至。他独自来到一棵榕树下冥思，被一个无名的猎人误认为是一只鹿，射死在树下。大力罗摩也在不远处入定，停止了呼吸。他的真身——龙王舍沙化成白蛇，从他体内游入地下。

般度五子闻讯，悲痛不已，阿周那前往多门城，护送雅度族人的寡妇和孤儿去俱卢之野，刚一离开，多门城便沉入大海之中。阿周那带着妇孺回国途中，遇上强盗打劫，阿周那奋起还击，没想到昔日万人难敌的自己，此刻竟然连区区强盗都无法击败，他更加沉痛地感到自己老了，而失去了黑天的他，灵魂也不再完整了。

般度五子决定结束尘世生活，便将王位传给激昂的儿子继绝，一起到喜马拉雅山朝觐。半路上，他们遇上一条流浪狗，这狗从此就跟着他们走。

朝圣路途非常的艰难，他们一个一个的筋疲力尽而死，而且最年轻的最早死去，先是美貌坚贞的黑公主，然后是偕天和无种，接着是神勇的阿周那，最后体力惊人的怖军也倒下了。

爱和恨都远去了，只剩下坚战一个人。他不再感到悲伤，也不再感到迷惘，毫不回头地、蹒跚地继续向前走着。他已经明白什么是真实，什么是幻想。

只有狗始终陪伴着他。正法以狗的形象，跟随着坚战。

谱系表

【三大神】

创造神梵天（妻子智慧女神娑罗室伐蒂）、维持神毗湿奴（妻子吉祥天女拉克什米）、破坏神湿婆（妻子雪山神女帕尔瓦蒂）

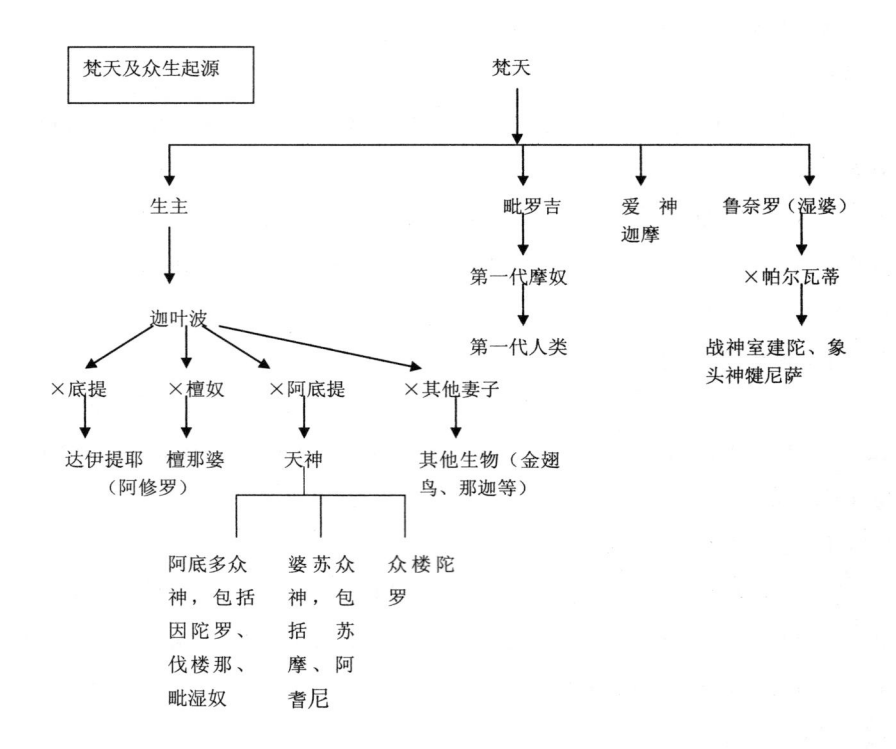

```
梵天及众生起源                    梵天
                                    │
        ┌───────────────┬─────────┬──────────┐
       生主            毗罗吉    爱神       鲁奈罗（湿婆）
        │               │        迦摩         │
        │               ↓                    ×帕尔瓦蒂
        ↓           第一代摩奴                 │
      迦叶波            │                    战神室建陀、象
   ┌────┼────┬─────┐    ↓                    头神犍尼萨
   │    │    │     │  第一代人类
 ×底提 ×檀奴 ×阿底提 ×其他妻子
   ↓    ↓    ↓     ↓
 达伊提耶 檀那婆 天神  其他生物（金翅
（阿修罗）        │   鸟、那迦等）
            ┌───┼───┐
         阿底多众 婆苏众 众楼陀
         神，包括 神，包 罗
         因陀罗、 括苏
         伐楼那、 摩、阿
         毗湿奴   耆尼
```

【毗湿奴的化身】

长着角的鱼、龟（鸠哩摩）、野猪（婆罗诃）、人狮（那罗辛哈）、侏儒（伐摩那）、持斧罗摩、罗摩旃德拉、黑天、释迦牟尼、白马（迦尔吉）；女性化身摩醯尼

【大女神】

智慧女神娑罗室伐蒂、吉祥天女拉克什米、雪山神女帕尔瓦蒂、女战神杜尔迦（难

近母）、黑女神迦梨、恒河女神

【重要仙人】

梵天心生仙人（生主）：摩里质，阿陀利，鸯耆罗，补罗私底耶，补罗诃，羯罗图

七大仙人：俱陀摩仙人、众友仙人、持力仙人、食火仙人、极欲仙人、迦叶波和阿陀利

其他重要仙人：众神的祭司祭主仙人、阿修罗的祭司太白仙人（苏竭罗）、婆利古仙人及其世系、三界的漫游者那罗陀仙人、《摩诃婆罗多》史诗作者广博仙人、《罗摩衍那》史诗作者蚁垤仙人

【三十三天神】

阿底多（阿底提之子）：雷神天帝因陀罗、水神（海洋之王）伐楼那、护持之神毗湿奴等

婆苏（自然现象诸神）：白昼之神阿诃，北极星之主陀鲁婆；月神苏摩；大地的维持者陀罗；风神阿尼罗（伐由）；火神阿耆尼；拂晓之神波罗底逾舍；光辉之神波罗跋婆

楼陀罗：十一位善恶不同的天神

【其他重要天神】

青春之神双马童（那娑底耶和达湿罗）、晓红之女神乌莎斯、风雨神摩录多（四十九位）、太阳神毗婆萨婆（苏利耶）、死神阎摩、财神俱毗罗、风神伐由、战神室建陀、象头神犍尼萨

【护世天王】

东方的守护神因陀罗、北方守护神财神俱毗罗、南方守护神死神阎摩、西方水神伐楼那、西南方的守护神火神阿耆尼、东北方守护神酒神苏摩、东南方天王太阳神苏利耶、西北方守护者风神伐由

【半神和精灵】

夜叉、罗刹、人头马身的乐神紧那罗、金翅鸟迦楼罗、龙蛇那迦、众神的侍从持明、乐神乾闼婆、天女阿布娑罗

【天神的敌人阿修罗】

檀奴之子檀那婆和底提所生之子达伊提耶合称阿修罗

希罗尼耶格西布、伯利、水持、弗栗多

【九大行星】

太阳神毗婆萨婆（苏利耶）、月神苏摩、水星主宰布陀、土星之神娑尼、火星之主湿婆军队的统帅雄贤、木星主宰祭主、凶星罗睺、凶星计都

【人类的世系】

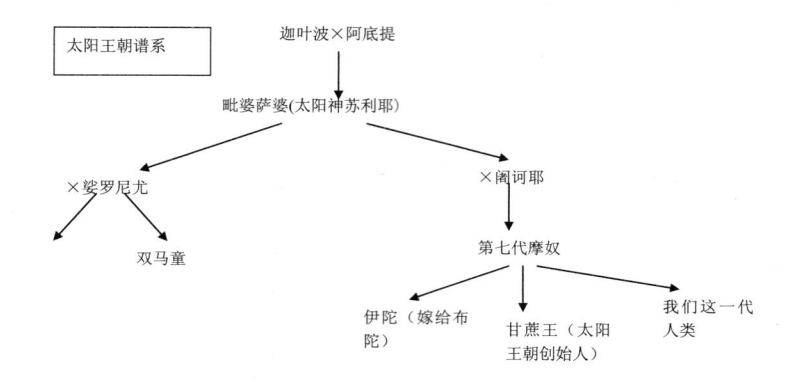

太阳王朝谱系

迦叶波 × 阿底提
↓
毗婆萨婆(太阳神苏利耶)
↓
×娑罗尼尤　　　　×阇诃耶
↓　　　　　　　　↓
双马童　　　　　第七代摩奴
　　　　　　　　↓
伊陀（嫁给布陀）　甘蔗王（太阳王朝创始人）　我们这一代人类

```
太阳王族世系中的著名国王
第一代  甘蔗王
第二代  毗俱叱
第八代  优婆那娑
第九代  转轮王曼陀哩
第十代  穆俱昆陀
（支系）第十一代 巨马王
（支系）第十二代 古婆罗娑
第十二代 阿那兰若
第十七代 陀哩商古
第十八代 以儿子向伐楼那献祭的诃哩湿游陀罗
第十九代 卢醯多
第二十四代 萨羯罗
第二十五代 萨羯罗万子及阿萨曼阇
第二十六代 莺输曼
第二十七代 底离钵
第二十八代 恒河之父跋吉罗陀
第三十五代 斑足王
第四十代  罗怙
第四十二代 十车王
第四十三代 罗摩
```

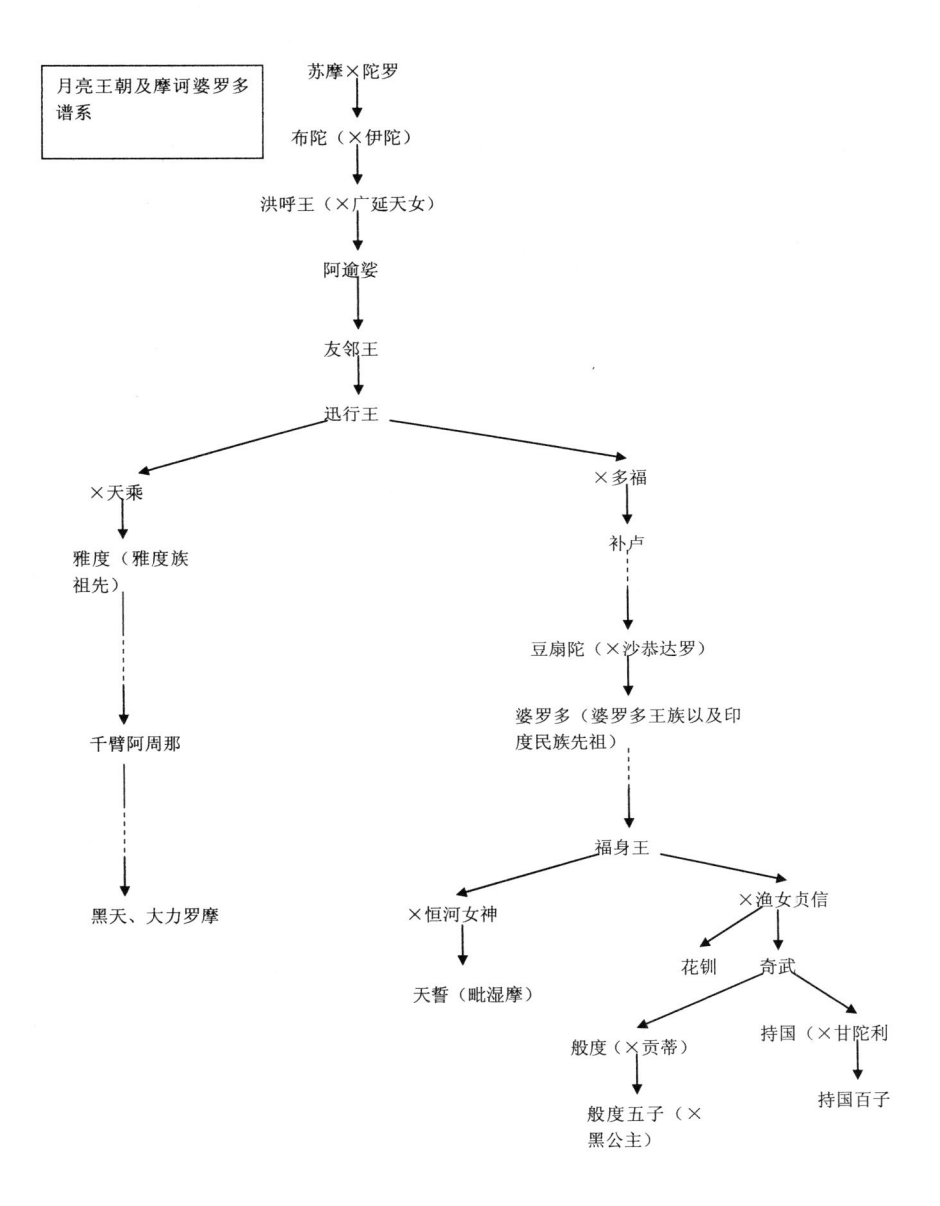

```
[月亮王朝及摩诃婆罗多谱系]

苏摩 ×陀罗
  ↓
布陀（×伊陀）
  ↓
洪呼王（×广延天女）
  ↓
阿逾娑
  ↓
友邻王
  ↓
迅行王
 ┌────────┴────────┐
×天乘              ×多福
 ↓                  ↓
雅度（雅度族        补卢
祖先）              ┊
 ┊                  ↓
 ↓                  豆扇陀（×沙恭达罗）
千臂阿周那          ↓
 ┊                  婆罗多（婆罗多王族以及印
 ↓                  度民族先祖）
黑天、大力罗摩      ┊
                    ↓
                    福身王
                   ┌──┴──┐
               ×恒河女神   ×渔女贞信
                   ↓        ↓
                  天誓    ┌──┴──┐
                 (毗湿摩) 花钏  奇武
                         ┌──┴──┐
                       般度（×贡蒂）  持国（×甘陀利）
                         ↓            ↓
                       般度五子（×   持国百子
                       黑公主）
```

一个人，遇见一本书

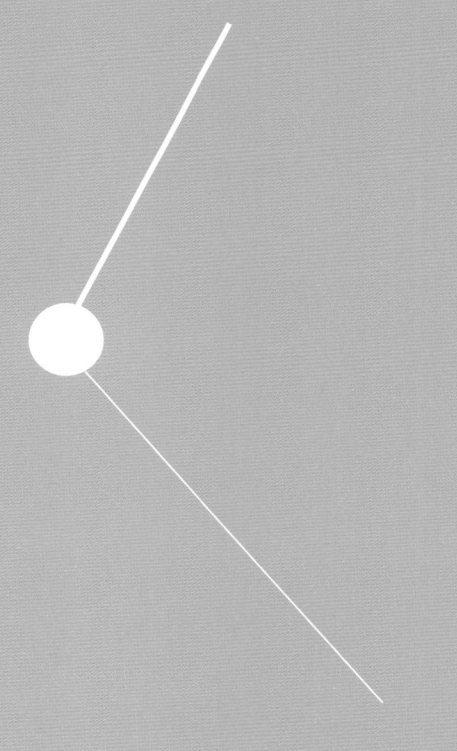

TopBook
饕书客